시돈
시리아
다메섹
(다마스쿠스)
사렙다
(사르밧)
베니게
바알갓
(바알헤르몬)
헤르몬산
에돌론
리타니강
두로
단
가이사랴 빌립보
(파니아스)
벧아낫
카다사
게데스
훌라 호수
바산(고원지대)
기스칼라
악고 평원
프톨레마이스
악고
메롬
하솔
메론산
가울라니티스
드라고닛
엑딥파
악십
고라신
가버나움
벳새다
율리아스
바타네아
라파나
갈릴리
게네사렛
나베
가나
요타파타
악고 평원
막달라
타리케아
갈릴리 바다
거르게사
(거라사)
가울라나
가르나임
아스다롯
아르벨라
디베랴
아소키스
루마
히포스
가말라
디움
카나타
그낫
세포리스
센나브리스
야르묵강
나사렛
갈멜산
다볼산
기손강
필로테리아
아빌라
가다라
보스라
다볼
도라
게바
므깃도
나인
카피톨리아스
아그리피나
이스르엘
스키토폴리스
벧산
아르벨라
벧아벨
사론
가이사랴
다아낙
나르바타
이블르암
펠라
길보아산
데가볼리
사마리아
살렘
애논
길르앗
미스바
(길르앗)
소고
요단강
디르사
세바스테
사마리아
에발산
암마투스
거라사
수가
세겜
네아폴리스
그리심산
아폴로니아
얍복강
아크라베타
알렉산드리움
사르단
안디바드리
아벡
답부아
실로
가아스산
아리마대
파셀리스
욥바
에브라임산지
가도라(그돌)
아켈라이스
고프나
롯다(로드)
아딧다
에브라임
이소라
모디인
깃다임
벧엘
필라델피아
랍바
암몬
벧호론
미스바
마크마스
여리고
베레아
티루스
얌니아
가자라
게셀
믹마스
아빌라
엠마오
기브온
기브아
베다니
리바아스
감람산
벧아바라
벧라마타
에스부스
모리아산
벳바게
예루살렘
악카론
에그론
담나
베다니
쿰란
느보산
헤스본
아소도
아스돗
벧세메스
가드
베들레헴
메드바
베셀
벧바알므온
유대
헤로디움
아스글론
립나(리블라)
그일라
드고아
칼리로에
마리사
마레사
벧술
염해
(사해)
안테돈
(아그리피아스)
라기스
마케루스
가사
아도라
헤브론
엔게디
디본(디몬)
그데못 광야
십
십 광야
아르논강
그랄
브솔강
마온
마온 광야
브솔
아랏
마사다
라피아
호르마
아레오폴리스
아르
브엘세바
말라타
길모압
(길하레셋)
이두매
(에돔)
엘루사
나바테아
소금 골짜기
(싯딤 골짜기)
소알
네게브
세렛
세렛강
브엘라해로이
호르산
바란 광야
지중해
성경 2.0 지도 기호
▲ 산
○ 도시(불확실한 위치)
● 도시
★ 데카폴리스 10개 도시 연합
☆ 데카폴리스 포함에 논란이 있는 도시
● 주요 도시, 지명
- 바다, 강, 호수 : 파란색 글씨
- 고대 근동 국가, 지역 : 보라색 글씨
- 평야, 산지 골짜기 : 녹색 글씨

성경 2.0 지도 기호
▲ 산
○ 도시(불확실한 위치)
● 도시
● 주요 도시, 지명
✝ 교회(요한계시록 7교회)
- 바다, 강, 호수 : 파란색 글씨
- 고대 근동 국가, 지역 : 보라색 글씨
- 고원, 산맥, 광야 : 녹색 글씨
- 현대 지명 : 빨간색 글씨
흑 해
지 중 해
에게해
티레니아해
아 드 리 아 해
홍 해
로마
시실리아
그레데
구브로
<리비아>
<이집트>
애굽
<이스라엘>
<시리아>
<이라크>
<이란>
<터키>
<그리스>
<사우디아라비아>
<쿠웨이트>
시로-아라비아
메소포타미아
바벨론
바빌로니아
바그다드
니느웨
아수르
갈대아
우르
수메르
다메섹
다마스커스
예루살렘
가이사랴
두로
시돈
베이루트
안디옥
다소
에베소
서머나
버가모
두아디라
사데
빌라델비아
라오디게아
골로새
고린도
아덴(아테네)
빌립보
데살로니가
이스탄불
(비잔티움)
앙카라
갈라디아
갑바도기아
루가오니아
시내 반도
미디안
모압
암몬
에돔
온(카이로)
알렉산드리아
구레네
누 비 아
상부 이집트
하부 이집트
나 일 강
유 프 라 테 스 강
티그리스 강
아르메니아
예레반
수사
엘람

성경통독의 새로운 기준

신약

성경 The Bible 2.0

❷ 누가복음, 요한복음

성경2.0 성경통독의 새로운 기준

글 김종우 | **그림** 배광선 | **감수** 오광만

초판 1쇄 발행 2021년 11월 25일
초판 5쇄 발행 2025년 1월 10일

발행처 (주)CMcreative
발행인 이길우
기획 총괄 정기필
책임 편집 이경희
CG 장유미, 신선영
그림 스탭 이상일, 강지선
표지 디자인 SONBOM 박정윤
본문 편집 디자인 SONBOM 김원경, 한민희
제작 지원 이한영
인쇄 미래피앤피 최영민

등록번호 제387-2012-000039호
등록일자 2012.6.12

주소 경기도 고양시 덕양구 청초로66 덕은리버워크 A동 819호
전화 032-325-2181(편집부), 032-325-9600(영업부) | **팩스** 032-325-3181

ISBN 978-89-97923-24-3

책값은 표지에 있습니다.
잘못된 책은 구입하신 곳에서 교환해 드립니다.

성경통독의 새로운 기준

신약

성경 The Bible 2.0

❷ 누가복음, 요한복음

김종우 글 | 배광선 그림 | 오광만 감수

CM creative

오직 성경을 쉽게 이해하도록 다듬은 책

많은 분들이 《성경2.0》 구약 편에 대해서 긍정적인 평가와 찬사를 보내주셨지만, 제작자의 입장에서는 어쩔 수 없이 현실적으로 타협할 수밖에 없어 아쉬운 부분이 있었습니다. "성경의 의미를 훼손하지 않는 범위 안에서 최대한 쉽게 성경의 모든 것을 담자!"라는 《성경2.0》의 기획의도를 충분히 반영하지 못했다고 생각한 것이지요.

제작 환경(인력, 비용, 시간), 만화라는 특성, 지면의 한계, 텍스트의 구성 등을 고려하더라도 신약 편은 가능한 범위 내에서 그 아쉬웠던 부분을 보완하고 최대한 완성도를 높이고 싶었습니다. 또한 《성경2.0》을 아껴주시고 격려와 응원해주시는 독자들을 실망시키지 않기 위해서라도 구약보다는 더 나은 신약을 만들어야 했습니다.

그렇게 해서 구약(전7권)이 완간된 지 5년하고도 6개월이 지나서야 신약 편의 첫 권을 내놓게 되었습니다.

신약 편은 구약 편과 여러 부분에서 차이가 있다는 걸 알 수 있을 것입니다. 그중에 가장 중요하고 크게 바뀐 것은 텍스트 구성입니다. 신약 편은 헬라어 성경을 기반으로 그 의미를 훼손하지 않고 최대한 쉽게 풀어 써서 쉽게 읽히지만 그 어떤 성경보다도 헬라어 성경에 충실하다고 할 수 있습니다. 또한 신약 편에서는 구약 편과 달리 요약하거나 생략한 구절이 없습니다. 그러다 보니 '장'뿐만 아니라 '절'까지 표시되어 있습니다.

이로써 《성경2.0》의 기획의도에 좀 더 충실하게 된 것이지요.

현대 사회에서 바쁜 일상을 보내는 사람들이 교회에서 일주일에 한 시간 설교를 듣고, 일주일에 한두 시간 공부를 해서 성경을 제대로 알기란 참으로 요원한 일입니다. 또한 공부를 한다고 해도 그걸 제대로 이해하는 것은 더욱더 어렵습니다.

《성경2.0》은 펼쳐보기에 부담이 없고, 재미있고, 이해하기 쉽습니다. 성경 구절, 대사, 주석, 팁, 지도, 그림 묘사까지 모든 것이 오직 쉽게 이해하는 데 중점을 두고 다듬었습니다. 성경을 공부하는 데 들이는 시간도 획기적으로 줄여줄 것입니다. 그리고 정통 개혁주의 신학을 따르기 때문에 신학적으로도 안심하고 읽을 수 있습니다.

신약 1권의 출간을 앞두고 마치 구약 1권을 처음 낼 때처럼 기대 반, 걱정 반입니다. 최선을 다했지만 여전히 미흡한 점이 많습니다. 너그러이 봐주시길 당부를 드리고, 이 책이 하나님 말씀을 가까이하는 데 꼭 필요한 도구로 쓰이길 바랄 뿐입니다.

이길우

| 글 작가 머리말 |

무명한 자, 연약한 자를 쓰시는 하나님

'풀은 마르고 꽃은 떨어지되 오직 주의 말씀은 세세토록 있도다.' -베드로전서 1:24

길을 잃어버린 이 시대에 우리에게 가장 필요한 것이 무엇일까? 누군가 이렇게 묻는다면 저는 하나님의 말씀인 '성경'이라고 대답할 것입니다. 그래서 어떤 식으로든 많은 사람에게 성경을 읽히게 하는 것은 모든 교회와 그리스도인들의 시대적 소명이라고 생각합니다.

《성경2.0》은 그러한 하나님의 요구에 순종한 책 중 하나입니다.

저는 그런 책의 제작에 참여하면서 이렇게 고백할 수밖에 없었습니다.

"부족하고 연약한 사람들을 통해 성경을 쓰신 하나님께서 오늘도 그 일을 하시는 구나."

저는 평범한 젊은 목회자입니다. 무명한 자, 무식한 자, 연약한 자, 맡겨진 삶과 적은 사람을 돌보는 일에도 벅참을 느끼며 그 부족함과 연약함에 깊이 고뇌하는 자. 목회자이지만 여전히 믿음의 길 위에서 수많은 질문을 던져가며 간신히 하나님의 궤도 안에 머무르고 있는 자. 쉽게 말해 이 책을 쓰기에 전혀 자격이 없는 자가 바로 저입니다.

이런 제 자신을 너무 잘 알기에 이 책을 쓰면서도 얼마나 많이 포기하고 싶었는지 모릅니다. 왜냐하면 이 책을 기다리는 많은 독자와 이길우 대표를 비롯해서 누구보다 하나님께 죄송했기 때문입니다. 자격 없는 자가 이 일을 하겠다고 한 것은 아닌지, 《성경2.0》에 폐를 끼치는 것은 아닌지, 무엇보다 하나님의 말씀을 훼손시키는 것은 아닌지 하는 생각이 저를 괴롭혔습니다. 그렇게 5년의 시간이 지나 신약 편의 첫 권이 나오게 되었습니다. 지금은 이렇게 고백합니다.
"하나님께서 하셨습니다!"

사실《성경2.0》을 집필해 달라는 제안을 받았을 때 저는 모든 면에서 '번 아웃' 상태였습니다. 계속 목회를 할 수 있을지에 대한 심각한 영적 무기력과 무능함에 빠져있었습니다. 그동안의 시간을 돌아볼 때,《성경2.0》집필에 대한 제안은 외로운 들판에서 양 떼를 치던 목동 다윗에게 사무엘이 찾아온 것과 같았고, '고기나 잡으러 가노라' 말했던 베드로를 새롭게 하신 하나님의 손길과도 같았습니다. 그렇게 하나님은 저를 말씀으로 초대하셨고 저를 살리기 위해 이 글을 쓰게 하셨으며 결국 예수 그리스도의 복음을 통해 제 영혼을 새롭게 빚으셨습니다.

여전히 이 책에 담긴 저의 설명에 부족함을 느낍니다. 책의 지면상 다 담지 못한 설명에 아쉬움도 있고 고치고 싶은 부분도 있습니다. 그러나 이 목마름은 결국 채워지지 않을 것을 알기에 그 일은 성령께서 하실 일로 남겨두고자 합니다. 다만, 이 책이 누군가에게 하나님이 사용하시는 오병이어와 같은 도구, 겨자씨처럼 작지만 귀한 도구가 되기를 소망합니다.

오랜 시간 저를 신뢰하고 응원해주신 이길우 대표와 힘든 시간을 함께 견뎌주며 끝까지 하나님 나라를 함께 세워갈 사랑하는 아내, 그리고 부족한 아빠를 늘 최고라고 말해주는 소중한 자녀 하준, 하로, 하야에게 진심을 담아 감사를 전합니다. 마지막으로 저 같은 자를 자녀 삼아주시고, 저 같은 자를 당신의 도구로 빚으셔서 당신의 영광을 위해 사용하시는 사랑하는 주님! 주님께 모든 영광과 감사를 드립니다.

김종우 목사

그리스도에게로 안내하는 길잡이

《성경2.0》 구약 편을 마무리한 후, 대표님에게 "신약 작화는 못하겠습니다!"라고 했습니다. 구약을 힘들게 마무리했기에 신약 작업을 또다시 하기엔 체력이나 정신적으로 무리라 생각했습니다. 3년이 지난 후 대표님의 연락을 받았을 때도 역시 난감해하며 몇 번이나 거절을 했습니다. 대표님의 마지막 연락을 받았을 때, 저는 큰 수술 일정이 잡혀 있었고, 작업을 할 수 있는 여건이 아니었습니다. 다행히 수술은 잘 되었으며 회복은 빨랐습니다. 이때, 대표님은 음료수가 아닌 계약서를 들고 병문안을 왔었지요. 그 자리에서 계약서에 서명했습니다.

문득 비둘기라는 뜻을 가진 예언자 '요나'가 떠올랐습니다. 이스라엘의 여로보암 2세가 왕이었을 때 활약했던 예언자이지요. 여호와의 말씀을 거역하며 도망치던 요나는 바다에 빠져서 큰 물고기에 먹혀 사흘 밤낮을 고통스럽게 보내다가 살려달라는 기도를 하게 됩니다. 기도에 대한 응답으로 물고기의 배 속에서 살아나온 요나는 결국 하나님의 말씀을 전하러 니느웨로 향하게 되죠.

'비교불가'지만 제 마음이 그때 그랬습니다.

신약 성경을 만화로 그리면서, 저는 한 사람을 만났습니다.

그는 사람을 사랑했습니다. 그는 가장 가난한 자들, 핍박받는 자들 속에 머물렀고 그들을 위해 죽음도 받아들였습니다. 그는 파격적이었습니다. 당시엔 한 사람으로서 제대로 대접받지도 못했던 여성, 어린이, 장애인, 이방인조차 조금의 거리낌 없이 받아들였으며 형식에 얽매이지 않았습니다.

그가 수많은 말씀을 통해 얘기하고 있던 것은 무엇일까요?

하나님이 성경을 통해 우리에게 전하는 메시지는 무엇일까요?

《성경2.0》이 저에게, 또 많은 이들에게 그 해답을 찾는 길잡이가 되기를 바랍니다.

가슴에 와 닿은 성경 한 구절로 이 글을 마무리하겠습니다.

"예수께서 이르시되 '네 마음을 다하고 목숨을 다하고 뜻을 다하여 주 너의 하나님을 사랑하라' 하셨으니, 이것이 가장 중요하고 첫째 되는 계명이요, 둘째도 그와 같으니 '네 이웃을 네 몸과 같이 사랑하라' 하셨으니 이 두 계명에 모든 율법과 예언자의 참뜻이 있다." -마태복음 22:37~40

《성경2.0》 구약 편의 작업을 시작한 후 지금까지 한 순간도 한 페이지도 쉽지 않았던 이 길을 함께 해 준 동료, 이상일, 강지선 작가님과 서관석 선생님, 가족들에게 진심으로 감사드립니다.

배광선

| 감 수 사 |

누구나 쉽게 공감할 수 있는 최고의 성경 도구, 《성경 2.0》

그리스도인은 예수 그리스도를 따르는 사람입니다. 그래서 신자들이 그분을 더 알고 싶고, 배우고 싶고, 그분이 기뻐하시는 것을 삶으로 드러내고 싶어 하는 것은 매우 자연스러운 일입니다. 신약성경은 그리스도가 누구인지, 무슨 일을 하셨는지, 그분으로 인해 우리가 받은 복과 은혜가 무엇인지를 알려주는 책입니다.

신약성경보다 그리스도에 대해 더 잘 알려주는 책은 없습니다. 그리스도를 알려면 신약성경을 읽어야 합니다. 문제는 이 성경을 혼자서 읽기가 쉽지 않다는 점입니다. 설령 큰맘 먹고 읽기 시작했다고 하더라도 중단에 포기하기 쉽고, 읽어도 선뜻 이해되지 않는 내용이 많다는 것도 문제입니다.

《성경2.0》 신약 편은 독자들이 신약성경을 친근하면서도 자주 대하게 하고, 이해하기 쉽게 도와주는 책입니다. 하나님의 말씀인 성경과 재미있는 만화는 언뜻 어울리지 않을 것 같지만, 저는 이것이 오히려 성경의 특성을 잘 나타낸다고 생각합니다.

성경은 세상 사람들이 이해하고 공감할 수 있는 정서에 맞게 배경, 표현, 공감대를 가지고 쓰였습니다. 하나님의 아들이신 우리 주 예수님은 사람들에게 하나님을 더 잘 알게 하시려고 우리의 삶에 공감하시고 우리의 언어와 정서를 가진 사람으로 오셨습니다. 하나님의 말씀은 먼 하늘에 있는 것이 아니라 우리가 손을 뻗으면 닿는 곳에 있습니다.

하지만 성경은 무척 어렵기도 합니다. 우리와 다른 시대에, 다른 언어와 문화와 관습을 가진 사람들에게 주신 말씀이기 때문입니다. 그것을 우리가 이해하려면 각각의 문제들을 설명해주는 전문가들이 있어야 하는데, 이러한 우리의 문제를 명쾌하게 해결시켜 줄 책이 바로《성경2.0》입니다.

이 책은 몇 가지 면에서 독자들에게 많은 도움을 줄 것입니다.

첫째, 재미있는 만화로 성경을 풀이하고 있어, 남녀노소 누구나 이 책을 읽을 수 있고, 그림으로 묘사된 상황은 쉽게 이해될 것입니다.

둘째, 독자들의 궁금증과 반응을 말풍선에서 언급하고 있습니다. 때로는 재미있고, 때로는 시기적절한 양념 같은 대사로 재미를 더하고 성경을 이해하는 데 도움을 줄 것입니다.

셋째, 곳곳에 배치된 '팁'과 '주석'은 성경의 배경 지식, 역사, 근거 등을 쉽게 정리해서 성경의 낯선 문화와 역사적 사실 등을 이해하는 좋은 정보를 제공해 줄 것입니다.

넷째, 이 책은 신약학을 연구한 전문적인 성경학자가 검토했기 때문에 신학적으로도 신뢰할 수 있습니다. 《성경2.0》은 편히 읽을 수 있지만 견고한 신학적 근거 위에 세워진 또 다른 번역 성경입니다.

《성경2.0》은 어린아이, 초신자뿐만 아니라 그간 성경을 부분적으로 읽어 성경 내용 전체를 이해하는 데 어려움을 느꼈던 모든 신자들에게 반드시 필요한 책입니다.

오광만 교수

이 책의 인물들

마리아와 요셉 Maria & Joseph

예수님의 부모. 갈릴리 나사렛에 거주했으며 인구조사 때 베들레헴으로 갔다가
그곳에서 예수님을 낳는다. 그 후 하나님의 말씀에 따라 헤롯 대왕을 피해 이집트로 갔다가
그가 죽은 후 나사렛으로 돌아간다.

헤롯 대왕 Herod the Great

예수님이 태어날 때 유대 지방의 왕.
동방박사들에게 유대 왕이 태어났다는 말을 듣고 예수님을 죽이려고 했지만 실패한다.
예수님이 태어난 후 불과 일여 년 후에 죽는다.

헤롯 Herod Antipas

헤롯 대왕의 아들이자 갈릴리와 베레아 지방의 통치자.
세례 요한을 죽이고, 예수님이 십자가에서 죽기 전에 만나기도 했다.
신약에서 '헤롯'이라고 언급되는 왕은 대부분 이 '헤롯 안티파스'를 가리킨다.

세례 요한 John the Baptist

구약의 마지막 예언자로 예수님의 길을 미리 준비하고,
율법의 구약시대와 복음의 신약시대를 연결하는 중요한 역할을 한다.
헤롯의 잘못을 비방했다가 감옥에 갇힌 후 죽임을 당한다.

베드로 Peter

벳새다 출신의 어부로 시몬, 게바라고도 불렸다.
12사도 중 하나로 항상 예수님의 복음 사역을 곁에서 지켰다. 훗날 예루살렘 초대교회의
최고 지도자 중 하나가 되었으며, 유대인을 위한 사도로 불린다.

안드레 Andrew

12사도 중 하나로 베드로의 형제다.
예수님의 첫 제자였으며 형제인 베드로를 예수님께 인도한다.

야고보 James

12사도 중 하나. 세베대의 아들로 예수님의 사촌으로 추정되며,
12사도 중에 알패오의 아들 야고보와 구분하기 위해서 '큰 야고보'로 불린다.
예루살렘 초대교회에서 중요한 역할을 했으며, 12사도 중에 최초의 순교자가 된다.

요한 John

12사도 중 하나로 큰 야고보의 형제다. 흔히 '사도 요한'이라고 불린다. 요한복음과 요한 1, 2, 3서와 요한계시록을 기록했다.

가룟 유다 Judas Iscariot

12사도 중 하나로 열심당원이다. 은화 30개에 예수님을 유대인들에게
팔아넘김으로써 예수님이 십자가에 못 박히는 데 결정적인 역할을 한다.
하지만 곧 자신의 잘못을 깨닫고 스스로 죽음을 선택한다.

가야바 Caiaphas

대제사장 안나스의 사위로 예수님이 체포되었을 때의 대제사장(A.D.18 ~ 36년)이다.
그는 바리새인과 공모하여 예수님을 빌라도에게 넘기고 십자가에 못 박히게 한다.

본디오 빌라도 Pontius Pilate

제5대 유대 총독(A.D.26 ~ 36년)이다.
그는 예수님의 재판을 맡았지만 유대인들의 압력에 굴복하여
십자가에 못 박히도록 판결했다.

유대인들 Jews

예수님은 당시 유대 사회의 부와 권력과 영향력을 가진 자들에게 큰 위협이 되었다.
이에 유대의 지도자들이었던 사두개인들과 바리새인들은 예수님을 죽이기 위해
합심해서 힘을 모은다.

'만화'라는 옷을 입은 새로운 번역 성경

이 책의 기획의도는 "성경의 의미를 훼손하지 않는 범위 안에서 최대한 쉽게 성경의 모든 것을 담자!"입니다.

그에 따라, 신약 편은 헬라어 성경을 기반으로 그 의미를 훼손하지 않고 최대한 쉽게 풀었습니다. 그래서 쉽게 읽히지만 그 어떤 성경보다도 헬라어 성경에 충실하다고 할 수 있습니다.

또한 신약 편에서는 요약하거나 생략한 구절이 거의 없습니다. 그러다 보니 '장'뿐만 아니라 '절'까지 표시해 두었습니다. 이 점은 바로 성경과 직접 비교가 가능하다는 것이고, 이 책이 단순한 만화성경이 아니라 만화의 표현 방식을 빌려온 새로운 버전의 번역 성경이라는 것입니다.

이 책의 팁, 주석, 대사, 링크, 지도, 그림 등의 요소 역시 독자들의 이해를 돕기 위해 오랜 고민 끝에 나온 것입니다. 또한 성경통독에 필요한 많은 자료도 이 한 권의 책에 모두 담고자 했습니다. 그래서 성경을 읽는 부담은 줄여주고, 성경을 정확하게 이해하는 데 필요한 시간을 획기적으로 줄여줄 것입니다.

이제 힘들게, 의무적으로 성경을 읽지 마세요. 《성경2.0》은 성경통독이 더 이상 어렵고, 힘들지 않다는 것을 증명해 줄 것입니다.

❶ '제목'과 '장'과 '절'이 표시되어 있어요.

마태복음
74 베드로는 이제 저주까지 하며 맹세했지.
나는 그 사람을 전혀 알지 못하오!
내 말이 거짓말이면 천벌을 받을 거요!
27장 총독 빌라도 마가15:1, 누가23:1, 요한18:28
1 새벽에 대제사장들과 장로들이 예수를 죽이기로 결의했어.

❷ 사복음서 중에서 서로 관련이 있는 부분은 아래처럼 표시되어 있어요.

갈릴리 1차 사역의 결과 마가3:7, 누가6:17
23 예수께서는 갈릴리 곳곳을 다니시면서
다음 회당은 어디냐?

❸ 지난 내용이나 연결된 내용은 'Link'를 따라가 보세요.

면서 예수님의 권위에 놀라는 사람
면 예수님을 부정하고 비난하는 사
다는 것을 보여준다. 그리고 마태는
람들이 예수님을 어떻게 받아들이
견해를 보여줄 것이다.
말씀으로 귀신을 쫓아낸 적이 있다. Link 마태복음 8:16, 28
마태는 [1~4:22]까지 예수님
이 누구신가를 밝히고 [4:23]
에서 크게 3가지 사역을 하
셨다고 요약했다. 그리고
[4:24~9:34]에서 3가지 사
36 예수께서는 마치 목자 없는
이 시달리는 사람들을 불쌍

❹ 간단한 도움말은 '주석'으로 표시됩니다.

예수께서는 사람들이 모여드는 것을 보시고,
바다 저편으로 건너가자.
※저편: 갈릴리 바다 남동쪽 거라사(Gerasa), 게르게사(Gerasenes)를 가리킨다.

❺ 좀 더 깊이 있는 내용은 'tip'을 보세요.

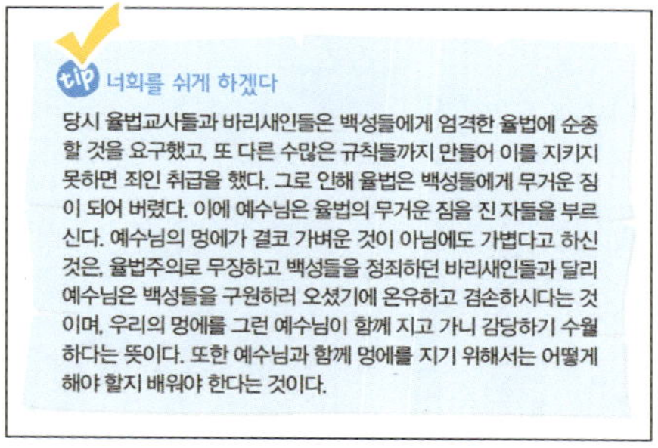
tip 너희를 쉬게 하겠다

당시 율법교사들과 바리새인들은 백성들에게 엄격한 율법에 순종할 것을 요구했고, 또 다른 수많은 규칙들까지 만들어 이를 지키지 못하면 죄인 취급을 했다. 그로 인해 율법은 백성들에게 무거운 짐이 되어 버렸다. 이에 예수님은 율법의 무거운 짐을 진 자들을 부르신다. 예수님의 멍에가 결코 가벼운 것이 아님에도 가볍다고 하신 것은, 율법주의로 무장하고 백성들을 정죄하던 바리새인들과 달리 예수님은 백성들을 구원하러 오셨기에 온유하고 겸손하시다는 것이며, 우리의 멍에를 그런 예수님이 함께 지고 가니 감당하기 수월하다는 뜻이다. 또한 예수님과 함께 멍에를 지기 위해서는 어떻게 해야 할지 배워야 한다는 것이다.

❻ '검은색' 글자는 성경에 있는 내용이고, '갈색' 글자는 해당 성경 구절에는 없는 내용입니다.

그렇다면 자녀들은 세금을 내지 않아도 되지.
앗, 맞아. 성전은 하나님의 것이고 주님은 하나님의 아들이시니.
그럼 우리도 하나님의 자녀니까.

❼ 앞서 나왔던 주석이라도 이해를 돕기 위해 반복해서 다시 나옵니다.

누가복음

● 누가 Luke

이방인으로서 그리스도인이 되었다. 그는 의사였으며, 바울의 전도 여행에 동행했고, 바울의 큰 신뢰를 얻었던 조력자였다. 또한 '사도행전'의 저자이기도 하다. 누가복음은 사도행전보다 이른 A.D.60~62년경에 기록된 것으로 본다.

예수님이 계실 때 즈음 유대인들은 초강대국 로마의 지배를 받으면서 억압과 착취에 신음하고 있었고,
으으
헉 헉

유대 사회는 폭력, 약탈, 부정부패가 만연했으며, 계층 간의 갈등은 극에 달해있었어.

힘과 권력은 로마로부터 나오고, 로마에 협력하고 로마의 법과 종교를 받아들여야만 좀 더 나은 지위와 재물을 가질 수 있었지.
가난하다는 것은 로마를 거부하고 하나님의 신앙을 지키고 있었다는 뜻이기도 했어.
누가는 그런 가난한 자들에 대한 이야기를 많이 다뤘어.
누가는 유대인이 아니라 이방인이었기 때문에,
재는 뭐야?
유대인들
누가복음은 복음서 중에서 유대인의 색채가 가장 약해.
예수님이 유대인만을 위해서 오신 게 아니라 세상 모든 사람을 위해 오셨다는 걸 강조해.
예수님의 족보를 보면, 마태는 유대인의 조상 아브라함부터 시작했지만, 난 인류의 조상 아담까지 기록한 걸 봐도 알 수 있지.
마태
아브라함
누가
아담
또 마태, 마가는 갈릴리 전도와 예루살렘 전도로 크게 나뉘지만
당시 유대인들은 사마리아인들을 경멸한 나머지 그 땅을 지나가는 것조차 불결하게 생각했어.
가이사랴 빌립보
가버나움
갈릴리
나사렛
데가볼리
가이사랴
세바스테
사마리아
사마리아
베레아
예루살렘
유 대
누가는 그 중간에 있는 사마리아인들의 이야기를 중요하게 다루지.
난 당시 유대인들에게 소외받던 사마리아인과 세리와 죄인의 이야기를 많이 다뤘어.
선한 사마리아인
그리고 누가는 사회적 약자였던 여인들에게도 많은 관심을 보였지.
누가복음은 다른 복음서보다 많은 여인들이 등장해.
그래서 누가복음은 흔히 가난한 자의 복음, 이방인의 복음, 소외된 자의 복음, 여인의 복음서라고 하지.
별칭이 많기도 하네요.
그럼, 이방인의 눈으로 본 예수님의 행적을 따라가 볼까?
편하게 따라 오세요.

▶ Link 1권 17p tip '포로로 끌려간 사람들'을 보라.

1. 예수 그리스도는 누구인가?

아브라함
야곱
다윗
엘리야
모세
세례 요한
예수님

1장 서문

1 '우리 중에 분명히 있었던 사실에 대해서 그 과정을 정확하게 쓰려고 펜을 든 사람이 많았고,'
마태, 마가, 요한 등 많은 사람이 예수님의 기록을 남겼지.

2 '그들은 처음부터 말씀을 목격하고 사명을 받은 자들이 전해준 그대로 썼습니다.'
팩트 체크 확실히 해.
더하지도, 빼지도 말고.
마가
마태

3 '데오빌로 각하, 저도 그 모든 일을 처음부터 정확하게 조사해서 순서대로 쓰는 것이 좋겠다고 생각했습니다.'
흑.
내가 동네방네 쫓아다니며 조사하느라 잠도 못 자고….

4 '그것은 각하께서 이미 배우신 일들이 확실한 사실임을 아시길 바라기 때문입니다.'
좋은데? 출판해도 되겠어.
데오빌로

tip 누가복음의 수신자

누가복음과 사도행전의 수신자인 데오빌로Theophilus가 누구인지 정확히 알 수 없지만 드러난 것으로 몇 가지 추정할 수 있다. 그는 예수님에 대해서 배운 적이 있고, 그의 헬라어 이름의 뜻이 '하나님을 사랑하는 자'라는 것으로 보아 그리스도인으로 볼 수 있다. 또 누가가 사도행전에서 로마 총독을 가리켜 '각하'라는 표현을 썼다. 그 또한 사회적 지위가 높은 사람으로 보이며 일부 학자들은 로마의 고위직 인물로 추정하기도 한다. 데오빌로는 높은 관직에 있는 이방인 그리스도인으로, 누가가 복음서를 기록하는 데 후원한 사람으로 추정된다.

세례 요한의 출생 예고

5 유대 왕 헤롯 때, 아비야 반열에 속한 제사장 중에 사가랴가 있었어.
나야 나.

※헤롯 : B.C.37~4년까지 유대 땅을 통치했던 헤롯 대왕(Herod The Great)을 가리킨다.

그의 아내는 아론의 자손이며 이름은 엘리사벳이야.
왜 이렇게 늦었어요?
회식하느라.

tip 아비야Abijah 반열(반차)

다윗 때 원활한 성전 업무를 위해 제사장들을 24개 반열로 나누었던 것을 말한다. 각 반열은 1년에 2번, 각각 한 주 동안 성전에서 봉사를 했는데 아비야 반열은 24개 반열 중 8번째 반열이었다. Link 역대상 24:10

6 그 두 사람은 하나님 앞에서 의로웠고, 주의 모든 계명과 규율을 흠이 없이 잘 지켰어.
누가가 우릴 의롭다고 강조한 이유는 뭘까?

7 그들은 나이가 많았지만 엘리사벳이 임신하지 못해 자식이 없었지.
유대인들은 자식이 없는 건 죄 때문이라고 생각했어.
근데 우린 의로운 사람이라 죄 때문이 아니라는 거지.
8 어느 날, 자기 반열의 차례가 되어 사가랴가 하나님 앞에서 제사장 일을 했어.
9 관례에 따라 제비를 뽑았고, 사가랴가 주의 성소에 들어가 분향을 했지.
아자! 당첨!!
성소에서 분향하는 행운을!
와, 하나님께 선택받았구나!

※누가는 제사장 가문의 사가랴에게 자식이 없는 것은 하나님의 계획임을 말하고 있다.

10 사가랴가 분향할 때 모든 사람은 밖에서 기도하고 있었어.
11 그때, 주의 천사가 분향하는 제단 오른쪽에 나타났고, 사가랴는 놀라고 두려웠지.
헉! 여긴 관계자 외엔 출입금지인데!
13 사가랴야, 두려워하지 마라! 주께서 너의 간절한 기도를 들으셨다. 네 아내 엘리사벳이 아들을 낳을 것이니, 그 이름을 요한이라 해라!
누구신데…?

14 너는 기뻐하고 즐거워할 것이며, 많은 사람도 그의 탄생을 기뻐할 것이다! 그는 주 앞에서 큰 인물이 될 것이다!
그는 포도주와 독한 술을 마시지 않을 것이요, 어머니 배 속에서부터 성령이 가득할 것이며, 많은 이스라엘 자손을 그들의 크고 높으신 주 하나님께로 돌아오게 할 것이다!
누구시냐고요.

※술을 마시지 않을 : 나실인처럼 하나님 앞에 구별된 자로 살아간다는 뜻. Link 민수기 6:3

17 그는 또 엘리야의 정신과 능력으로 주님보다 앞서 올 사람이다. 그는 아버지의 마음을 자식에게 돌아오게 하고, 거역하는 자가 의인의 지혜를 가지게 해서 백성들이 주를 맞이할 준비를 하게 할 것이다!
내가 그걸 어찌 알겠소? 난 늙었고, 내 아내도 나이가 많은데.
정체를 밝혀라.

tip 엘리야Elijah의 정신과 능력

엘리야에게 있었던 하나님의 감동과 능력을 말한다. 엘리야는 하나님을 떠나 우상을 숭배하고, 죄가 가득했던 이스라엘을 회복시켰다. 그처럼 세례 요한도 백성들을 하나님께 돌아오게 하면서, 이 땅에 오시는 예수 그리스도의 길을 앞서 준비하는 자가 될 것임을 말한다. 또 이것은 구약의 마지막 말라기를 통해 엘리야를 보내겠다는 하나님의 약속이 세례 요한을 통해 이루어짐을 말하는 것이다.

※하나님의 약속 : Link 말라기 4:5

19 나는 하나님 앞에 서 있는 가브리엘인데, 네게 이 좋은 소식을 전하라고 주께서 보내셨다!
어디 보자. 가브리엘이면?

※가브리엘(Gabriel) : 하나님의 말씀을 전하는 천사. 다니엘과 마리아의 남편 요셉에게 나타났다. Link 다니엘 8:16, 9:21 Link 마태복음 1:20

20
그 일이 이루어질 때까지 넌 말을 못할 것이다. 이것은 네가 내 말을 믿지 않았기 때문이며, 때가 되면 내 말이 이루어질 것이다!
헉!!
21 사가랴를 기다리던 사람들은 그가 성소 안에서 오래 지체하자 이상하게 여겼어.
왜 안 나오지?
죽었나?
아, 저기 나온다.
22 그런데 사가랴가 손짓만 할 뿐 말을 못하자 사람들은 그가 성소 안에서 환상을 본 줄로 알았지.
뭐지?
못 볼 걸 봤나?
23 사가랴는 제사장 일이 끝난 뒤에 집으로 돌아갔어.
오늘은 일찍 퇴근했네요?
24 그 후 그의 아내 엘리사벳은 임신했고, 다섯 달 동안 집 밖에 나가지 않았지.
여보, 임신, 임신이야!
25
내게 아이가 없다고 비웃던 동네 여편네들아!
주께서 나를 돌보시고, 나의 부끄러움을 없애주시려고 아이를 주셨다!
크하하하하하
예수 그리스도의 탄생 예고
26 엘리사벳이 임신한 지 여섯 달째, 하나님께서 천사 가브리엘을 갈릴리 지방의 나사렛이란 동네로 보내셨어.
27 가브리엘은 다윗 가문의 요셉이라는 남자와 약혼한 처녀에게 갔는데, 그녀의 이름은 마리아였지.
28 가브리엘이 안으로 들어가서 말했고 마리아는 크게 놀랐어.
기뻐하라, 은혜를 입은 자여, 주께서 그대와 함께하신다!
이 인사말이 무슨 뜻이지?
!!
30
마리아여. 두려워하지 마라! 그대는 하나님의 은혜를 입었다! 그대가 잉태하여 아들을 낳을 것이니 이름을 예수라 하라!
그는 크게 되어, 지극히 존귀하신 분의 아들이라 불릴 것이며, 크고 높으신 주 하나님께서 그에게 그의 조상 다윗의 왕위를 주실 것이다! 그는 영원히 야곱의 집을 다스리며, 그의 나라는 끝이 없을 것이다!
저는 남자를 알지 못하는데, 어떻게 그런 일이 있겠습니까?

※말을 못하자 : Link 누가복음 1:62 을 보면 듣지도 못했다는 것을 알 수 있다.

※나사렛(Nazareth) : 갈릴리 바다 서쪽 약 24㎞ 지점에 위치한 작은 마을.

※마리아(Mary) : 히브리어로 미리암. 신약에는 모두 6명의 마리아가 등장한다.

※다윗(David)의 왕위 : 하나님은 다윗의 나라가 영원히 이어질 것이라고 약속하셨다. Link 사무엘하 7:16

※야곱(Jacob)의 집 : 이스라엘의 조상 야곱의 집, 즉 이스라엘을 가리킨다.

35

성령이 그대에게 임하시고, 지극히 높으신 분의 능력이 그대를 감쌀 것이다. 그러므로 그대에게서 태어날 거룩한 분은 하나님의 아들이라 불릴 것이다!
보라, 그대의 친척 엘리사벳도 늙어서 아들을 가졌다! 임신하지 못한다던 그녀가 임신한 지 벌써 여섯 달째다. 하나님께 불가능한 일은 없다!
저는 주의 여종이니 말씀대로 이루어지길 바랍니다.

그리고 천사는 떠났어.

tip 마리아Mary가 선택된 이유

하나님은 온 세상을 죄에서 구원하기 위해 예수님을 이 땅에 보내셨다. 예수님이 인간의 죄를 대신하기 위해서는 죄가 없는 하나님의 아들임과 동시에 인간의 몸으로 오셔야 했다. 그리고 그것을 감당할 수 있는 인물이 처녀 마리아였다. 그녀는 인간의 이성과 경험을 뛰어넘는 하나님의 계획에도 '아멘'이라고 할 수 있는 믿음이 있었으며, 처녀가 아이를 임신했을 때 당하게 될 조롱과 위험에도 불구하고 기쁨으로 순종할 수 있었기 때문이다.

엘리사벳을 방문한 마리아

39

그 후, 마리아가 급히 유대 산골에 있는 한 동네로 가서,
말씀 그대로인지 확인해 보자.

※유대 산골: 예루살렘 부근 유대의 산골로 나사렛에서 약 100㎞ 이상 떨어져 있다.

40

사가랴의 집에 들어가 엘리사벳에게 인사했어.
샬롬, 저 아시겠어요?

※샬롬(shalom): 하나님의 평안이 함께하길 바란다는 유대인의 인사다.

41

엘리사벳이 마리아의 말을 듣자 배 속의 아이가 뛰놀았고, 엘리사벳은 성령이 가득해서 큰 소리로 외쳤지.
여자들 중에 그대가 복을 받았고, 그대 배 속의 아이도 복을 받았소! 내 주의 어머니께서 오시다니 어찌된 일이오?
그대의 인사말이 내 귀에 들릴 때 내 배 속의 아이가 기뻐서 뛰놀았소! 주의 말씀이 이루어질 것을 믿은 여자에게 복이 있을 것이오!
아무 말도 안 했는데 어떻게 그걸 다…?

※주(Lord): 곧 오실 메시아. 즉 예수 그리스도를 가리킨다.
※주(Lord): 하나님.

마리아의 찬송

46

내 영혼이 주를 찬양하며, 내 마음이 내 구세주 하나님을 기뻐하는 것은 이 비천한 여종을 보살펴주셨기 때문입니다.
이제부터 모든 세대가 나를 복되다 하는 것은 전능하신 분이 내게 큰일을 하셨기 때문입니다.
그의 이름은 거룩하고, 그의 자비는 그를 경외하는 자들에게 대대로 닿을 것입니다.

51
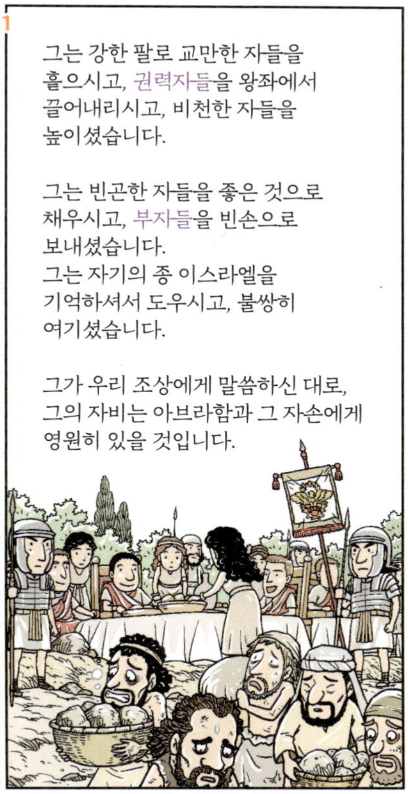
그는 강한 팔로 교만한 자들을 흩으시고, 권력자들을 왕좌에서 끌어내리시고, 비천한 자들을 높이셨습니다.
그는 빈곤한 자들을 좋은 것으로 채우시고, 부자들을 빈손으로 보내셨습니다.
그는 자기의 종 이스라엘을 기억하셔서 도우시고, 불쌍히 여기셨습니다.
그가 우리 조상에게 말씀하신 대로, 그의 자비는 아브라함과 그 자손에게 영원히 있을 것입니다.

※권력자들, 부자들: 이스라엘을 지배하던 로마와 그에 부역하던 자들.

56 마리아는 엘리사벳과 석 달쯤 함께 있다가 집으로 돌아갔어.

애고, 배는 불러오는데
나사렛까지 언제 가냐.

tip 마리아의 찬송

마리아는 하나님이 보내신 천사 가브리엘과 성령이 충만한 엘리사벳을 통해 이스라엘을 구원할 메시아를 잉태하게 될 것을 확신한다. 이에 마리아는 [46~50절]에서 자신을 돌보신 하나님을 찬양하고, [51~55절]에서는 로마의 지배하에서 신음하던 이스라엘을 구원할 전능하신 하나님을 찬양한다.

세례 요한의 출생

57 엘리사벳은 달이 차서 아들을 낳았고,

오, 드디어!
응애
응애

58 이웃과 친척은 주께서 그녀에게 큰 자비를 베푸셨다는 말을 듣고 함께 기뻐했어.

축하합니다.
아들이네요.
으흐흐흐

59 아기가 태어난 지 8일이 되자 그들이 아기에게 할례를 하려고 왔지.

아버지의 이름을 따서
사가랴라고 하자.
아뇨. 요한이라고
할 겁니다.
당신의 친척 중에도
그런 이름은 없소.
보통 아버지나
할아버지의 이름을
따르는데?

※할례: 남자아이가 난 지 8일째 치르는 예식으로, 이스라엘 사람이 하나님께 속한다는 것을 기억하기 위한 표식이다. Link 창세기 17:12

62 그들은 사가랴에게 손짓으로 아기 이름을 무엇으로 할 것인지 물었어.

아기 이름,
이름 말이야.
거참, 듣지도
못하니.
이름!

63 사가랴가 쓸 것을 달라 하니

쓸 수 있는
서판을 가져와.

그가 쓴 것을 보고 모두 놀랐지.

뭐? 요한?
엘리사벳이랑
얘기가 된 건가?
요한

64 그때 사가랴의 입이 열리고 혀가 풀려 하나님을 찬양했어.

요한을 주신
하나님을 찬양하라!
하나님이 아들을 주셨다!
헉, 갑자기?!
마… 말을?!

65 이웃 사람은 모두 두려워했고, 이 모든 이야기는 유대 온 산골에 두루 퍼졌지. 소문을 들은 사람은 모두 이 사실을 마음에 두었어.

그들 나이에
아이를 낳아?
애비는 아이를
낳고 갑자기 입과
귀가 열렸대.
그 아기는 대체
어떤 사람이 될까?
주의 손길이
그 아기와 함께
하시는 것이
분명해.

사가랴의 찬송

67 요한의 아버지 사가랴가 성령으로 가득 차 예언했지.

크고 높으신 주 이스라엘의 하나님을 찬양하라.
그는 자기 백성을 돌보아 대신 죗값을 치르시고,
우리를 위해 그의 종 다윗의 집에서 구원자를 일으키셨다.
그것은 주께서 예로부터 거룩한 예언자들의 입으로
말씀하신 대로 우리의 원수와 우리를 미워하는
모든 사람의 손에서 구원하시려는 것이다.
주께서 우리 조상에게 자비를 베푸시고, 그 거룩한 언약을
기억하신 것은 우리 조상 아브라함에게 하신 맹세였다.
그래서 우리를 원수들의 손에서 건져주시고,
우리의 삶이 다할 때까지 두려움이 없이 거룩하고
의롭게 주를 섬기게 하시려는 것이다.

※구원자 : 예수 그리스도.

76 아가야,
넌 지극히 존귀하신 분의 예언자라 불리며,
크고 높으신 주님보다 앞서 그의 길을 예비하고,
주의 백성들에게 죄 사함으로 받을
구원의 길을 가르쳐줄 것이다.
그래서 우리 하나님의 온유하고 자비로운
햇살이 위로부터 내려 어둠과 죽음의 그늘에
앉아있는 자들에게 비추고,
우리의 발을 평화의 길로 인도하실 것이다.

주님이 오시는 길을 잘 닦아야 합니다!
주의 길

※아가 : 세례 요한. ※평화의 길 : 예수님은 평화의 왕으로 예언되었다.
Link 이사야 9:6 Link 스가랴 9:10

80 아기는 자라서 몸과 마음이 굳건해졌고, 이스라엘 백성에게 나타나는 날까지 광야에서 살았지.

뿅
뿅
뿅
목표는 10만 점 돌파!

tip 사가랴의 찬송

사가랴는 성령이 충만해져 이스라엘을 구원하시려는 하나님의 계획을 보고 하나님을 찬양한다. 그리고 세례 요한이 생명과 구원의 빛으로 이 땅에 오시는 예수 그리스도의 길을 준비하는 자로 먼저 보내졌다는 것을 고백한다. 한편, 빛은 구원과 생명을 가리키는 표현이다. 예수님은 스스로 빛이라고 말씀하셨고, Link 요한복음 8:12 세례 요한도 '이 빛'을 증언하러 왔다고 했다.
Link 요한복음 1:8

2장 베들레헴에서 나신 예수 마태 2:1

1 그즈음 아우구스투스 황제가 칙령을 내려 온 세상이 호적 등록을 하는데,

에반겔리움, 즉 황제의 말씀을 전하겠다!
당시 로마는 아프리카, 유럽, 아시아 3대륙을 지배했어.

※아우구스투스(Augustus) : 로마의 초대 황제(B.C.27년~A.D.14년) 카이사르의 아들 옥타비아누스를 '존엄자'라는 뜻의 아우구스투스라고 불렀다.
▶ Link 1권 25p tip '카이사르'를 보라.

2 이 호적 등록은 구레뇨가 시리아의 총독으로 있으면서 처음으로 한 거야.

귀찮게 이런 걸 왜 하냐고.
세금도 걷고, 군대에 갈 사람도 뽑아야 하니까.

※구레뇨(Quirinius) : B.C.6~4년, A.D.6~9년 두 번에 걸쳐 시리아 총독을 지냈다.

3 모든 사람이 자기 고향으로 호적 등록을 하러 갔어.

로마가 시키는 건 그냥 하기 싫어.

※등록 : 로마의 호적 제도는 거주지에서 등록했지만 유대인은 자신들의 호적 제도에 따라 고향에서 등록했다.

4 다윗의 자손인 요셉은 갈릴리의 나사렛을 떠나 다윗의 고향인 유대의 베들레헴으로 향했지.
만삭인 아내는 왜 데리고 가?
남이야.

※떠나 : 나사렛에서 베들레헴까지는 약 110㎞ 정도의 거리였다.

5 그는 이미 만삭인 약혼자 마리아와 함께 호적 등록을 하러 갔어.
예언대로 메시아는 베들레헴에서 나야지.
로마 황제가 때맞춰 호적 등록도 하고.

※미가의 예언 : Link 미가 5:2

6 그들이 베들레헴에 있을 때 마리아가 해산할 날이 되어서,
호적 등록 때문에 사람이 너무 많소.
곧 낳을 것 같은데.

7 첫아들을 낳아 포대기에 싸서 구유에 눕혔지. 여관에는 그들이 들어갈 방이 없었기 때문이야.
어서 와. 이 세상에 처음이지?!
하하하

tip 베들레헴의 마구간

많은 사람이 호적 등록을 하러 왔기 때문에 표면적으로는 빈방이 없었다. 하지만 누가가 말하고자 하는 바는 다음과 같다. ①메시아가 왔지만 아무도 알아보지 못하고 관심도 없었으며 함부로 대했다. ②더럽고 냄새나는 마구간에 오신 메시아는 그와 같은 세상을 회복시키고 구원하러 오셨다.

목자들의 방문

8 그 지역의 목자들이 들에서 밤을 지내며 양 떼를 지키고 있었는데,
?!

※목자 : 당시 비천한 직업 중 하나였다.

9 그때 주의 천사가 나타나고, 주의 영광이 두루 비추니, 그들은 크게 두려워했어.
화악
헉!
켁!

10 두려워하지 마라! 나는 온 백성에게 큰 기쁨이 될 좋은 소식을 너희에게 전하러 왔다!

※온 백성 : 일차적으로 이스라엘 백성, 14절엔 '사람들', 32절엔 '이방인'까지 확대된다.
※기쁨이 될 좋은 소식 : 복음. Link 1권 25p

11
오늘 다윗의 동네에서 너희를 위해 구세주가 나셨으니, 그는 곧 주 그리스도시다!
12
너희는 포대기에 싸인 갓난아기가 구유에 누워있는 것을 볼 것인데, 그것이 너희에게 주는 증표다!
13 그리고 갑자기 하늘 군대가 나타나 그 천사와 함께 하나님을 찬양했지.
지극히 높은 곳에서는 하나님께 영광이요, 땅에서는 평화요, 사람들에게는 기쁨이라!
15 천사들이 목자들을 떠나 하늘로 올라가자,
베들레헴에 가서 주께서 알려주신 그 일을 보자.
16 그들은 급히 가서 마리아와 요셉과 구유에 누워있는 아기를 찾아냈어.
휴, 도대체 어디에…?
아, 여기다. 여기 계신다!
17 그들은 천사가 아기에 대해 말한 것을 널리 알렸지.
18 모든 사람은 목자들이 하는 말을 이상히 여겼지만,
이것들이 술 마시고 졸았구나.
뻥쟁이들.
아, 진짜라고!
19 마리아는 그 모든 말을 마음에 새기고 생각했어.
왕으로 오신다는 아이가 마구간에서 태어나서 실망했는데 목자들의 증언이 힘을 주는구나.
20 목자들은 자기들이 듣고 본 모든 일이 알려주신 그대로인 것을 알고, 하나님께 영광을 돌리고 찬양하며 돌아갔지.
젊은것들이 맛이 갔네.
끌끌.

※다윗의 동네: 베들레헴, 메시아의 자격과 조건을 충족시키는 장소다. Link 미가 5:2

※평화: 힘으로 이뤄진 로마의 평화(Pax Romana)가 아닌 예수님으로 인한 진정한 평화를 말함. Link 이사야 9:6

※주: 하나님.

tip 주 그리스도

[11절]에서 가브리엘이 예수님을 '주'로 부른 것은 예수님이 하나님과 동등한 분이며, 권력으로 다스리는 로마 황제가 세상의 주인이 아니라 예수님이 진정한 주인이라는 것을 의미한다. 또한 예수님은 하나님과 동등한 분으로, 세상의 주인으로 오셨지만 왕궁이 아닌 베들레헴의 구유에서 태어나셨다. 그것은 그리스도께서 섬김의 왕으로 가장 낮은 곳으로 오셨으며, 목자와 같은 낮은 사람도 누구나 영광을 드리고, 구원받을 수 있다는 의미다.

[1장]부터 여기까지, 예수님 탄생의 모든 것이 하나님의 계획으로 이루어졌다는 걸 말하고 있어. 로마 황제까지 움직이면서.

예루살렘으로 가신 아기 예수

21 아기에게 할례를 할 8일째가 되자 그 이름을 '예수'라고 했어.
출생신고하고 오겠소.
아기를 잉태하기 전에 천사가 알려준 이름으로 하세요.

22 그리고 모세의 법대로 마리아의 정결 기간이 끝나자 아기를 하나님께 드리려고 예루살렘으로 올라갔지.

※정결 기간 : 모세의 율법에 따르면 산모는 아들이 할례를 받고 33일이 더 지나야 깨끗해졌다. Link 레위기 12:4

23 그것은 주의 율법에 기록된 대로 한 것이며,
처음 태어난 사내아이마다 구별하여 여호와께 드려라!

※기록 : Link 출애굽기 13:2

24 또 희생제물을 드리기 위한 것이었어.
산비둘기 한 쌍이나, 어린 집비둘기 두 마리를 드려라!
어린 양이 없는 가난한 사람들은 비둘기로 대신했어.

※희생제물 : Link 레위기 12:6

tip 모세의 법과 주의 율법

누가는 마리아와 요셉이 모세의 법과 주의 율법을 따랐다고 의도적으로 강조하고 있다. 이는 예수님이 율법에 따라 나셨으며, 율법 아래에 있는 자들을 구원하기 위해 오셨다는 것을 뜻한다. 율법 아래에 있는 자들이란 죄 아래에 있는 자들을 가리키는 말로 율법은 모든 사람을 죄인이라고 말한다.

Link 로마서 3:19

찬송과 예언

25 예루살렘에 시므온이라는 사람이 있었는데, 그는 의롭고 경건하며 이스라엘이 위로 받을 때를 기다리는 사람이라 성령이 함께하셨어.

※위로 받을 때 : 오실 메시아로 인해 이스라엘의 회복과 구원받을 때를 말한다.

26 그는 주께서 세우신 그리스도를 보기 전에는 죽지 않을 것이라는 성령의 계시를 받은 적이 있었지.
내 꼴을 보면 그리스도가 곧 오실 것 같은데.

27 그가 성령의 인도로 성전에 들어갈 때, 마침 아기의 부모가 율법대로 하려고 아기 예수를 데리고 왔어.
오오!!
??

28 시므온은 아기를 자기 팔에 안고 하나님을 찬양했고, 아기의 부모는 시므온의 말을 듣고 놀랍게 생각했지.
크고 높으신 주님, 이제 주의 말씀대로 이 종을 편히 떠나게 해주셨습니다! 제 눈이 주의 구원을 보았습니다!
이 구원은 세상 모든 백성 앞에 예비하신 것이며, 이방인들을 비추는 빛이요, 주의 백성 이스라엘의 영광입니다!

※주의 구원 : 아기 예수가 하나님의 구원을 이루실 메시아라는 고백이다.
※이방인들 : 예수님은 이스라엘뿐만 아니라 온 세상을 구원하기 위해 오셨다는 것이다.

34 시므온이 그들을 축복하고 아기의 어머니 마리아에게 말했어.

이 아기는
이스라엘의 많은 사람을
망하게 하거나 흥하게
하기 위해 세워졌소.

'또 사람들의 비난의 대상이 되어 칼로 찌르듯 당신의 마음을 아프게 할 것이오. 그러나 그로 인해 많은 사람의 마음에 품은 악한 생각을 드러나게 할 것입니다.'

그런 자가
무슨 메시아냐?
십자가에
매달아!
우리 밥그릇을
건들면 죽는다!

36 아셀 지파에 속하는 바누엘의 딸로 안나라는 나이 많은 여예언자가 있었어.

※아셀(Asher) : 야곱의 여덟 번째 아들로 이스라엘 12 지파 중 하나를 이루었다.

그녀는 결혼 후 7년 동안 남편과 함께 살다가 과부가 된 지 84년이 되었지.

이제 사진이나
봐야 신랑 얼굴이
기억나.

그동안 그녀는 성전을 떠나지 않고 밤낮으로 금식과 기도로 하나님을 섬겼어.

이제 그만
집에 가시죠? 저도
퇴근 좀 하게.
싫어.

38 마침 그때 그녀가 주께 감사를 드리고, 예루살렘의 구원을 기다리는 모든 사람에게 아기에 대해 말했지.

나도 기쁜 소식을
전하겠다!

39 아기의 부모는 주의 율법에서 정한 모든 일을 마치고, 갈릴리의 고향 동네 나사렛에 돌아갔어.

[마태복음 2장]을 보면 그동안
동방박사도 만나고, 이집트로
도망쳤다가 돌아온 거야.

※모든 일 : 정결 기간 40일을 지키고 희생제물을 바치는 일.

40 아기는 자라면서 몸과 마음이 굳건해지고, 지혜가 가득해졌고, 하나님의 은혜가 함께 했지.

요한
뿡
뿡
뿡

예수 그리스도의 성장기

41 예수의 부모는 해마다 유월절이 되면 예루살렘으로 갔어.

늘 하나님을
바라보고 경건하게
살았다는 거지.

※유월절(Passover) : 이스라엘의 3대 절기 중 하나로 하나님께서 이스라엘을 이집트에서 구원하신 것을 기념하는 절기다.

42 예수가 12세가 되는 해도 그들은 절기 관습에 따라 예루살렘에 갔지.

유월절을
지키러 가자!

43 그들이 절기를 마치고 돌아갈 때, 예수는 예루살렘에 그대로 있었지만 그의 부모는 몰랐어.

44 그들은 예수가 일행 중에 있을 거라 생각하고 하룻길을 갔지.
예수가 어디 있죠?
사촌이랑 놀고 있겠지.
그러다 그들은 친척들과 일행 중에서 예수를 찾았으나 찾지 못했어.
얘가 보이지 않아요.
뭐?!
그들은 예수를 찾으며 예루살렘으로 돌아갔지.
예수야!
왔던 길을 샅샅이 찾아야 해.
46 그들은 사흘 뒤에야 성전에서 예수를 찾았는데,
찾았어! 지금 성전에 있어!
그는 율법교사들 가운데 앉아 그들의 말을 듣기도 하고, 묻기도 하고 있었어.
오오!
47 그의 말을 듣던 사람들은 모두 그의 지혜와 대답에 감탄했지.
뉘집 아들이야?
거참, 대단한 애네.
48 예수의 부모는 그를 보고 놀랐어.
얘야, 왜 여기 있느냐? 우리가 널 찾느라 걱정을 많이 했다.
왜 저를 찾아요? 제가 제 아버지의 집에 있어야 할 줄을 몰랐습니까?
50 그러나 부모는 그가 한 말이 무슨 뜻인지를 깨닫지 못했지.
무슨 말이냐? 우리 집은 나사렛인데?
집에 가자.
51 예수는 부모와 함께 나사렛으로 돌아가서 그들에게 순종하며 지냈어.
아직 어리잖아요.
십 대들이란.

※하룻길: 약 30㎞.

※아버지의 집: 성전.

그의 어머니는 이 모든 일을 마음에 새겨두고 있었고,
천사 가브리엘이 나타난 이후로 참 놀라운 일이 많이 생기는구나.
52 예수는 지혜와 키가 자라고, 하나님과 사람에게 더욱 사랑을 받았어.
게임 그만하고, 출동하셔.
조금만, 조금만 더! 10만 점!
요한
뿅 뿅 뿅

tip 12세가 되는 해

유대인들은 남아가 13세가 되면, 스스로 하나님의 계명과 율법을 지킬 때가 되었다 하여 성년식을 열고 '율법의 아들'이라 불렀다. 그리고 어린 아들에게 이 의식의 절차와 의미를 가르치기 위해 예루살렘에 데리고 갔는데 예수님도 이 같은 경우라고 볼 수 있다. 한편 누가는 예수님이 아기 때 율법을 따르고 있음을 강조하고, 성장기에도 사람과 함께 지냈지만, 하나님의 아들로 자랐다는 것을 말하고 있다.

3장 광야에서 외치는 소리 마태3:1, 마가1:2, 요한1:19

1 로마 황제 디베료가 왕위에 오른 지 15년, 본디오 빌라도가 총독으로 유대를 다스리고, 헤롯이 분봉 왕으로 갈릴리를 다스리고,
넌 유대 땅을 맡아.
아, 골치 아픈 유대 땅이라니.
싫으면 나 줘. 내가 맡을게.
디베료
빌라도
헤롯
그의 동생 빌립 2세가 분봉 왕으로 이두래와 드라고닛 지방을 다스리고,
두로
가이사랴 빌립보
이두래
바산(고원지대)
드라고닛
가버나움
갈릴리
길르앗
내가 다스리는 곳은 여기.
루사니아가 분봉 왕으로 아빌레네를 다스리고,
난 왜 지도를 안 보여 줘?
중요하지 않고 다시 나오지도 않으니까.
2 안나스와 가야바가 대제사장으로 있을 때,
우린 대제사장 집안이지.
잘 나가는 가문이랄까.
안나스
가야바
하나님의 말씀이 광야에 있는 사가랴의 아들 요한에게 내렸어.
흐흐, 드디어 출동이다.
3 요한은 요단 강 주변에서 죄를 용서받게 하는 회개의 세례를 베풀었지.
나는 죄를 용서받을 수 있도록 준비하는 것뿐이오.
4 그것은 예언자 이사야의 책에 기록된 말씀대로였어.
광야에서 외치는 소리가 있다! 너희는 여호와의 길을 예비하고, 그의 길을 곧게 하라!
모든 골짜기는 메워지고, 모든 산과 언덕은 평평해지고, 굽은 것은 곧아지고, 험한 길은 평탄해질 것이니 모든 사람이 하나님의 구원을 볼 것이다!

※빌립 2세(Philip Ⅱ): 헤롯 대왕의 아들, 갈릴리 바다 북동쪽을 다스렸다. ※(B.C.4~A.D.34년)

※루사니아(Lysanias): 헤르몬산 북동쪽 시리아의 한 지방인 아빌레네를 다스렸다.

※디베료(Tiberius): 로마 2대 황제(재위 A.D.14~37년). ※본디오 빌라도((Pontius Pilate): 제5대 유대 총독(A.D.26~36년). ※헤롯(Herod): 갈릴리와 베레아 지역을 다스린 헤롯 안티파스(B.C.4~A.D.39년).

※안나스(Annas): 전직 대제사장(6년~15년)이지만 여전히 영향력이 컸다. ※가야바(Caiaphas): 현직 대제사장(18년~36년)으로 안나스의 사위다.

▶ Link 1권 37p tip '세례 요한'을 보라.

※기록: Link 이사야 40:3~5

tip 반복된 '모든'

[이사야 40:4~5]를 보면 '모든'이라는 말이 1번 나온다. 그럼에도 누가가 '모든'이라는 말을 3번이나 사용한 것은 하나님이 베푸시는 구원의 보편성을 강조하기 위해서다. 즉, 예수 그리스도를 통한 하나님의 구원은 유대인뿐만 아니라 모든 이방인까지 포함한다는 것이다.

7 요한은 세례를 받으러 나오는 사람들에게 말했지.
독사의 자식들아, 누가 너희에게 닥칠 진노를 피하라고 하더냐?
8
회개에 알맞은 열매를 맺어라! 너희는 아브라함은 우리의 조상이라고 생각하지 마라! 하나님께서는 이 돌들도 아브라함의 자손이 되게 하실 수 있다!

※독사의 자식: 하나님에게 대적하여 아담과 하와를 유혹한 뱀과 같은 짓으로 백성들을 죄악에 빠뜨리는 자들이라는 뜻.

※돌들: 아주 하찮은 것.

9 도끼가 이미 나무뿌리에 놓였으니 좋은 열매를 맺지 않는 나무는 다 찍어서 불 속에 던져질 것이다!
이 양반이 위험하게!
10 그러자 사람들과 세례를 받으러 온 세리들과 군인들이 물었어.
그러면 우리가 무엇을 해야 하죠?
옷이 두 벌 있으면 없는 자와 나누고, 먹을 것이 있어도 그렇게 해라.
선생님, 세리는 무엇을 할까요?
정해진 세금 외에는 더 거두지 말라.
군인은 무엇을 해야 합니까?
아무도 억압하거나 거짓 고소로 빼앗지 말고, 봉급에 만족해라.

※불 속 : 하나님의 마지막 심판.

▶ Link 1권 61p tip '세리'를 보라.

15 모든 사람은 기다리던 그리스도가 요한이 아닐까 하고 생각했어.
정체가 뭘까?
베트맨?
그리스도?
정말?
16 나는 너희에게 물로 세례를 주지만, 나보다 능력이 크신 분이 오시니 나는 그의 신발 끈을 풀 자격도 없다! 그는 성령과 불로 세례를 주실 것이다!
17 그는 타작마당을 깨끗이 하려고, 키로 걸러 알곡은 곳간에 모으고, 쭉정이는 꺼지지 않는 불에 태우실 것이다!
대표 쭉정이
저게 정말!

※신발 끈을 풀다 : 당시 노예가 주인에게 하던 일이다.

▶ Link 1권 39p tip '성령과 물과 불의 세례'를 보라.

※타작마당 : 온 세상. ※알곡 : 회개한 사람들. ※곳간 : 하나님의 나라.
※쭉정이 : 회개하지 않는 죄인들. ※불 : 죄인들에 대한 심판.

세례 요한의 투옥 마태14:3, 마가6:17

18 세례 요한은 그 밖에 여러 가지를 권하며 복음을 전했고, 분봉 왕 헤롯은 자기 동생 빌립 1세의 아내 헤로디아와 결혼한 일과 자기의 모든 악한 일 때문에 요한에게 비난을 받았지.
악한 헤롯이 율법을 어기고 동생의 아내를 빼앗았다!

※분봉 왕(Tetrarch) : 점령지 전체를 다스리던 왕보다 한 단계 아래 등급으로 점령지의 영토를 나누어 다스리던 왕. 영주와 비슷한 개념이다. ※율법 : Link 레위기 18:16

20 그러자 헤롯은 그 모든 악행에 요한을 옥에 가두는 악행을 더 보탰어.

※헤롯(Herod) : 갈릴리와 베레아 지역을 다스린 헤롯 대왕의 아들인 헤롯 안티파스(B.C.4~A.D.39년).

▶ Link 1권 42p tip '요한의 투옥과 예수님의 행적'을 보라.

세례를 받으시는 예수 마태3:13, 마가1:9

21 사람들이 모두 세례를 받았고, 예수께서도 세례를 받으셨지.

그런 후 예수께서 기도하시자 하늘이 열리고, 성령이 비둘기 같이 예수 위에 내리고 하늘에서 소리가 났어.
너는 내 사랑하는 아들이요, 내가 너를 기뻐한다!

※비둘기 : 온유하고 겸손하신 평화의 왕을 상징.

▶ Link 1권 40p tip '3가지 계시'를 보라.

tip 기도하시는 예수님

누가는 중요한 일을 앞두고 항상 기도하시는 예수님을 보여준다. 그것은 하나님의 아들로 오신 예수님이라도 메시아의 사명을 이루기 위해서는 반드시 기도가 필요했다는 것이다. 누가복음에서 기도하시는 예수님은 [3:21, 5:16, 6:12, 9:18, 9:28, 11:1, 22:17, 22:32, 22:41] 등에서 볼 수 있다.

예수 그리스도의 족보 마태1:1

23 예수께서 복음을 전하기 시작하실 때는 30세쯤이었고, 사람들은 요셉의 아들로 알고 있었어.

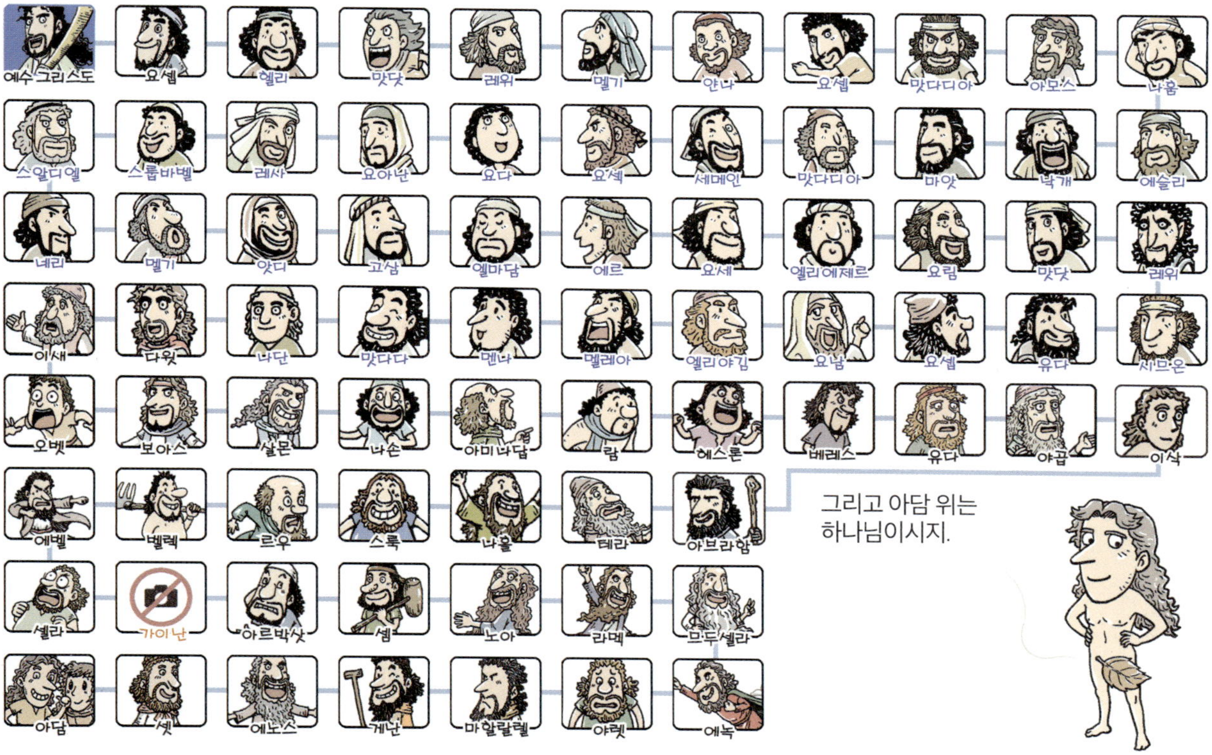

tip 마태의 족보와 누가의 족보

예수님의 족보는 마태복음 1장과 누가복음 3장에 나온다. 이 두 족보는 많은 차이가 있다. 마태는 유대인을 의식해서 유대인의 조상 아브라함으로 시작해서 하향식으로 예수님까지 41명을 기록했지만, 누가는 이방인을 의식해서 예수님으로 시작해서 온 인류의 조상인 아담까지 76명과 창조주 하나님까지 상향식으로 기록했다. 또 마태는 '야곱은 마리아의 남편 요셉을 낳고, 마리아에게서 그리스도라는 예수가 나셨다.'라면서 야곱이 요셉을 낳았다고 하면서도 요셉이 예수님을 낳았다는 말을 쓰지 않는다. 누가는 '그는 사람들이 알고 있기로는 요셉의 아들이었다.'라면서 좀 더 직접적으로 예수님이 요셉의 아들이 아님을 암시한다.

두 족보의 가장 큰 차이는 예수님의 아버지 요셉과 다윗 사이에 등장하는 사람들이 거의 다르다는 것이다. 마태는 유대인에게 예수님이 이스라엘 왕족의 직계 후손임을 강조하는데, 유대인은 남자를 중심으로 계보를 기록했으며, 양자도 친자와 같은 지위를 가졌기 때문에 남자인 요셉의 혈통을 따라가는 것이 자연스러웠을 것이다. 하지만 누가는 이방인에게 예수님이 왕족의 후손임을 내세울 필요가 없었다. 어차피 이방인은 모르니까. 그래서 누가의 족보는 예수님의 생물학적 어머니 마리아의 계보를 따라간다. 마태는 '야곱이 요셉을 낳았다'라고 하지만 누가는 '요셉 위는 헬리다'라며 헬리가 요셉을 낳았다는 말은 쓰지 않는다. 헬리는 마라아의 아버지이며 요셉의 장인이었으니 '낳다'라고 하지 않고 '위'라고 한 것이다. 또 마태는 다윗의 아들이자 왕인 솔로몬으로 이어지게 하지만 누가는 다윗의 아들이자 솔로몬의 형인 나단으로 이어지게 한다. 마리아는 다윗과 그의 아들 나단의 후손인 것이다. 한편, 그 외 다른 몇 가지 추론이 있으며, 두 족보에서 '스룹바벨'과 '스알디엘'의 이름이 겹치는데 그들이 같은 사람인지 아닌지도 여전히 논란이 있다.

※나단(Nathan) : Link 역대상 3:5

▶ Link 1권 32p tip '마태는 왜 족보로 시작했을까?'를 보라.

4장 사탄의 시험에 들다 마태4:1, 마가1:12

1 예수께서 성령으로 충만해 요단 강에서 돌아오신 뒤, 성령에 이끌려 광야로 가셨어.
요단 강에서 세례를 받고 광야로….
2 40일 동안 사탄에게 시험을 받으셨어. 그동안 아무것도 드시지 않아서 40일이 지나자 시장하셨지.
40일을 굶어서 심신이 허약해진 이때가 기회지.
3
네가 하나님의 아들이라면 이 돌에게 빵이 되라고 해봐라.
4
성경에 기록하기를 '사람은 빵으로만 살 것이 아니다' 라고 했다.
헉! 이것이…?
5 그러자 사탄은 예수를 높은 곳으로 데려가 순식간에 세상 모든 나라를 보여줬어.
이 모든 권세와 영광을 네게 주겠다. 이것은 내게 넘겨준 것이니 내가 원하는 사람에게 주겠다. 그러므로 네가 내게 절하면 이 모든 것이 네 것이 될 것이다.
8
성경에 기록하기를 '너의 여호와 하나님을 경배하고 그분만을 섬겨라'라고 했다.
우르릉
제… 제법 센데?
마지막도 이겨낼 수 있는지 보자.
9 이번에 사탄은 예수를 예루살렘 성전 꼭대기에 세우고 말했지.
네가 하나님의 아들이거든, 여기서 뛰어내려 봐라.
성경에 기록하기를 '하나님이 너를 위해 천사들에게 명령하셔서 너를 지키게 하실 것이다. 그들이 손으로 너를 떠받쳐 너의 발이 돌에 부딪히지 않게 할 것이다'라고 했으니 말이다.
12
사탄아, 물러가라!
성경에 기록하기를 '너의 여호와 하나님을 시험하지 마라' 했다!
콰쾅
컥!!
13 사탄은 그 모든 시험을 끝마친 후, 다음 기회를 노리며 떠났어.
아직 끝난 게 아냐. 끈질기게 시험에 들게 하겠다.

▶ Link 1권 149p tip '광야에서의 40일'을 보라.

※기록 : Link 시편 91:11~12

▶ Link 1권 41p tip '사탄의 시험'을 보라.

2. 예수 그리스도의 갈릴리 사역

앞서 예수님이 누구신지 밝혔으니 여기서부터는 본격적인 사역이 시작돼.
갈릴리 1차 사역 마태4:12, 마가1:14
14 예수께서 성령의 능력을 받아 갈릴리로 돌아오시자 소문이 사방으로 퍼졌어.
그분이 돌아오셨어.
요즘에 뜨는 그분?
15 예수께서는 여러 유대 회당에서 가르치셨으며 모든 사람에게 영광을 받으셨지.
고향에서 첫 번째 배척
16 예수께서 자신이 자라나신 나사렛으로 가셔서,
안식일이 되자 늘 하시던 대로 회당에서 성경을 읽으려고 일어서셨어.
17 예수께서 예언자 이사야의 두루마리를 받아서 한 말씀을 찾으셨지.
요게 딱이네.
18 여호와의 영이 내게 내렸다. 이것은 주께서 내게 기름을 부으셔서 가난한 사람에게 복음을 전하게 하시려는 것이다.
주께서 나를 보내셔서 포로 된 사람에게 자유를 주고, 눈먼 사람을 다시 보게 하고, 억눌린 사람을 풀어주고, 여호와의 은혜로운 그날을 전하게 하시려는 것이다.
20 예수께서 두루마리를 말아서 시중드는 사람에게 돌려주시고 앉으셨어.

※갈릴리(Galilee): 갈릴리 바다 서쪽 지방, 예수님께서 살던 나사렛이 있는 곳.

※회당(Synagogue): 유대인 생활의 중심이 되는 종교, 집회, 교육 장소. Link 1권 17p

※나사렛(Nazareth): 갈릴리 바다 서쪽 약 24㎞ 지점에 위치한 작은 마을. 헤롯 안티파스가 다스렸다.

※한 말씀: Link 이사야61:1~2

※그날: 원문에는 '해'(year)로 기록되어 있다. 하나님의 구원의 날을 가리킨다.

회당에 있는 모든 사람이 예수의 말씀을 기다렸는데,
21 오늘 이 성경 말씀이 너희가 듣는 가운데 이루어졌다.
그리고 그것은 곧 나의 사명이다.
22 사람들은 그의 입에서 나오는 은혜로운 말씀에 놀라면서 수군거렸지.
뭐? 그 말씀이 이루어졌다고?
저 사람은 요셉의 아들이잖아.
뭔 소리야?
증거를 보여 달라고 하자.

23 너희는 틀림없이 '의사야, 네 병이나 고쳐라'라는 속담을 들면서 내게 '우리가 들은 대로 당신이 가버나움에서 했던 일을 여기 고향에서도 해보라' 라고 말하려 한다.
하지만 자기 고향에서 환영 받는 예언자는 아무도 없다.
25 엘리야 시대에 3년 6개월 동안 하늘이 닫혀 온 땅에 흉년이 들었다. 이스라엘에도 많은 과부가 있었지만, 하나님은 엘리야를 시돈 땅 사렙다 마을의 한 과부에게만 보내셨다.
27 또 예언자 엘리사 시대에 이스라엘에 많은 나병환자가 있었지만 그중에 아무도 고침받지 못하고 시리아 사람 나아만만 나았다.

※엘리야 시대: Link 열왕기상 17:9

※가버나움에서 했던 일: 귀신 들린 사람 치유[4:31], 베드로 장모 치유[4:38], 병든 자들과 귀신 들린 사람 치유[4:40], 중풍병자 치유[5:17], 백부장의 종 치유[7:1]

※엘리사 시대: Link 열왕기하 5:14

28 회당에 있던 사람들은 이 말씀에 잔뜩 화가 났어.
뭐? 그래서 메시아를 이방인에게 보내신다고?
선택받은 우리는 껍떡지냐?
29 그들은 예수를 동네 밖 산 낭떠러지까지 끌고 가서 떨어뜨리려고 했지.
메시아를 보내 주신다는 하나님의 약속은 뭔데?
이건 신성 모독이야!
30 그러나 예수께서는 그들 가운데를 지나 떠나가셨어.
어라? 어디 갔지?
저, 저기!
언제 저기로?!

tip 분노한 유대인들

예수님은 자신을 하나님이 보낸 메시아로 알아보지 못하는 고집스러운 유대인들에게, 오래 전 이스라엘 백성들이 엘리야와 엘리사를 배척하자 하나님의 은혜와 구원이 이방인에게 이루어졌음을 말씀하신다. 예수님은 유대인들이 요셉의 아들 예수가 아니라 하나님의 아들 그리스도를 보길 원하셨다. 하지만 유대인들은 이를 깨닫지 못하고 하나님이 이방인만을 구원하기 위해 메시아를 보낸다고 이해했다. 게다가 당시 유대인들은 로마의 억압에서 자신들을 해방시켜줄 민족주의적인 메시아를 기대하고 있었기에 더욱 분노한 것이다.

귀신 들린 사람 치유 마가1:21

31 예수께서 안식일에 갈릴리의 가버나움에서 사람들을 가르치셨어. 그들은 예수의 가르침에 놀랐는데 말씀에 권위가 있었기 때문이야.
오, 뭔가 달라.
속이 후련해.
뻥 뚫렸어.

※가버나움(Capernaum): 갈릴리 바다 북쪽에 위치한 해안 성읍. 국경 지역으로 세관이 있고, 군대가 주둔한 도시. 예수님의 두 번째 고향이며 갈릴리 사역의 중심지.

33 그때 회당에 더러운 귀신이 들린 사람이 큰 소리로 외쳤어.
나사렛 예수여, 우리를 그냥 두시오. 우리가 당신과 무슨 상관입니까?
우리를 없애려고 오셨소? 나는 당신이 하나님께서 보내신 거룩한 분인 줄 압니다!

35
닥치고 그 사람에게서 나와라!
컥!

그러자 귀신이 그를 사람들 가운데 쓰러뜨리고 떠났는데,
크아아아!
헉!

그는 상처 하나 입지 않았지.
괜찮소?
멀쩡하네.

36 사람들은 모두 놀라서 서로 말했고,
놀라운 말씀이구나.
권위와 능력으로 명령하니 더러운 귀신들이 떠났다.

▶ Link 1권 37p tip '나사렛 사람'을 보라.

37 소문은 그 근처 사방으로 퍼졌지.
뉴스 봤어? 메시아께서 오셨대.
말 한마디로 모든 걸 이루신대.
오, 그럼 곧 로마에서 해방될 수도?

▶ Link 1권 151p tip '마가가 전한 첫 기적'을 보라.

시몬의 장모와 사람들 치유 마태8:14, 마가1:29

38 예수께서 회당을 떠나 시몬의 집으로 들어가셨어.

그런데 시몬의 장모가 심한 열병을 앓고 있어서 제자들이 예수께 부탁했지.
열병은 하나님의 형벌인데.

※시몬(Simon): 예수님의 12제자 중 한 명이며, 벳새다 출신의 어부로 가버나움에서 살았다. 베드로(Peter), 게바(Cephas)라고도 불렸다.

※하나님의 형벌: Link 레위기 26:16

39 예수께서 그녀에게 다가서서 열병을 꾸짖으시자 열병이 떠나고,
썩 나와서 꺼져라!
그녀는 곧 일어나 시중을 들었어.
이제부터 제가 보디가드를 맡겠습니다.
됐거든.
40 해 질 녘에 사람들이 온갖 병자들을 다 데려오자,
크르르.
멍멍
주님아, 덤벼!

※해 질 녘 : [4 : 31]의 안식일이 끝나자 사람들이 몰려왔다. 유대인들의 하루는 저녁부터 시작된다.

예수께서는 일일이 손을 얹어 고치셨지.
주님, 감사합니다!
저분이 하나님이야?
41 그런데 많은 사람에게서 귀신들이 떠나며 소리를 질렀어.
당신은 하나님의 아들이오!
예수께서는 꾸짖으시며 귀신들이 말하는 것을 허락하지 않으셨는데,
닥치고 꺼져라!

그것은 그들이 자기가 그리스도라는 것을 알았기 때문이야.
한마디만 더 하면 재미없다!
딸꾹

▶ Link 1권 151p tip '침묵의 명령'을 보라.

tip 꾸짖는 예수님

의사인 누가가 시몬의 장모의 열병을 치유하는 과정을 '고치다', '치료하다'와 같은 표현이 아니라 '꾸짖다'라고 했다. 그것은 의사의 입장에서도 시몬의 장모는 단순한 병이 아니라는 것을 말한다. 누가는 예수님이 가버나움에서 하신 3가지 사역에 대해 '꾸짖음'으로 표현하면서 예수님의 메시아라는 신분과 능력을 나타내고 있다. [4:35, 39, 41] 또한 누가는 문제의 원인이 병과 귀신으로 구분된다는 것을 보여준다.

갈릴리 전도 중에 마가1:35

42 날이 새니, 예수께서 외딴곳으로 나가셨어.

제자들이 예수를 찾다가 만나자 자기들에게서 떠나지 말아 달라고 말렸지.
저희 마을에 머물러 주세요.
헤어지기 싫어요.
난 다른 마을에서도 하나님 나라의 복음을 전해야 한다. 나는 이 일을 위해 보내졌다.
44 그리고 예수께서는 갈릴리의 여러 회당에서 복음을 전하셨어.
나는 복음 배달부야.
복음

▶ Link 1권 152p tip '이 일을 하러 왔다'를 보라.

tip 하나님 나라의 복음

'하나님 나라'는 특별한 장소나 공간이 아니라 하나님이 통치하시는 세상을 가리킨다. '복음'은 세상 모든 사람들이 알아야 할 기쁜 소식, 즉 하나님이 백성들을 구원하기 위해 예수 그리스도를 보내셨다는 소식이다. 따라서 예수님이 하나님 나라의 복음을 전하기 위해 오셨다는 것은, 백성들을 구원하시려는 하나님의 통치가 자신을 통해 이루어진다는 뜻이다.

5장 첫 제자들을 부르시다 마태4:18, 마가1:16

1 게네사렛 호숫가에서 사람들이 예수를 둘러싸고 하나님의 말씀을 들었어.
2 호숫가에는 배 2척이 있고 어부들은 배에서 내려 그물을 씻고 있었지.
오늘은 완전 허탕이네.
3 예수께서는 시몬의 배에 오르셔서,
배를 뭍에서 조금 떼어놓아라.
배에 앉아서 사람들을 가르치셨어.
자, 거기 앉아요. 앉아.
4 예수께서 말씀을 마치시고 시몬에게
깊은 데로 가서 그물을 쳐서 물고기를 잡아라.
선생님, 우리가 밤새 애를 썼으나 잡은 게 없습니다.
그물도 다 씻어놨고.

※시몬(Simon) : 히브리어로 시몬인데 예수님이 아람어로 '게바(Cephas)'라는 이름을 주셨고 헬라어로는 '베드로(Peter)'다.

※게네사렛(Gennesaret) : 갈릴리 바다 서북쪽에 위치한 마을. 구약에서는 '긴네렛'이라고 한다.

하, 하지만 말씀에 따라 그물을 내리겠습니다.
찌릿
순종하자. 순종.
6 그런 다음, 그물을 내리니 많은 물고기가 걸려 그물이 찢어질 지경이었어.
어디서 이렇게 많은 물고기가?
7 그들은 다른 배에 있는 동료들에게 손짓해서 도움을 청했지.
빨리 와!
그물이 터진다!
완전 대박인데?!

그들이 와서 물고기를 두 배에 나눠 채웠지만 배는 가라앉을 것 같았어.
와, 저렇게 큰 물고기라니!
9 시몬과 함께 있던 모든 사람과 세베대의 아들들이자 시몬의 동료인 야고보와 요한도 엄청난 물고기에 놀랐지.
밤새 안 잡히던 물고기가 갑자기!?
사람이 이런 일을 할 수 있나?
저분은 누구시지?

※야고보(James) : 히브리어 야곱의 헬라어 표현. 예수님과 사촌 형제, 최초의 순교자가 된다.
※요한(John) : 예수님과 사촌 형제이며 요한복음, 요한1~3서, 요한계시록의 저자다.

8 그러자 시몬 베드로는 예수의 무릎 아래 엎드렸어.
주님, 제게서 떠나십시오! 저는 죄인입니다!
전 너무 보잘것없습니다!
두려워하지 마라. 이제부터 너는 사람을 낚을 것이다.
정말요?
오!
11 그들은 배를 육지에 댄 뒤, 모든 것을 버려두고 예수를 따라갔지.
여기 물고기는…?
아저씨 가지세요.

※사람을 낚다 : 죄악에 빠져있는 사람들을 구한다는 뜻.

▶ Link 1권 43p tip '예수님을 따른 제자들'을 보라.

나병환자 치유 마태8:1, 마가1:40

12 예수께서 한 마을에 계실 때 온몸에 나병이 든 사람이 찾아와 엎드렸어.
주님께서 원하시면 저를 깨끗하게 하실 수 있습니다.
!!
아니 나병환자가?
재수 없게.

13 예수께서 그에게 손을 대시자,
내가 원한다. 깨끗해져라.
어? 부정한 자를 만지시다니.
즉시 그의 나병이 떠났지.
아자, 주님 만세!
헉!
어떻게?!

14 아무에게 말하지 말고, 제사장에게 몸을 보이고, 모세가 명령한 것을 바쳐 네가 깨끗해진 것을 증명해라.
넵, 제 별명이 종로 자물통입니다요.
15 그러나 예수의 소문은 더욱 퍼졌고,
동네 사람들아! 주님이 날 낫게 해주셨다! 그는 메시아시다!
많은 사람들이 말씀도 듣고, 자기 병도 고치려고 모여들었어.
주님을 찾아라!
비켜, 내가 먼저다!

※제사장 : 율법에 따라 나병환자는 제사장이 살펴보고 병을 판정했다. Link 레위기 13:17

※명령한 것 : Link 레위기 14장

16 이에 예수께서는 외딴곳으로 물러가 기도하셨어.
종로 자물통? 말이나 말지.

▶ Link 1권 55p tip '나병환자를 만지시다'를 보라.

죄를 용서하는 권세 마태9:1, 마가2:1

17 어느 날, 예수께서 가르치시는데 갈릴리와 유대와 예루살렘에서 바리새인들과 율법교사들이 왔고,
저자가 어쩌나 보자.

주의 능력이 함께하신 예수께서 사람들의 병을 고치셨어.

※율법교사(Rabbi) : 율법을 해석하고 가르치는 유대 지도자를 부르는 존칭.

▶ Link 1권 88p tip '예루살렘에서 온 사람들'을 보라.

18 그런데 사람들이 한 중풍병자를 침상에 눕힌 채로 예수 앞에 들여놓으려 했지만,
좀 비켜요!
환자요!
19 사람들이 많아 들어갈 수가 없었지.
사람들이 너무 많아.
어떻게 하지?
그들은 지붕의 기와를 벗겨내고 환자를 침상에 눕힌 채 예수 앞에 달아 내렸어.
뭐야?
남의 집을 다 부수네.

※기와 : 유대의 가옥은 기와가 없지만 이방인 독자를 배려해서 '기와'라고 표현했다.

20 예수께서 그들의 믿음을 보시고 말씀하셨지.
이 사람아, 네 죄가 용서받았다.
21 이때 율법교사들과 바리새인들이 서로 말했어.
누가 하나님을 모독하는가?
하나님 외에 누가 죄를 용서할 수 있단 말이야?
22 예수께서는 그들의 생각을 아시고,
너희는 마음속으로 무슨 생각을 하느냐?
이자가 속마음을 어찌 알고?
헉!
내가 누군지도 모르면서 왜 신성모독이라 하느냐?
23 '네 죄가 용서받았다'와 '일어나 걸어가라'라고 하는 것 중에 어느 쪽이 더 말하기 쉽겠느냐?
그야 '죄가 용서받았다'가 쉽죠.
죄를 용서받았는지는 알 수 없으니까.
24 인자가 이 땅에서 죄를 용서하는 권세를 가지고 있다는 것을 너희에게 알게 하겠다.

※하나님을 모독 : 유대인들은 하나님만이 사람의 죄를 용서하실 수 있다고 생각했다.

※유대인들은 '병'이란 죄를 지었기 때문에 생기는 것으로, 병이 낫기 위해선 죄가 없어져야 한다고 생각했다.

※인자(The Son of Man) : 다니엘이 사람으로 오실 메시아를 가리켜 사용한 말 Link 다니엘 7:13 이다. 예수님이 자신을 칭할 때 자주 사용하셨다. ▶ Link 1권 61p tip '죄를 용서하는 권세'를 보라.

일어나 네 침상을 들고 집으로 가라.
감히 하나님만 할 수 있는 일을?
아, 웃겨.
ㅋㅋㅋ
25 그러자 그는 즉시 일어나 자기 침상을 들고 하나님을 찬양하며 집으로 갔고, 모든 사람이 놀라 하나님을 찬양하고 두려워했지.
맙소사!
이런 일은 난생처음이다!
할렐루야! 하나님 만세!
오늘 우리가 놀라운 일을 보았다!

※유대인들은 모든 질병이 죄에서 비롯되었다고 보기 때문에, 질병이 나은 것은 곧 죄를 용서받았음을 뜻한다.

누가복음

레위(마태)를 부르시다 마태9:9, 마가2:13

27 그런 후, 예수께서 레위라는 세리가 세관에 앉아있는 것을 보셨어.
나를 따라오너라.
네?

28 레위는 모든 것을 버리고 예수를 따라갔지.
제가 기념으로 한 턱 쏠게요.
뭐야? 세리잖아.
세리 따위를 왜?

29 레위가 예수를 위해 자기 집에서 큰 잔치를 베풀었는데 세리들과 많은 사람이 함께했어.
여긴 세리2.
세리3.
세리1은 너냐?
전 죄인1.

※레위(Levi) : 12제자 중에 한 명. '마태'라고도 하며 마태복음의 저자다.

※세리(Tax Collector) : 세금을 징수하는 관리. 그들은 로마의 권력에 빌붙어 유대인들을 지나치게 착취했기 때문에 대표적인 악인(죄인)으로 취급받았다.

30 바리새인들과 율법교사들이 예수의 제자들에게 불평했지.
어째서 당신들은 세리와 죄인과 함께 먹고 마시는 거요?
트집을 잡자.
부정한 죄인과 함께 있으면 그도 부정해지는 법이오.

31 건강한 사람에겐 의사가 필요 없지만 병든 사람에게는 필요하다.
나는 의인을 부르러 온 것이 아니라, 죄인을 불러 회개시키러 왔다.

※건강한 사람, 의인 : 스스로 의롭다고 하는 율법교사들과 종교 지도자와 바리새인 등. ※병든 사람, 죄인 : 구원이 필요한 세리와 같은 죄인들. ※의사 : 예수 그리스도. ▶ Link 1권 154p tip '죄인을 부르러 왔다'를 보라.

금식 논쟁 마태9:14, 마가2:18

33 요한의 제자들과 바리새인의 제자들은 자주 금식하며 기도하는데 왜 당신의 제자들은 먹고 마십니까?
제자들의 트집이라도 잡자.
응?!
엉?!

34 '결혼식에 온 손님들이 신랑과 함께 있는데 왜 금식하겠느냐? 그러나 신랑을 빼앗길 날이 오면 그때는 금식할 것이다.'

※금식 : 자신을 낮추고 회개하면서 하나님의 은혜를 구하는 경건 생활이다. 유대인들은 기념일과 속죄일 등 여러 형태의 금식을 했다.

※손님들 : 예수님의 제자들. ※신랑 : 예수 그리스도.
※빼앗길 날 : 예수께서 십자가에서 죽게 되는 날.

36 '새 옷에서 한 조각을 떼어 낡은 옷에 붙이는 사람은 없다. 그렇게 하면, 새 옷은 찢어지고, 새 옷에서 떼어낸 조각은 낡은 옷에 맞지도 않는다.'
율법교사들과 바리새인들
꺼져!
니들은 낡은 옷이야!
켁!
어이쿠!

37 '새 포도주를 낡은 가죽 부대에 넣는 사람은 없다. 그렇게 하면, 새 포도주가 낡은 가죽 부대를 터뜨려 포도주는 쏟아지고 가죽 부대는 못 쓰게 된다. 새 포도주는 새 가죽 부대에 넣어야 한다.'
율법과 전통만으로 고집하지 말고 하나님의 뜻이 뭔지 보라고.
저 갈릴리 촌놈이.
쿵!
어이구, 우리 똑똑이.

※새 옷, 새 포도주 : 예수 그리스도로부터 새롭게 시작된 하나님의 복음. ※낡은 옷, 낡은 가죽 부대 : 유대인의 전통과 율법.
※새 가죽 부대 : 예수 그리스도와 하나님의 복음을 담을 새로운 마음.

▶ Link 1권 63p tip '3가지 비유'를 보라.

6장 안식일 논쟁1 - 이삭 마태12:1, 마가2:23

39 '묵은 포도주를 마시고 나서, 새 포도주를 원하는 사람은 없다. 묵은 포도주가 더 좋기 때문이다.'
새 포도주는 싫어!
맛없어. 절대 싫어!
주님의 새 포도주는 더 맛있는데.
니나노!
1 안식일에 예수께서 밀밭 사이로 지나가실 때 제자들이 이삭을 잘라 비벼 먹었어.
2 어째서 당신들은 안식일에 금지된 일을 합니까?
니들 딱 걸렸다.

※묵은 포도주: 유대인의 전통과 율법.
※새 포도주: 예수 그리스도로부터 새롭게 시작된 하나님의 복음.
※안식일: 유대인의 하루는 저녁부터 시작되며, 안식일은 금요일 저녁부터 토요일 저녁까지였다.

3 '다윗과 그 일행이 굶주렸을 때 한 일을 읽어보지 못했느냐? 다윗이 하나님의 집에 들어가 제사장 외에는 먹을 수 없는 거룩한 빵을 먹고 자기 일행에게도 주지 않았느냐?'
거룩한 빵?
오, 꿀맛!
제사장들이 숨겨놓고 몰래 자기들끼리만 먹는 거래.
치사하게.
5 인자는 안식일의 주인이다.
안식일의 진정한 의미를 찾고 모든 사람을 쉬게 하고 구원하러 왔으니까.
당신이 하나님의 권위를 가졌어?
이런 발칙한!? 이노오오옴!!

※굶주렸을 때: Link 사무엘상 21:6 ※하나님의 집: 성전.
※거룩한 빵: 이스라엘 12지파를 상징하는 12개의 진설병으로, 항상 성소에 있어야 한다.

▶ Link 1권 73p tip '안식일'을 보라.

안식일 논쟁2 - 손 마른 자 마태12:9, 마가3:1

6 또 다른 안식일에 예수께서 회당에서 가르치셨어.
그곳에는 오른손이 오그라든 사람이 있었고,
7 율법교사들과 바리새인들은 예수를 비난할 트집을 잡으려고 엿보고 있었지.
안식일에 병을 고치기만 해봐라.
바로 녹화한다.

8 예수께서는 그들의 생각을 아시고,
일어나 가운데 서라.
안식일에 병을 고쳐도 됩니까?
9 안식일에 선행을 하는 것과 악행을 하는 것. 목숨을 구하는 것과 없애는 것. 어떤 것이 옳으냐?
음.
10 예수께서 그들을 모두 둘러보시고서,
네 손을 내밀어라.

※선행: 도덕적으로 착한 행동이 아니라 하나님을 기쁘게 하는 선한 행동을 말한다.
※악행: 선행을 하지 않는 것을 가리키며, 안식일 계명(쉼)의 참 의미를 놓친 것을 겨냥한 것이다.

그가 손을 내보였는데 그 손이 다른 손처럼 멀쩡해져 있었어.

오오!
이것 봐!
두… 두고 보자.

11 율법교사들과 바리새인들은 화가 잔뜩 나 어떻게 예수를 없앨까 의논했지.

저자를 그냥 두어선 안 돼.
저자 때문에 우리 밥그릇이 박살나고 있어.

tip 트집을 잡으려고

이것은 분쟁을 만들어 산헤드린 법정에 세우려는 악한 의도를 말한다. 유대인들은 죽을병이 아니면 안식일이 지난 후 치료했다. 그것이 아무 일도 하지 말라는 안식일 계명을 지키는 것이라고 생각했기 때문이다. 그런데 예수님이 안식일에 병자를 고친다면 이는 안식일 계명을 어긴 것이 되므로 법정에 고발할 명분이 되는 것이다.

12사도를 부르시다 마태10:1, 마가3:13

12 그즈음 예수께서 산으로 가셔서 밤을 새우며 하나님께 기도하셨어.

13 날이 밝을 때, 예수께서 제자들 중에 12명을 뽑으시고 사도라 부르셨지.

우린 예수님의 사촌이야.
열심당원에게 세리는 1차 제거 대상인데.
나도 알패오의 아들인데.
우린 아빠 이름이 똑같네.
베드로라고 부르는 시몬
베드로의 동생 안드레
세베대의 아들 야고보
야고보의 동생 요한
빌립
도마
가나나 사람 시몬
세리 마태
알패오의 아들 야고보
바돌로매
예수를 판 가룟 유다
다대오

▶ Link 1권 66p tip '12사도'를 보라.

tip 제자들 중에 12명을 뽑다

예수님은 자신을 따르던 사람들 중에 구약의 12지파를 상징하는 12명의 제자를 뽑아 '사도'라고 하셨다. 여기서 '제자'란 예수님의 가르침을 배우며 따르는 자를 말하고, '사도'란 예수님과 함께하며 가르침을 배워서 하나님 나라의 복음을 전하고, 증언하기 위해 '보냄을 받은 자'를 말한다. Link 누가복음 9:2 Link 사도행전 1:22

갈릴리 1차 사역의 결과 마태4:23, 마가3:7

17 예수께서 제자들과 함께 산에서 평지로 내려오시자 많은 제자와 유대 모든 지역과 예루살렘과 두로와 시돈 해안 지방에서 온 많은 사람이 말씀을 듣고, 병을 고치려고 왔어.

난 유대에서 왔어.
난 예루살렘.
이분은 이방인들도 차별하지 않아.

※두로(Tyre), 시돈(Sidon) : 이스라엘 북쪽, 페니키아 지중해 해안의 이방 도시들.

18 그리고 더러운 귀신에게 고통을 당하던 사람들도 낫게 되었지.

나도 그분 말씀에 쫓겨났어.
히잉, 귀신의 수난 시대야.
아, 게임이 안 되는구나.

19 모두가 예수를 만져보려고 애를 썼는데 그것은 그의 능력이 나와서 모두를 낫게 했기 때문이야.

비켜라. 내가 먼저다!
주여!
저 좀 봐주세요!

▶ Link 1권 44p tip '치유 사역의 의미'를 보라.

tip 평지 설교

[마태복음 5:1]에서는 이곳을 '산'이라고 했지만 누가는 '평지'라고 했다. 이곳은 낮은 언덕이었다. 마태는 모세가 율법을 받은 산과 연결하려고 산이라고 표현한 것이고, 누가는 평평한 구릉 지대였기 때문에 평지라고 표현한 것으로 보인다.

평지 설교 - 4복과 4화 마태5:1

20 가난한 너희에게 복이 있다. 하나님 나라가 너희 것이다.
지금 굶주리는 너희에게 복이 있다. 너희가 배부를 것이다.
지금 슬피 우는 너희에게 복이 있다. 너희가 웃을 것이다.
나 때문에, 사람들이 너희를 미워하고, 멀리하고,
욕하고, 너희 이름이 악하다고 내칠 때 너희에게 복이 있다.

23 '그런 일을 당할 때, 기뻐하고 뛰놀아라.
너희가 하늘에서 받을 상이 크기 때문이다.
너희 조상들도 예언자들을 그처럼 학대했다.'

24 부유한 너희에게 화가 있다.
너희는 이미 이 세상의 위로를 받았다.
배부른 너희에게 화가 있다.
너희가 굶주리게 될 것이다.
지금 웃는 너희에게 화가 있다.
너희가 비통하게 울 것이다.
모든 사람이 너희를 칭송할 때
너희에게 화가 있다.
너희 조상들도 거짓 예언자들을
그처럼 칭송했다.

나만 배부르면 되지 왜 남을 걱정해야 해?
그럼그럼, 율법이든 뭐든 알게 뭐야.

▶ Link 1권 45p tip '8가지 복'을 보라.

원수를 사랑하라 마태5:38~48

27 '너희 원수를 사랑하고, 너희를 미워하는 사람에게 잘해 주어라.
너희를 저주하는 사람을 축복하고, 너희를 모욕하는 사람을 위해 기도하라.'

죽기 싫으면 다 내놔!
우린 인정사정 없는 악당이다!
어서 와.
강도질하느라 배고프지?

29 '한쪽 뺨을 치는 사람에게 다른 쪽 뺨도 대어주고, 겉옷을 빼앗는 사람에게
속옷도 주어라. 네게 구하는 사람에게 주고, 네 것을 훔쳐가는 사람에게
되찾으려고 하지 마라.'

이것도 가져가.
이건 가면서 먹으세요.
아, 귀찮게 뭘 자꾸 줘요?
아무리 강도라도 염치는 있다고.

31 '남에게 대접을 받고 싶은 대로 남을
대접하라.'

The Bible
빨간 줄 긋고

▶ Link 1권 53p tip '황금률'을 보라.

32 너희를 사랑하는 사람만 사랑하면 그게 무슨 장한 일이겠냐?
죄인들도 자기를 사랑하는 사람을 사랑할 줄은 안다.
너희에게 잘해주는 사람만 잘해주면 그게 무슨 장한 일이겠냐?
죄인들도 그 정도는 한다. 되돌려 받을 생각으로 남에게 빌려주면
그게 무슨 장한 일이겠냐? 죄인들도 그만큼 돌려받을 생각으로 빌려준다.

맞아. 우리도 사람 구실은 한다고.
배운 사람은 우리보다는 나아야지.

35 '너희는 원수를 사랑하고, 잘해주고, 아무것도 바라지 말고 빌려줘라. 그러면 큰 상을 받을 것이요, 지극히 높으신 분의 자녀가 될 것이다. 그분은 은혜를 모르는 자나 악한 자에게도 인자하시다.'
와, 엄청난 풍년이구나.
그 귀여운 강도들에게도 보내주자.

36
그러므로 너희의 아버지께서 자비로우신 것 같이, 너희도 자비로운 사람이 돼라.

tip 자비로운 사람

예수님을 따르려면 의로움이 아니라 하나님의 성품을 따라야 한다. 제자들도 죄인이었지만 예수 그리스도를 통해 구원을 받았다. 그것은 자신의 아들을 보내 죄인을 구원하신 하나님의 자비로움이다. 이처럼 예수님의 제자들도 그 하나님의 자비로움을 따라야 한다. Link 에베소서 2:3~10

심판하지 마라 마태7:1, 16, 12:33, 15:14

37 '심판하지 마라. 그러면 너희도 심판을 받지 않을 것이다. 정죄하지 마라. 그러면 너희도 정죄를 받지 않을 것이다.'
네가 남을 심판한 게 있어야 그걸로 널 심판할 텐데.
안됐네요. 심판할 게 없어서.

'용서하라. 그러면 너희도 용서를 받을 것이다. 주어라. 그러면 하나님께서도 너희에게 주실 것이다. 누르고 흔들어 넘치도록 후하게 너희 품에 안겨주실 것이다.'
네가 남을 용서했으니 너도 용서해주마.
자, 축하 선물. 다 가져가야 해.
여기가 쇼핑몰인가?

'그것은 남을 판단한 그대로 하나님께서 너를 판단하신다는 것이다.'
네가 몽둥이로 남을 심판했으니 너도 이걸로.
헉!

39 '또한 맹인이 맹인을 인도하면 둘 다 구덩이에 빠지지 않겠느냐?'
걱정 마, 나만 믿어.

※맹인이 맹인을 : 눈먼 지도자가 눈먼 백성을.

40 '제자는 스승보다 높지 않지만 다 배우고 나면 자기 스승과 같이 될 것이다.'
잘 배워서 바리새인의 이름을 드높여라.
넵!

※제자 : 백성들. ※스승 : 바리새인들.

41 '어째서 너는 남의 눈 속에 있는 티끌은 보면서, 네 눈 속에 있는 대들보는 보지 못하느냐? 그러면서 어떻게 남의 눈 속에 있는 티끌을 빼줄 수 있느냐?'
중앙선 침범, 신호위반, 음주 운전까지 했네요.
저 사람도 잡아. 못생겼잖아.
??
꺼억

'위선자야, 먼저 네 눈의 대들보를 빼라. 그래야 네 눈이 잘 보여서 남의 눈 속에 있는 티끌을 빼줄 수 있을 것이다.'
맙소사, 이게 다 눈 속에 들어 있던 거야?
바리새인은 원래 그래.
딸꾹

※빼줄 수 : 남의 잘못을 심판하는 것이 아니라 위하는 마음으로 도움을 줄 수 있다는 뜻.

43 '나쁜 열매를 맺는 좋은 나무도 없고, 좋은 열매를 맺는 나쁜 나무도 없다. 나무는 각각 그 열매를 보면 안다. 가시나무에서 무화과를 따지 못하고, 가시덤불에서 포도를 따지 못하는 것과 같다.'

이 형은 좋은 사람이야. 진짜야. 믿으라구.

※열매를 보면 안다: 말과 행동의 일치 여부로 그 사람을 판단하는 것을 의미한다.

45 '선한 사람은 그 마음에 쌓인 선에서 선한 것을 내고, 악한 사람은 그 마음 쌓인 악에서 악한 것을 낸다. 마음에 가득 찬 것이 입으로 나오는 법이다.'

TNT

tip 심판하지 마라

이것은 재판장이 죄 지은 사람의 잘못을 판단하고 죄인이라고 확정하는 것을 의미한다. 이에 예수님께서 심판, 정죄하지 말라고 하신 것은 다른 사람에 대한 모든 평가나 판단을 금지하라는 것이 아니다. 의로운 재판장처럼 자신의 판단을 절대적인 기준으로 삼고 죄인을 용서하는 자비로움이 없이 다른 사람을 함부로 판단하고 단정하지 말라는 의미다.

말씀대로 따라라 마태7:24

46

너희는 나더러 '주님, 주님!'하면서 왜 내가 하는 말을 따르지 않느냐?
엥? 우리가 언제요?
거 무슨 섭섭한 말씀을?

47 '내 말을 듣고 따르는 사람은 땅을 깊이 파고, 바위 위에 집을 지은 사람과 같다.'

힘들게 왜 이런 단단한 곳에?
예수님이 이곳에 지으라고 하셨으니까.

'홍수가 나서 물살이 들이쳐도 그 집은 흔들리지 않는다. 바위 위에 세워진 집이기 때문이다.'

그렇게 말씀하시는 건 다 이유가 있는 거야.
난 다른 곳에 지을래.
나도.

49 '그러나 내 말을 듣고도 따르지 않는 사람은 기초도 없이 흙 위에 집을 지은 사람과 같다. 물살이 들이치면 그 집은 곧 크게 파괴될 것이다.'

거봐. 내가 뭐랬어.
끌끌, 말 안 듣더니.
콰콰콰콰
꺄오오오

7장 백부장의 종 마태8:5, 요한4:43

1 예수께서 모든 말씀을 마치신 후 가버나움으로 가셨어.

한참 떠들었더니 배고프네.

2 그런데 어떤 백부장이 아끼던 종이 병들어 죽게 되었고,

3 백부장은 예수의 소문을 듣고 유대 장로들을 예수께로 보내 간청했지.

그 종을 고쳐 주십시오.
그는 몹시 고통받고 있습니다.
그 장교는 이방인이잖아.

※유대 장로들: Link 마태복음 8:5 에서는 백부장이 직접 예수님께 나온 것으로 묘사되어 있다.

4 그는 선생님께 도움을 받을 만한 사람입니다.
그는 우리 민족을 사랑하고, 회당도 지어줬습니다.
가자. 내가 고쳐주겠다.

6 예수께서 백부장의 집 가까이 가셨을 때, 백부장은 친구들을 보내 말했어.
주여, 더 수고하지 마십시오. 주께서 제 집에 오시는 것을 감당할 수 없어서 제가 주께 나올 수도 없었습니다. 그저 나으라는 말씀만 해주시면 제 종이 나을 것입니다.
!!
이자가 하나님이야? 말씀만으로 되게?

※선생 : 랍비(Rabbi), 유대인들에게 최고의 존경을 받는 명예로운 호칭이다.
※주여 : 여기서 유대 장로들은 '선생'이라고 부르지만 백부장은 '주'라고 한다.

8 저도 윗사람을 모시고, 제 아래 부하들도 있습니다. 제가 부하에게 '가라' 하면 가고, '오라' 하면 오고, 제 종에게 '이 일을 하라' 하면 합니다.
이렇게 전하랍니다.
이방인에게 이만한 믿음이 있다니 정말 놀랍구나.

9 예수께서 놀라시며 따라오던 사람들에게 말씀하셨지.
이스라엘 사람 중에서도 이렇게 큰 믿음을 본 적이 없다.
가라. 믿는 대로 될 것이다.
오오!!

10 심부름 왔던 사람들이 집에 돌아가서 보니 종은 나아 있었어.
벌써 나았다!
할렐루야!

▶ Link 1권 56p tip '백부장의 믿음'을 보라.

tip 우리 민족을 사랑하고

일반적으로 유대인들과 로마를 위해 일하는 사람들은 원수였다. 특히 유대인들은 율법에 따라 이방인과 접촉하는 것을 부정한 것으로 여겼다. 그럼에도 이들이 친밀하게 지낸 것은 파격적인 일이다. 여기에 등장하는 유대 장로들은 율법의 경계를 깨뜨리고 예수님의 말씀처럼 원수를 사랑한 사람들로 볼 수 있다.

나인 성 과부의 아들을 살리시다

11 그 후, 예수께서 제자들과 많은 사람과 함께 나인이라는 성으로 가셨지.

※나인(Nain) : 갈릴리 나사렛 남동쪽 약 10㎞에 위치한 작은 마을.

12 예수께서 성문에 가까이 가셨을 때, 사람들이 죽은 사람을 메고 나왔는데, 그는 한 과부의 외아들이고, 많은 사람이 그 과부와 함께 나왔어.
흑흑, 아들아. 내 아들아.

13 주께서 그 여자를 가엾게 여기셨지.
울지 마라.
?!

14 그리고 가까이 가셔서 관에 손을 대시자 메고 가는 사람들이 멈췄어.
젊은이야, 내가 네게 말한다. 일어나라.
누구야?
뭐래?
15 그러자 죽은 사람이 일어나 말을 했고,
여기가?
!!
커억!
꺄아아아아아악!
엄마야, 살아났다!
좀비다!
예수께서 그를 어머니에게 돌려주셨어.
주께서 내 아들을 돌려주셨구나.
16 그러자 모든 사람이 두려워하며 하나님을 찬양했지.
위대한 예언자가 나타났다!
하나님께서 자기 백성을 돌보아주셨다!

17 예수에 대한 소문은 모든 유대와 모든 지방에 널리 퍼졌어.
나인 성에 나가 있는 특파원을 연결해서 놀라운 소식을 전해 드렸습니다.
CMT
CMT NEWS 나인 성의 기적
죽은 자가 살아났다고?!
기적이네, 기적. 나도 저분을 만나봐야겠다.

tip 죽은 자가 살아나다

율법에 따르면 죽은 자를 만지면 부정해진다고 했다. 하지만 예수님은 의도적으로 관에 손을 대어 자신이 율법보다 위에 계시며, 사람들을 구원하시는 메시아라는 것을 나타내셨다. 이것은 마치 구약의 엘리야가 시돈 땅에서 사르밧 과부의 죽은 아들을 살린 것을 생각나게 한다. 그 과부는 죽은 아들이 살아난 후 엘리야는 하나님의 사람이며, 그의 말씀은 하나님의 말씀이라고 했다. Link 열왕기상 17장

※율법: Link 민수기 19:11

세례 요한의 질문 마태11:1

18 세례 요한의 제자들이 이 모든 일을 요한에게 알렸어.
그분께 묻고 답을 얻어오라.
그가 오실 그분인지 아니면, 다른 분을 기다려야 하는지.
21 그때 예수께서는 질병과 고통과 악령이 들린 사람을 많이 고치시고, 눈먼 많은 사람도 보게 하셨는데,

※모든 일: 예수님이 지금까지 가르치신 것과 보여주신 기적들.
※이때 요한은 갈릴리의 분봉 왕 헤롯 안티파스를 비난했다가 투옥됐다. Link 누가복음 3:20

20 세례 요한의 제자들이 와서 말했지.
요한의 질문입니다.
당신이 오실 그분인지? 아니면, 다른 분을 기다려야 하는지?
요한의 제자들
가서 너희가 듣고 본 것을 요한에게 알려라.
22 눈먼 사람이 보고, 못 걷는 자가 걷고, 나병환자가 깨끗해지고, 못 듣는 사람이 듣고, 죽은 사람이 살아나며, 가난한 자가 복음을 듣는다.
23 날 의심하지 않는 사람에게 복이 있다.
그대로 전하겠습니다.
Link 1권 69p tip '질문에 대한 답'을 보라.
세례 요한을 높이시다 마태11:7
24 세례 요한의 제자들이 떠난 뒤 예수께서 요한에 대해 말씀하셨어.
너희는 무엇을 보러 광야에 나갔더냐? 바람에 흔들리는 갈대를 보러 나갔더냐?
네?
25 아니면 비단옷을 입은 사람을 보러 나갔더냐? 화려한 옷을 입고 사치를 하는 사람은 왕궁에 있다.
그… 그렇죠.
26 아니면, 예언자를 보러 나갔더냐?
네.
하나님의 말씀을 들으러 갔죠.
그래 요한은 예언자보다 훨씬 뛰어난 인물이다.
27 그에 대해 성경에 기록하기를 '내가 내 사자를 먼저 보내니 그는 네 앞길을 예비할 자다'라고 했다.
요한이 예비하는 자라면 예수님이 메시아?
그렇네.
28 여자가 낳은 사람 중에 세례 요한보다 큰 인물은 없다.
그는 메시아의 길을 준비하고, 직접 메시아를 알렸기 때문이다.
그러나 하나님 나라에서는 가장 작은 사람도 요한보다 크다.
근데 우리 같은 찌질이들이 요한보다 크다고?
예수님을 통해서 하늘나라로 갈 수 있게 됐잖아.
29 '모든 사람과 세리들도 요한의 세례를 받고, 설교를 듣고 하나님은 의롭다고 고백했지만,' Link 누가복음 3:12
그러면 우리가 무엇을 해야 합니까?
선생님, 세리는 무엇을 할까요?
군인은 무엇을 해야 합니까?
30 '바리새인들과 율법교사들은 요한에게 세례도 받지 않고, 스스로 하나님의 뜻을 저버렸다.' Link 누가복음 5:21
저 인간은 누구야?
하나님 흉내를 내고 있잖아.
귀신의 힘을 빌린 게 분명해.

※광야: 세례 요한이 있던 유대 광야.
※갈대: 변덕이 심한 사람.
※기록: Link 말라기 3:1
※내: 여호와 하나님. ※네: 예수 그리스도. ※사자: 엘리야 즉 세례 요한을 가리킨다.

31
그러니, 이 세대를 무엇에 비교할까? 그들은 무엇과 같은가?
32 '그들은 장터에 앉은 아이들이 이렇게 말하는 것과 같다.'
우리가 피리를 불어도, 너희는 춤추지 않고, 우리가 곡을 해도 너희는 울지 않았어!
33 '세례 요한이 빵도 먹지 않고 포도주도 마시지 않으니,'
그는 귀신이 들렸다.

※이 세대 : 세례 요한과 예수님을 배척한 유대인들과 종교 지도자들.

※장터 : 많은 사람들이 모이는 공적인 장소라는 뜻.

▶ Link 1권 70p tip '피리와 곡'을 보라.

34 '인자는 먹기도 하고 마시기도 하니,'
보라, 엄청 먹어대고, 술꾼이자, 세리와 죄인의 친구다.
35 그러나 하나님의 지혜는 그분의 모든 자녀로 인해 옳다는 것이 증명될 것이다.
어떤 고난이 있어도 우리가 잘해야 돼.

※하나님의 지혜 : 예수 그리스도를 통한 구원 계획.
※모든 자녀 : 하나님의 지혜를 믿고 따르는 제자들.

tip 세례 요한을 높이시다

예수님은 요한이 구약의 어떤 예언자보다 뛰어나고 큰 인물이라고 하셨다. 이는 구원사에서 요한이 차지하는 위치 때문이다. 요한은 구약의 예언자 중에 한 명일뿐만 아니라, 메시아의 길을 준비하고, 어떤 예언자보다 더 분명하게 직접 메시아를 소개하는 역할을 했다. 이에 예수님은 요한이 자신의 질문으로 인해 오해받지 않도록 하시고, 요한이 준비했던 일이 헛되지 않았다는 것을 보여주기 위해 그를 높이신 것이다.

죄 많은 여인을 구원하시다

36 한 바리새인이 예수께 함께 식사하기를 원하자 그의 집으로 가셨어.
37 그 동네의 죄인인 한 여자는 예수께서 그의 집에 계신 것을 알고 향유가 담긴 옥합을 가지고,
38 예수의 뒤에 서서 울며, 눈물로 발을 적시고, 머리털로 닦고, 입을 맞추고, 향유를 발랐지.

※함께 식사 : 진심으로 예수님을 경외한 것이 아니라 반감을 가지고 탐색하기 위한 것이다.

39 예수를 초대한 바리새인이 이것을 보고 혼자 말했어.
예언자라면 자기를 만지는 여자가 누구며, 어떤 여자인지 알 텐데. 죄인이라는 걸 말이야.
!!
40 시몬아, 네게 할 말이 있다.
선생님, 말씀하십시오.
41 '어떤 사채업자에게 한 사람은 500데나리온, 또 한 사람은 50데나리온의 빚을 졌다.'

※죄인 : 유대인들은 죄인과 접촉하면 부정해진다고 생각했다.

※시몬(Simon) : 함께 있던 바리새인의 이름으로, 당시 흔한 이름이었다.

※데나리온(Denarius) : 로마의 은전, 1데나리온은 당시 노동자의 하루 품삯이다.

42 '둘 다 빚을 갚을 길이 없자 사채업자가 그 빚을 없애주었다.'
두 사람 중 누가 사채업자를 더 사랑하겠느냐?
더 많은 빚이 없어진 사람이겠죠.
네가 맞다.

44 그런데 내가 네 집에 들어왔을 때, 너는 발 씻을 물도 주지 않았지만 이 여자는 눈물로 내 발을 적시고, 머리털로 닦았다.
아, 그, 그게….

※발 씻을 물 : 유대인은 집에 온 손님에게 손과 발을 씻을 수 있는 물을 내놓았다.

45 너는 내게 입 맞추지 않았으나, 이 여자는 들어올 때부터 계속 내 발에 입을 맞추었다.
그… 그러니까.

※입맞춤 : 유대인의 인사 방식으로, 상대방에 대한 호의적인 표시로 볼에 입을 맞추었다.

46 너는 내 머리에 기름을 발라 주지 않았으나, 이 여자는 내 발에 향유를 발랐다.
나중에 하려고.

※머리에 기름 : 유대인은 집에 온 손님에게 존경의 표시로 머리에 기름을 부었다.

47 이 여자는 나를 많이 사랑했기 때문에 자신의 많은 죄를 용서받았다. 그처럼 적게 사랑한 사람은 적게 용서받을 것이다.
그럼, 저는?

48 네 죄가 용서받았다.
아아!

49 그러자 함께 있던 사람들이 수군거렸어.
이 사람이 누구이기에 죄도 용서한단 말인가?
네 믿음이 너를 구원하였으니 평안히 가거라.
크흐흐흑

※네 믿음이 : 예수 그리스도를 믿는 자는 죄로부터 구원받을 것이라는 뜻.

tip 죄의 용서와 구원

이 이야기는 앞서 예수님이 말씀하신 [31절]의 '이 세대'와 [35절]의 '자녀'가 어떤 사람들인지 바리새인과 죄지은 여자를 통해 보여준다. 여기서 죄를 용서받는 조건은 인간의 어떤 행위나 노력이 아니라 회개하며 사랑과 헌신을 보여준 여자처럼, 오직 예수 그리스도를 믿고 감사하는 사람이 얻을 수 있고, 더해서 하나님의 구원도 받게 된다는 것이다. 구원은 스스로, 자신은 하나님의 은혜(용서와 구원)가 필요한 죄인이며, 그 은혜(용서와 구원)는 오직 예수 그리스도를 통해서만 이루어진다는 것을 믿는 사람들에게 주시는 하나님의 선물이다. Link 에베소서 2:8

8장 예수님을 섬긴 여자들

1 그 후, 예수께서는 12제자와 함께 각 성과 마을에 하나님 나라의 복음을 전하셨어.

2 악령과 병에서 고침받은 여자들도 함께 했는데, 일곱 귀신이 나간 막달라 마리아와 헤롯의 집사인 구사의 아내 요안나, 수산나, 그 밖에 여러 여자였지. 그녀들은 자기들의 재산으로 예수를 섬겼어.

한 살림 차려도 되겠는걸?
우리 집 돌쇠가 알면 난리 나.

※여자들 : 당시 유대 사회에서 여자는 하찮은 존재로 여겨졌다. 하지만 누가는 예수님께서 모든 사람을 차별 없이 구원하신다는 것을 나타내기 위해 여자들을 기록했다.
※집사 : 헤롯 안티파스 왕실의 매니저(Manager), 재정을 담당한 고위직으로 추정한다.

씨 뿌리는 사람 비유 마태13:1, 마가4:1

4 각 마을에서 많은 사람이 모여들자 예수께서 비유를 들어 말씀하셨어.
5 '씨 뿌리는 사람이 씨를 뿌리러 나갔다.'
'어떤 씨는 길가에 떨어져 발에 밟히고, 하늘의 새들이 쪼아먹었다.'

※씨 뿌리는 사람 : 예수님. ※씨 : 하나님의 말씀.

6 '또 어떤 씨는 돌밭에 떨어져 싹이 돋았지만 물기가 없어 말라버렸다.'
7 '또 어떤 씨는 가시덤불에 떨어져 가시와 함께 자라 기운을 막았다.'
8 '그런데 어떤 씨는 좋은 땅에 떨어져 100배의 열매를 맺었다.'

비유의 목적 마태13:10, 마가4:10

9 왜 저들에게 비유로 말씀하십니까?
이 비유가 무슨 뜻이죠?
10 너희에겐 하나님 나라의 비밀을 아는 것이 허락되었다.
하지만 저들에게는 허락되지 않았다.
다른 사람들에게 비유로 말하는 것은 그들이 보아도 보지 못하고, 들어도 깨닫지 못하게 하려는 것이다.
저것들이 어지간히 고집스러워야지.

※저들, 다른 사람들 : 일반 백성들을 가리키며 예수님의 제자들과는 구분된다.

씨 뿌리는 사람 설명 마태13:18, 마가4:14

11 그 비유의 뜻은 이렇다. 씨는 하나님의 말씀이다.
12 '길가에 떨어진 씨는 말씀을 듣기는 했지만, 사탄이 마음에 떨어진 말씀을 빼앗아 가서 믿지 못하고, 구원받지 못하게 되는 사람을 말한다.'
♫~
13 '돌밭에 떨어진 씨는 말씀을 들을 때에는 기쁘게 받아들이지만, 뿌리가 없으므로 잠깐 믿다가 시련이 오면 배신하는 사람을 말한다.'

14 '가시덤불에 떨어진 씨는 말씀을 들었으나, 인생의 근심과 재물과 향락에 빠져 열매를 맺지 못하는 사람을 말한다.'
THE BIBLE
휴지통
15 '좋은 땅에 떨어진 씨는 바르고 착한 마음으로 말씀을 듣고 지키면서 인내로 열매를 맺는 사람을 말한다.'
※지키면서: 누가는 실천을 강조하고 있다.
등불 비유 마가4:21
16 '누구든 등불을 그릇으로 덮거나 침대 아래에 두지 않고, 등잔대 위에 두어 들어오는 사람들이 그 빛을 보게 한다.'
17 '그 빛처럼 숨긴 것은 드러나고, 감춰진 것은 알려지고 나타나기 마련이다.'
어둠 속에 숨겨도 결국 모든 비밀이 드러날 거야.
※숨긴 것, 감춰진 것: 하나님 나라의 복음.
18 '새겨들어라. 가진 사람은 더 받을 것이요, 가지지 못한 사람은 가진 것마저 빼앗길 것이다.'
와우, 하나를 찾았더니 줄줄이.
예수님의 가족 마태12:46, 마가3:31
19 그때, 예수의 어머니와 동생들이 왔으나 사람들 때문에 가까이 갈 수가 없었어.
※어머니: 요셉의 아내이자 예수님의 어머니 마리아.
※동생들: 예수님의 친동생들인 야고보, 요셉, 시몬, 유다.
20 당신의 어머니와 동생들이 당신을 만나려고 밖에 서 있습니다.
누가 내 어머니이며, 누가 내 동생들이냐?
21 하나님의 말씀을 듣고 따르는 이 사람들이 나의 어머니요, 나의 동생들이다.
▶ Link 1권 77p tip '예수님의 가족'을 보라.
폭풍을 다스리시다 마태8:23, 마가4:35
22 어느 날, 예수께서 제자들과 함께 배에 올라 말씀하셨어.
호수 저쪽으로 건너가자.
뱃놀이?
신난다!
※제자들: 예수님의 가르침을 배우고 따르는 모든 사람들.
※저쪽: 갈릴리 바다 남동쪽의 거라사(Gerasa)를 가리킨다.
23 배를 타고 갈 때 예수께서는 잠이 드셨지.
Z Z Z
그런데 사나운 바람이 불어서 배에 물이 차고 위태롭게 되었어.
꺄아악, 무슨 뱃놀이가?!
콰아아아아
엄청난 폭풍이야!
24 주여, 우리가 죽겠습니다!
아이고, 이런 데서 잠이 오십니까?

예수께서 일어나 바람과 물결을 꾸짖으시자
고요하고, 잠잠하라!
쿠르르르릉
곧 바람이 그치고 물결이 잔잔해졌지.
휘이이이
바…바람이…?
25 너희 믿음은 어디에 있느냐?
거친 바람을 따라 허공으로 흩어졌죠.
만세, 살았다!
흐흑, 엄마!
제자들은 놀라고 두려워졌어.
근데 이분이 누구시기에 바람과 물이 명령을 듣고 복종하는가?
아, 살 떨려.
군대 귀신 마태8:28, 마가5:1
26 그들의 배는 갈릴리 호수의 건너편 거라사 지방에 닿았지.
27 예수께서 내리시자 그곳 마을 밖에서 오랫동안 귀신 들린 사람을 만났어.
크르르르
헉, 저게 뭐야?!
그는 옷도 입지 않고 집도 없이 무덤에서 지내고 있었지.
여긴 무덤과 무덤 사이 42번지인데 짜장면 하나요.
29 그는 여러 번 귀신에 들렸기 때문에 사람들은 쇠사슬과 쇠고랑으로 묶어 감시했지만 그것을 끊고,
크아아!
헉!
저걸 끊다니!
귀신이 이끄는 대로 광야로 뛰쳐나가곤 했지.
크아아아아
하루 이틀도 아니고.
구청에 민원을 넣어봐.
경찰을 부르든.
예수께서 귀신에게 명령하셨지.
더러운 귀신아, 그에게서 나오라!
!!
28 그는 예수를 보자 엎드려 부르짖었어.
지극히 높으신 하나님의 아들 예수여, 당신이 나와 무슨 상관입니까? 제발 나를 괴롭히지 마십시오!

▶ Link 1권 58p tip '믿음이 적은 자들아'를 보라.

※거라사(Gerasa) : 갈릴리 바다 남동쪽 이방 지역, 게르게사(Gerasenes)라고도 불린다.

※군대(Legion) : 3000~6000명으로 구성된 로마의 군단.

30
네 이름이 무엇이냐?
군대입니다. 많은 귀신이 우리 속에 있기 때문이오. 우리를 무저갱에 보내지 말아주시오.
32 마침 그곳 언덕에는 큰 돼지 떼가 먹고 있었어.
우리를 내쫓으려면 저 돼지들 속에라도 들어가게 해주십시오.
좋다. 가라.
33 그러자 귀신들이 그 사람에게서 나와 돼지들 속으로 들어갔고,
크아아아아
엄마야!
귀신이 얼마나 많기에!?
돼지 떼는 갑자기 비탈을 내달려 모두 호수에 빠져 죽었지.
으아아, 귀엽둥이들아 돌아와!
안 돼!
두두두두
크애애애
헉!!
34 돼지를 치던 사람들은 이 일을 보고 도망쳐 성과 마을에 알렸고,
으아아, 돼지가 다 죽으면 우린 어떻게 해?!
다 일러줄 거야!
35 사람들이 일어난 일을 보러 나왔어.
그들은 귀신이 나간 사람이 옷을 입고 제정신으로 돌아와 예수의 발 앞에 앉은 것을 보고 두려워했지.
헉, 귀신에 들렸던 자가?
36 처음부터 지켜본 사람들이 귀신 들렸던 사람이 어떻게 나았는지 말했어.
저자가 뭐라고 하자 우리 귀염둥이들이….
모조리 물에 빠져 죽었다고요!
37 거라사 지방 사람들은 크게 두려워하며 예수께 떠나 달라고 간청했지.
당신은 우리에게 재앙을 가져왔소!
주께선 율법에서 금지한 돼지 사육을 없애려고 오셨나?
귀신들이 주님의 일을 방해하려고 돼지들을 죽였나?
저들이 주님을 미워하도록?
수군
수군
예수께서 배에 올라 돌아가시는데, 귀신이 나간 사람이 함께 있게 해달라고 애원했어.
네 집으로 돌아가서 하나님께서 네게 어떤 큰일을 하셨는지 이야기해라.
힝, 좀 봐주시지.

※무저갱 : 악마가 벌을 받아 갇히면 영원히 나오지 못한다는 구렁텅이.

그는 성으로 가서 예수께서 자기에게 어떤 큰일을 하셨는지 알렸지.
황제의 인물
화제의 인물. 오늘은 거라사에서 오랫동안 미쳐 날뛰다가 예수라는 분을 만나….
엇, 저자는?
멀쩡해졌네?!

▶ Link 1권 164p tip '이야기해라'를 보라.

회당장의 딸과 혈루증 여인 마태9:18, 마가5:21

40 예수께서 돌아오시자 기다리고 있던 사람들이 환영했어.
'Welcome to Capernaum' 'I Love Jesus'

※돌아오시자 : 거라사에서 갈릴리 가버나움으로 돌아오셨다는 말이다.

41 그때 회당장인 야이로라는 사람이 예수의 발 앞에 엎드려 간청했지.
저의 집에서 12살 된 외동딸이 죽어갑니다.
오셔서 손을 얹어 주십시오.
42 예수께서 야이로의 집으로 가시자 사람들이 예수를 둘러싸며 밀었어.
43 그런데 사람들 사이에는 12년이나 혈루증을 앓은 여자가 있었지.
저 옷깃만 만져도 나을 거야.

※회당장 : 유대의 회당을 책임지는 관리이며 지도자다.

※혈루증 : 하혈이 멈추지 않고 흐르는 증상으로 율법에서는 부정하다고 했다. Link 레위기15:19

그녀는 그동안 모든 재산을 의사에게 탕진했지만 아무도 고치지 못했어.
44 그녀가 뒤에서 다가와 예수의 옷깃에 손을 대자
!!
곧 출혈이 그쳤지.

45 누가 내게 손을 대었느냐?
난 아님.
나도 아님.
주님, 사람들이 둘러싸고 밀고 있는데 그걸 어찌 알겠습니까?
46 누군가 내게 손을 댔다. 나는 내게서 능력이 나간 것을 알고 있다.
47 그녀는 더 이상 숨길 수 없음을 알고,

두려워하며 예수 앞에 엎드려 손을 댄 이유와 병이 낫게 된 사실을 알렸어.
딸아. 네 믿음이 너를 구원했다. 평안히 가라.
아, 주여!

tip 네 믿음이 너를 구원했다

부정한 여인은 격리해야 했지만 용기를 내어 사람들 중에 나타났다. 율법에서는 부정한 자를 만지면 그도 부정해진다고 했지만, 여인은 예수님이 율법을 뛰어넘고, 하나님의 구원을 이루는 분임을 믿었다. 누가는 그것을 강조하기 위해 [44절~47절]에서 손을 댔다는 표현을 4번이나 반복한다. 여인은 예수님에 대한 믿음으로 나았다. 그것은 누구든 하나님의 구원을 얻기 위해서는 그와 같은 믿음이 있어야 한다는 의미다.

49 예수께서 아직 말씀을 하고 계실 때 회당장의 집에서 사람이 와서 말했어.
따님이 죽었습니다. 이제 선생님을 더 괴롭히지 마십시오.

50 두려워하지 말고 믿기만 해라. 딸이 나을 것이다.
51 회당장의 집에 도착하자 베드로, 요한, 야고보, 소녀의 부모 외에 아무도 함께 들어가는 것을 허락하지 않으셨지.
이 선을 넘으면 혼난다.
치사하게.
52 사람들은 모두 아이를 위해 울며 슬퍼하고 있었는데,
울지 마라. 아이는 죽은 것이 아니라 자고 있다.
뭐래?
내가 죽은 걸 봤는데?
뭔 헛소리를.

▶ Link 1권 63p tip '죽은 것이 아니다'를 보라.

54 예수께서 아이의 손을 잡으시고 말씀하셨어.
소녀야, 일어나라.
55 그러자 아이의 영이 돌아와 곧 일어났지.
주…죽은 애가?!
맙소사!
허억!!
아이의 부모는 놀랐고, 예수께서는 그들에게 주의를 주셨어.
아이에게 먹을 것을 주고, 이 일을 아무에게도 말하지 말라.

▶ Link 1권 64p tip '새로운 복음의 시대'를 보라.

9장 파송의 설교 - 사명 마태10:1,5, 마가6:7

1 예수께서 12제자에게 모든 귀신을 다스리며 병을 고치는 능력과 권세를 주시고, 그들을 보내 하나님 나라를 전하고 병자를 고치게 하셨지.
너희가 이 모든 걸 공짜로 받았으니 공짜로 베풀어라.

3 '길을 떠날 때 아무것도 챙기지 마라. 가방도, 빵도, 은화도, 여분의 옷이나 지팡이도 챙기지 마라.'
배고픈데 정말 아무것도 없어? 신용 카드도?

※챙기지 마라 : 복음을 전하는 데만 집중하면 나머지는 다 하나님께서 주신다는 뜻.

4 '어느 집에 들어가든지 거기서 머물다가 떠나라. 누구든지 너희를 반기지 않거든 그 마을을 떠날 때 너희 발에 묻은 먼지를 털어서 고발할 증거로 삼아라.'
꺼져!
웬 먼지가….
우리 주님께 고발장을 써야지.
툭
툭
룰루랄라

6 제자들이 떠나가서 여러 마을 곳곳을 다니면서 복음을 전하고 병을 고쳤어.
1조는 여기, 2조는 여기.
모든 것을 하나님께 맡기고 임무만 생각해라.
좀 힘들다고 전화해서 징징거리면 혼난다.

※먼지를 털어서 : 유대인들은 이방 땅을 부정하게 여겨 유대 땅으로 돌아올 때 옷과 신의 먼지를 털었다.

헤롯과 사람들의 이해 마태14:1, 마가6:14

7 분봉 왕 헤롯은 예수께서 하신 모든 일을 듣고 당황했지.
요한이 죽은 자들 가운데 살아난 거라고.
옛 예언자 중에 한 사람이 다시 살아난 것일지도.
엘리야가 나타난 거야.

9 요한은 내가 목을 베어 죽였는데, 이런 소문이 들리는 그는 누구냐? 그자를 만나고 싶은데.
그자도 죽이려고?
왜요? 사인이라도 받게요?
헤롯과 사람들의 멍청한 질문에 답을 해줘야겠지? 예수님이 진짜 누구신지.

※헤롯(Herod) : B.C.4~39년까지 갈릴리와 베레아 지역을 다스린 헤롯 대왕의 아들인 헤롯 안티파스를 말한다.

오병이어 마태14:13, 마가6:30, 요한6:1

10 사도들이 돌아와 자기들이 한 모든 일을 예수께 보고했어.
충성!

예수께서는 그들을 데리고 벳새다라는 마을 근처의 외딴곳으로 가셨는데,
헤롯이 요한을 죽였답니다.
일단 헤롯 안티파스의 영토를 뜨자.

※벳새다(Bethsaida) : 갈릴리 바다 북쪽, 헤롯 빌립 2세가 다스리던 곳이다.

11 사람들이 그것을 알고 따라갔지.
뛰어! 우릴 떼어놓을 순 없다!
거머리처럼 달라붙자!

예수께서 그들을 맞이하셔서
흐흐, 어딜 가시려고.
가버나움에서 여기까지 5km는 되는데, 징한 것들.
헉
헉

하나님 나라에 대해 말씀하시고, 병자들을 고쳐주셨어.

12 날이 저물자 12제자가 말했지.
사람들을 마을과 농가로 보내 잠자리와 먹을 것을 구하게 하시죠. 여기는 외딴곳입니다.
너희가 먹을 것을 주라.

누가복음

저희에겐 빵 5개와 물고기 2마리뿐입니다. 이 모두를 다 먹이려면 마을로 가서 먹을 것을 사 와야 합니다.
그걸 가져와라.
※빵과 물고기: 서민들이 먹던 보리빵과 작은 민물정어리. 빵 5개와 물고기 2마리는 한 사람의 한 끼 정도 양이다.
14 그곳에는 남자만 약 5000명이 있었어.
사람들을 50명씩 떼를 지어 앉혀라.
말씀대로 모두 앉아요!
※5000명: 마태는 여자들, 아이들을 제외한 성인 남자의 수라고 했다. Link 마태복음 14:21
16 예수께서 빵 5개와 물고기 2마리를 들고 하늘을 우러러 감사 기도를 드린 후,
빵을 떼어 제자들에게 주시면서 사람들 앞에 놓게 하셨어.
골고루 나눠줘라.
17 사람들은 모두 배불리 먹었고 남은 걸 모으니 12바구니나 되었지.
맙소사, 말도 안 돼.
어떻게 이런 일이….
분명히 빵 다섯 개랑 물고기 두 마리였는데?
▶ Link 1권 85p tip '오병이어의 의미'를 보라.
베드로의 신앙 고백 마태16:13, 마가8:27
18 예수께서 혼자 기도하고 계실 때, 제자들이 함께 있었어.
사람들이 나를 누구라고 하더냐?
19 세례 요한, 엘리야, 또는 옛 예언자 중에 한 분이 살아 났다고도 합니다.
좋게 보면 그렇다는 것이고 바알세불 이라고도 하죠.
20 그러면 너희는 나를 누구라고 생각하느냐?
하나님의 그리스도십니다.
▶ Link 1권 32p tip '그리스도'를 보라.
21 예수께서는 제자들에게 엄히 경고하시고
그 말을 아무에게도 말하지 말라.
괜히 유대 해방이니 영웅이니 호들갑 떨라.
1차 수난 예고와 제자의 길 마태16:21, 마가8:31
22 인자가 많은 고난을 받고, 장로들과 대제사장들과 율법교사들에게 배척을 받아 죽임을 당하고 3일째 살아날 것이다.
※장로들(지도자들), 대제사장들(사두개파 귀족들), 율법교사들(바리새파 평민들의 대표) 즉, 모든 유대인이란 의미다.
23 '누구든지 나를 따르려거든 자기를 버리고, 날마다 제 십자가를 지고 나를 따라야 한다.'
쏴아아아아
헉헉
※날마다: 끊임없이 지속적으로 믿고 따르며 그로 인한 고난도 받아들여야 한다는 것이다.
※십자가: 하나님의 뜻, 하나님의 계획.

24 '자기 목숨을 구하려는 자는 잃을 것이요, 나를 위해 자기 목숨을 버리는 자는 얻을 것이다.'
25 '온 세상을 얻어도 제 목숨을 잃거나 빼앗기면 무슨 소용이 있겠느냐?'
일어나서 가자.
영원한 생명을 줄게.
26 '누구든지 나와 내 말을 부끄럽게 여긴다면 인자도 자기의 영광과, 아버지의 영광과, 거룩한 천사들의 영광에 싸여 올 때 그를 부끄럽게 여길 것이다.'
쿵!

※올 때 : 예수님이 세상을 심판하기 위해 오시는 재림.

27
그리고 너희 중에는 죽기 전에 하나님 나라를 볼 사람들도 있을 것이다.
못 볼 사람도 있다는 거잖아?
눈을 시퍼렇게 뜨고 있어야겠다.

▶Link 1권 94p tip '메시아의 사명'을 보라.

tip 하나님 나라를 볼 사람

하나님 나라는 예수님을 통해 이루어지는 하나님께서 통치하는 세상을 말한다. 이는 후일 십자가에서 죽으신 예수님을 살리시는 하나님의 능력을 통해 드러난다. 부활은 하나님의 통치를 나타내는 증거이며, 예수님은 하나님이 보내신 메시아라는 증거이기도 하다. 이후 많은 제자가 예수님의 부활을 목격한다.

변하신 예수님 마태17:1, 마가9:2

28 이 말씀을 하시고 8일쯤 뒤, 예수께서는 베드로, 요한, 야고보를 데리고 기도하러 산에 올라가셨어.
우린 후일 초대교회에서도 중요한 지도자가 돼.

※8일쯤 : 마태와 마가는 6일이라고 했다.
※산 : 대부분의 학자들은 가이사랴 빌립보 북동쪽에 위치한 헤르몬산으로 추정한다.

29 예수께서 기도하시는데, 모습이 변하시고 옷이 눈부시게 희어지며 빛났지.
헉!!
30 그리고 모세와 엘리야가 나타나 예수와 함께 말씀을 나누고 있었어.
저… 저게 누구…?
저들은?
31 그들은 영광에 싸여 예수께서 예루살렘에서 이루실 일, 즉 그의 죽음에 대해 말했지.
두런
두런
하하하

32 베드로와 그 일행은 피곤해서 졸다가 깨어나 예수의 영광과 함께 선 두 사람을 보았어.
이게 무슨…?
내가 꿈을 꾸고 있나?
33 그 두 사람이 떠나려고 할 때, 베드로가 말했지.
주, 주님, 저희가 여기에 있을까요? 저희가 초막 셋을 지어 선생님과 모세와 엘리야를 모시겠습니다.
너 낮술 했냐?
베드로는 자기가 무슨 말을 하는지도 알지 못했어.
삐약
삐약

34 그때 구름이 일어나 세 사람을 감싸자 제자들은 크게 두려워했지.
도, 도대체 이게 무슨…?
35 그리고 구름 속에서 소리가 났어.
엄마야!
그는 내가 사랑하는 아들이다! 너희는 그의 말을 들어라!
꺄악!!
36 그 소리가 그쳤을 때, 예수만이 그곳에 계셨지.
이…이게 도대체…??
왜? 귀신이라도 봤어?
제자들은 입을 다물고, 그들이 본 것을 아무에게도 알리지 않았어.
▶ Link 1권 95p tip '모세와 엘리야'를 보라.
귀신들린 소년 치유 마태17:14, 마가9:14
37 다음 날, 그들이 산에서 내려오자 많은 사람이 맞이했는데,
예수님이 오신다!
38 그중 한 사람이 외쳤지.
선생님, 제 아들을 돌봐주십시오!
이 아이는 제 외아들입니다!
39 아이에게 귀신이 들리면 갑자기 소리를 지르고, 경련을 일으키고, 입에 거품을 뭅니다. 그리고 아이를 상하게 해야 겨우 떠납니다.
내 제자들도 낫게 할 수 있는데?
40 그래서 선생님의 제자들에게 귀신을 쫓아 달라고 했지만 하지 못했습니다.
41 아! 믿음이 없고 비뚤어진 세대여! 내가 얼마나 너희와 함께 있을 것이며, 얼마나 너희를 참아야 하느냐?
고자질쟁이.
내가 [9:1]에서 귀신을 쫓는 권한을 줬지 않았느냐.
네 아들을 이리 데려오라.
42 아이가 예수께로 오는 중에 귀신이 아이를 거꾸러뜨리고, 경련을 일으키게 했어.
커어억!
예수께서 더러운 귀신을 꾸짖으시고
더러운 귀신아, 썩 나와라!
컥!

아이를 낫게 하셔서 그 아버지에게 돌려 주셨지.
역시 주님의 파워란!
오오!
할렐루야!
43 사람들은 모두 하나님의 큰 능력에 놀랐어.
난 이런 일을 본 적이 없다!
이런 일을 하는 분은 누구신가?
2차 수난 예고 마태17:22, 마가9:30
사람들이 예수께서 하신 모든 일에 놀랐지.
인자는 앞으로 사람들의 손에 넘겨질 것이다.
네?
그게 무슨?
45 그러나 제자들은 이 말씀을 깨닫지 못했어.
넘겨지신다는 게 뭐지?
메시아께서 왜 사람들에게?
찜찜한데?
그것은 그 말씀의 뜻이 숨겨져 있었고, 제자들은 묻기조차 두려웠기 때문이야.
무…무슨 일이 일어나려는 것일까?
하나님 나라에서 위대한 자 마태18:1, 마가9:33
46 제자들 중에 누가 가장 큰 사람이냐는 문제로 서로 다퉜어.
하늘나라에서 가장 큰 사람이 누구냐??
나다! 다 덤벼!
시끄러!
47 예수께서 그들의 생각을 아시고 아이 하나를 곁에 세우셨지.
누구든지 내 이름으로 이런 아이를 받아들이면 나를 받아들이는 것이요, 나를 받아들이면 나를 보내신 분을 받아들이는 것이다.
헤헤, 그럼 저 애를 입양할까?
아이처럼 작고, 힘없고, 약하다는 거잖아.
단세포 아메바냐?
그러니 너희 중에 가장 작은 사람이 곧 큰 사람이다.
누가 가장 작지?
너 키가 얼마야?
무슨 소리, 몸무게로 해야지.
저것들을 추방하자.
제자들의 특권의식 마가9:38
49 주님, 어떤 사람이 주의 이름으로 귀신을 내쫓던데, 우리를 따르지 않는 사람이라 그 일을 못하게 했습니다.
감히 우리 허락도 없이!
몰려가서 손봐주자!
50 막지 마라. 우리를 반대하지 않는 사람은 우리를 위하는 사람이다.
거봐, 내가 뭐랬어?
사기꾼이라고 했잖아.
뻔뻔하게 아닌 척?
다 너 때문이야.

※인자(The Son of Man): 다니엘이 사람으로 오실 메시아를 가리켜 사용한 말 Link 다니엘7:13 이다. 예수님이 자신을 칭할 때 자주 사용하셨다.

▶ Link 1권 180p tip '묻는 것도 두려워했다'를 보라.

※아이: 당시에 어린이는 남자도 여자도 아닌 하찮은 존재로 여겼다.
※이런 아이: 아이처럼 작고, 힘없고, 보잘것없으며 믿음이 연약한 사람들.

※우리: 12제자.

※막지 마라: 12제자의 특권의식을 깨뜨리는 말씀이다.

3. 예루살렘으로 향하는 길

사마리아인들의 배척 마태19:1, 마가10:1

51 예수께서 하늘로 올라가실 날이 다가오자 예루살렘을 향해 가시기로 결심하셨어.

마지막 임무를 완수해야지.

52 앞서간 심부름꾼들이 예수를 모실 준비를 하려고 한 사마리아인의 마을에 들어갔지.

※사마리아(Samaria): 예전 북이스라엘의 수도, 유대 지역과 갈릴리 지역 사이의 북이스라엘 땅을 가리킨다.

53 그 마을 사람들은 예수가 예루살렘으로 가신다는 말을 듣고 맞이하지 않았어.

재수 없게! 소금 뿌려!

54 그러자 제자인 야고보와 요한이 말했지.

주님, 저희가 하늘에서 불을 내려 저들을 태워 버리라고 명령할까요?
엘리야처럼 다 태워버리자!

※엘리야처럼: Link 열왕기상 18:38

55 예수께서 돌아서서 꾸짖으셨어.

이놈들! 난 사람을 죽이러 온 것이 아니라 구하러 온 것이다!

56 그리고 제자들과 함께 다른 마을로 가셨지.

까불더라.
좀 맞아야 하는데.

▶ Link 1권 17p tip '포로로 끌려간 사람들'을 보라.

tip 사마리아인들의 배척

이것은 사마리아인과 유대인의 관계가 매우 나쁘다는 것을 보여주는 장면이다. 사마리아인들은 북이스라엘을 정복한 앗시리아의 혼합 정책으로 북방의 여러 나라로 끌려가 흩어졌다. 그리고 북이스라엘 땅에는 북방에서 온 많은 이방인이 이주해 들어왔다. 사마리아인들은 이방인들과 섞이고 그들과 함께 들어온 우상도 섬겼다. 이로 인해 유대인들은 사마리아인들을 경멸했으며, 이집트 프톨레마이오스 왕조의 지배를 받을 때는 사마리아인들의 예루살렘 예배를 금지시켰다. 사마리아인들은 따로 벧엘, 세겜 등에서 예배를 드리면서 그들의 반목은 더욱 심해졌다. Link 1권 20p

※이주: Link 열왕기하 17:24

따름에 대하여 마태8:19

57 그들이 길을 가는데 어떤 사람이 말했어.

전 주님이 어디로 가시든지 따라가겠습니다.
여우도 굴이 있고, 하늘의 새도 보금자리가 있지만 인자는 머리 둘 곳도 없다.

59 예수께서 다른 사람에게 말씀하셨지.
나를 따라오라.
네? 저요?
저요?

주여, 먼저 제 아버지의 장례를 치르게 해주십시오.
죽은 사람들은 죽은 사람들이 묻게 놔두고, 너는 하나님 나라를 전해라.

61 전 주님을 따라가겠지만 먼저 가족에게 작별 인사를 하게 해주세요.
손에 쟁기를 들고 뒤돌아보는 사람은 하나님 나라에 맞지 않다.

▶Link 1권 57p tip '죽은 사람은 죽은 사람들이'를 보라.

※쟁기를 들고 뒤돌아보는 : 현실적인 상황에 미련을 두고 주저하는 것을 가리킨다.

10장 70인 제자 파송 마태9:37, 10:9, 마가6:7

1 그 후, 주께서 70명의 제자를 따로 뽑아, 둘씩 짝지어 앞으로 찾아가실 모든 마을에 미리 보내셨지.
너희 70명을 보내는 것은 온 세상 70민족에게 복음을 전하라는 것이다.

※70민족 : 세상 모든 민족을 의미한다.

2 추수할 것은 많은데 일꾼이 적다.
너희는 주인에게 추수할 일꾼들을 보내 달라고 청해라.
메일을 보내야 하나?
기도를 해야지.

※추수할 것 : 하나님을 떠나 있는 사람들.
※일꾼 : 하나님께 인도할 제자들. ※주인 : 하나님.

3 '가라, 내가 너희를 보내는 것이 어린 양을 이리 떼 속으로 보내는 것 같다.'

4 '돈주머니나 가방이나 여분의 신발도 가지지 말고, 길에서 아무에게 인사도 하지 마라.'
오랜만이네요.
잘 지내시죠?
차나 한잔 할까요?
인사하는 데 시간 낭비하지 말고 빨리 가자.
유대인의 전통에 따라 인사를 하려면 한 시간은 걸려.

※가지지 말고 : 복음을 전하는 데만 집중하면 나머지는 다 하나님께서 주신다는 뜻.

5 '어느 집에 들어가든지 먼저 그 집의 평안을 빌어라. 그 집에 평안을 받을 사람이 있으면 평안이 그 집에 있고, 그렇지 않다면 평안이 너희에게 돌아올 것이다.'
샬롬.
어서 와. 우리 집은 처음이지?

※평안(Shalom) : 하나님의 평안이 함께하길 바란다는 유대인의 인사다.
※받을 사람 : 복음을 받아들이는 사람.

7 '한 집에 머물면서 주는 것을 먹고 마셔라. 일꾼이 자기 몫을 받는 것은 마땅하다. 이 집 저 집 옮겨 다니지 마라.'
저희 집에 가면 호텔식 뷔페를 먹을 수 있는데.
오오!!
우린 더 좋은 것을 얻으려고 일하는 것이 아니라서.

※마땅하다 : 사람들이 복음을 듣고 자발적으로 도움을 준다면 마땅히 받으라는 것이다.

8 '어느 마을에 들어가든지, 너희를 반기면서 차려주는 음식은 먹고, 그곳에 있는 병자들을 고쳐주고, 하나님 나라가 가까이 왔다고 해라.'
저희 집에 가시죠?
이번엔 우리 집이야!
후후, 호텔식 뷔페. 알죠?

10 '어느 마을에 들어가든지, 너희를 반기지 않는다면 거리로 나가서 말해라. 심판의 날에는 그 마을이 소돔보다 더 견디기 어려울 것이다.'
이 마을에서 우리 발에 묻은 먼지를 털었다!
그러나 하나님 나라가 가까이 온 줄 알아라!

※소돔(Sodom) : 아브라함 때 고모라와 함께 불과 유황으로 멸망한 도시. **Link** 창세기 19:24
※먼지를 털었다 : 유대인들은 이방 땅을 부정하게 여겨 유대 땅으로 돌아올 때 옷과 신의 먼지를 털었다.

회개하지 않는 마을에 경고 마태11:20

13
고라신아, 벳새다야, 너희에게 화가 있을 것이다!
내가 너희에게 베푼 기적들을 두로와 시돈에서 베풀었다면 그들은 벌써 베옷을 입고, 재를 뒤집어쓰고 회개했을 것이다!

※고라신(Korazin), 벳새다(Bethsaida) : 갈릴리 바다 북쪽에 있는 성읍들.
※이것은 예수님이 하신 일을 보고도 회개하지 않는 모든 사람에 대한 경고로 볼 수 있다.

tip 70인의 제자

이 부분은 마태가 기록한 12사도 파송과 비슷하다. 예수님의 12사도가 이스라엘 12지파를 상징하는 것처럼, 70인의 제자는 온 세상의 70민족을 상징한다고 볼 수 있다. **Link** 창세기 10장 즉, 예수님이 70인의 제자를 파송한 것은 모든 민족에게 복음을 전하고 구원하기 위해 하나님 나라의 일꾼들을 보내셨다는 것을 의미한다.

14 '그러니 심판 날에 두로와 시돈이 너희보다 견디기 쉬울 것이다!'
쿨럭 쿨럭
켁켁
두로
시돈

※두로(Tyre), 시돈(Sidon) : 하나님의 심판을 받은 지중해 항구 도시. **Link** 에스겔 28장

15 '가버나움아, 네가 하늘까지 높아졌으니 이제 지옥에까지 떨어질 것이다!'
하루아침에 폭삭 망했어.
흑, 한때 잘 나갔는데.

※가버나움(Capernaum) : 갈릴리 바다 북쪽에 위치한 해안 성읍. 국경지역으로 세관이 있고, 군대가 주둔한 도시. 예수님의 두 번째 고향이며 갈릴리 사역의 중심지.

tip 하늘까지 높아졌으니

이것은 이사야가 하나님보다 더 높아지려는 바벨론의 처참한 멸망을 예언할 때 사용한 표현이다. 예수님은 어떤 곳보다 더 많은 기적과 권능을 보여줬음에도 불구하고 교만한 마음으로 회개하지 않고 예수님을 배척한 가버나움이 이와 같을 것이라고 말씀하신다.

※표현 : **Link** 이사야 14:12~15

16 '너희의 말을 듣는 사람은 내 말을 듣는 것이요, 너희를 배척하는 사람은 나를 배척하는 것이다. 그리고 나를 배척하는 사람은 나를 보내신 분을 배척하는 것이다!'
쟤들 뭐야?
건들지 마. 쟤들 형이 태권도 5단이래.
형보다 아버지가 훨씬 무시무시하대.

※너희 : 하나님 나라의 복음을 전하는 예수님의 제자들.

70인 제자의 보고

17 70명의 제자가 돌아와서 기뻐하며 말했어.
주여, 주의 이름을 대면 귀신들도 저희에게 복종해요!
완전 신나던데요?
하늘에서 사탄이 번개처럼 떨어지는 것을 내가 보았다.

19 '보라, 내가 너희에게 뱀과 전갈을 짓밟고, 원수의 모든 힘을 꺾을 능력을 주었으니 아무도 너희를 해치지 못할 것이다.'

휘이이이이이잉

※뱀, 전갈: 제자들이 복음을 전할 때 겪을 악한 세력을 상징한다.

20 '그러나 귀신들이 너희에게 굴복한 것을 기뻐하지 말고, 너희 이름이 하늘에 기록된 것을 기뻐해라.'

어때,
우리 이름이 기록됐어?
얘도 잡아야 레벨 업이 될 것 같은데?

감사 찬양 마태11:25

21 그때, 예수께서 성령으로 기뻐하시며 말씀하셨지.

'하늘과 땅의 크고 높으신 주 아버지,
이 일을 지혜롭고, 배운 사람들에게는
감추시고, 어린아이들에게는
보여주시니 감사합니다.
그렇습니다, 이것이
선하신 아버지의 뜻입니다.'

22 '아버지께서 모든 것을 제게 주셨습니다. 아버지 외에는 아무도 아들이 누구인지 알지 못하며, 아들과 아들이 선택한 사람 외에는 아버지가 누구신지 알지 못합니다.'

하늘나라 티켓
1인 1매 한정
예수님을 통하지 않고는 하나님께 갈 수 없어.
암표는 안 파나?
예수님 외에 다른 곳에선 구할 수 없는 거야.

※이 일: 복음을 전하기 위한 예수님의 모든 기적과 활동. ※모든 것: 하늘과 땅의 모든 권세.
※배운 사람들: 세상의 지혜로 복음을 거부하고 회개하지 않는 사람들. ※어린아이들: 순수하게 복음을 믿고 회개한 사람들.

tip 사탄이 번개처럼 떨어지다

이것은 제자들이 예수님의 이름으로 명령할 때 예수님이 환상으로 힘을 잃은 사탄을 보셨다는 것이다. 그리고 지금은 부분적으로 사탄이 힘을 잃지만 결국 완전히 무너질 것이라고 제자들을 격려하신다. 또 예수님은 제자들에게 부분적으로 사탄을 굴복시킨 것에 기뻐하지 말고, 이름이 생명책에 기록되어 하나님의 구원을 받은 것을 기뻐하라고 하신다.

※생명책: Link 요한계시록 21:27

제자들의 복 마태13:16

23 예수께서 제자들에게 따로 말씀하셨어.

지금 이 모든 것을 보는 너희 눈은 복이 있다.
우린 행운이야.
하나님의 통치와 예수님을 보고 있으니 왕재수지.

24 '많은 예언자와 왕들이 너희가 보는 것을 보고 싶어 했지만 보지 못했고, 너희가 듣는 것을 듣고 싶어 했으나 듣지 못했다.'

다니엘
요나
스가랴
다윗
말라기
아모스
학개
하박국
이사야
너희들은 로또를 맞은 거야.
징그럽게 부럽다야.
찌질한 것들이 시대를 잘 타고난 거지.
그 엄청난 행운을 알아?

선한 사마리아인 비유 마태22:34, 마가12:28

25 어떤 율법교사가 예수를 시험하고자 말했지.

선생님, 제가 무엇을 해야 영원한 생명을 얻겠습니까?
율법에 뭐라고 기록되었고, 너는 그것을 어떻게 알고 있느냐?
콧대를 꺾어버려!
초전박살!

※율법교사(Rabbi): 율법을 해석하고 가르치는 유대 지도자로서, 대부분이 바리새인이었다.

27
'네 마음을 다하고, 네 목숨을 다하고, 네 힘을 다하고, 네 뜻을 다하여 너의 하나님 여호와를 사랑하라' 또 '네 이웃을 네 몸과 같이 사랑하라'라고 했습니다.
니가 교사냐? 학생이냐?
대답은 잘도 하는구나!
28
네 대답이 맞다. 그대로 해라. 그러면 살 것이다.

tip 그대로 해라. 그러면 살 것이다

영원한 생명을 얻는 것. 즉, 하나님 나라에는 지식이 아니라 실천으로 가능하다는 말씀이다. 이는 실천으로 구원을 받을 수 있다는 것은 아니다. 실천이 없는 믿음은 죽은 믿음이며, 믿음은 실천함으로 온전하게 된다는 말씀이다. 예수님은 하나님 말씀을 듣고 실천하는 자에게 복이 있으며, 하나님 나라의 참 가족이라고 하셨다. Link 누가복음 8:21, 11:28

※말씀 : Link 야고보서 2:17~22

29 그런데 율법교사는 자기를 좋게 보이려고 말했어.
그러면, 제 이웃은 누구입니까?
예를 들어 설명해 주마.
30 '어떤 사람이 예루살렘에서 여리고로 가다가 강도들을 만났다.'
'강도들은 그의 옷을 벗기고 때려서 거의 죽게 됐는데도 내버려두고 갔다.'

※여리고(Jericho) : 예루살렘 북동쪽 약 23㎞에 위치. 지형이 험해서 강도가 자주 출몰했다.

31 '마침 어떤 제사장이 그 길을 가다가 그를 봤지만 피해 갔다.'
이크크크.
32 '또 어떤 레위 사람도 그곳에서 그를 봤지만 역시 피해 갔다.'
어이구, 날씨 좋네.
33 '그런데 여행을 하던 어떤 사마리아인이 그를 보고 불쌍히 여겼다.'
끌끌, 유대인인가 본데 어쩌다….

※사마리아인 : 유대인과는 적대적인 관계였다.

34 '사마리아인은 올리브기름과 포도주를 상처에 붓고 싸맨 다음에,'
이게 진통제와 소독제 역할을 해줄 거요.
'자기 짐승에 태워 여관으로 데리고 가서 돌봐주었다.'
35 '다음 날, 사마리아인은 2데나리온을 여관 주인에게 주고,'
이 사람을 돌봐주시오. 비용이 더 들면 내가 돌아오는 길에 갚겠소.

※데나리온(Denarius) : 로마의 은전, 1데나리온은 당시 노동자의 하루 품삯이다.

36
네 생각에는 이 세 사람 중에 누가 강도를 만난 사람의 이웃이냐?
자비를 베푼 사람입니다.
37
가서, 너도 그와 같이 하라.
니가 그러고도 바리새인이냐?
이 배신자!

tip 누가 이웃이냐?

당시 유대인들은 유대 동족 또는 유대교로 개종한 사람들만 이웃으로 생각했다. 이에 예수님은 유대인들이 경멸하는 사마리아인을 등장시켜서 인종, 신분, 민족을 뛰어넘어 이방인뿐만 아니라 원수를 포함한 모든 사람이 이웃이며 이웃을 사랑하는 것이 무엇인지 가르치셨다. 또 예수님은 이 비유를 통해 당시 유대인들이 영원한 생명과 하나님 나라에서 얼마나 멀리 떨어져 있었는지 보여주셨다. Link 누가복음 6:35

마리아와 마르다

38 예루살렘을 향하던 길에 예수께서 어떤 마을에 들어가셨는데, 마르다라고 하는 여자가 예수를 자기 집으로 모셨어.
39 마르다의 동생 마리아는 예수의 발 앞에 앉아 말씀을 듣고,
아니 얘가?!

※어떤 마을 : 마르다와 동생 마리아의 고향 베다니(Bethany)다.

40 마르다는 손님들을 접대하느라 분주했지.
주님, 제 동생이 저 혼자 일하게 합니다. 동생에게 절 도와주라고 해주세요.
마르다야, 네가 일이 많아서 걱정하는구나.
42
그러나 필요한 것은 하나뿐이다. 마리아는 좋은 쪽을 선택했으니 내가 그것을 빼앗을 수가 없구나.

tip 필요한 것은 하나뿐

당시 유대 사회는 남녀의 역할과 공간이 엄격하게 구분되었다. 마르다는 혼자만 일하는 것이 억울하다고 말한 것이 아니다. 마리아가 부엌에서 여자로서 해야 할 일을 하지 않고, 남자의 공간에서 예수님의 말씀을 듣고 있는 것을 말한 것이다. 예수님은 오히려 마리아를 변호하신다. 그것은 말씀을 듣는 것이 집안일보다 중요하다는 것이 아니라 유대 사회가 여자의 역할로 만들어 놓은 관습을 무너뜨린 것이다. 예수님은 마리아, 마르다를 비롯해서 모든 여자, 이방인, 죄인까지도 복음을 듣고 하나님 나라의 제자가 될 수 있다고 말씀하신다.

11장 기도의 내용 마태6:9

1 예수께서 어떤 곳에서 기도하시기를 마치셨을 때,
주님, 세례 요한이 자기 제자들에게 기도를 가르쳐준 것처럼 우리에게도 가르쳐주세요.
너희는 기도할 때 이렇게 말하라.
센 걸로요.
기도발이 짝짝 붙게.
아버지, 그 이름을 거룩하게 하시며,
아버지의 나라가 오게 하시며,
날마다 우리에게 필요한 양식을 내려 주시고,
우리가 우리에게 죄 지은 자들을
용서해준 것 같이,
우리의 죄를 용서하여 주시고,
우리를 시험에 들지 않게 하소서.

※아버지 : 예수님처럼 하나님을 아버지로 부를 수 있는 특권이자 제자들이 한 가족임을 말해준다.

▶ Link 1권 49p tip '주기도문'을 보라.

기도의 방법

5 '너희 중에 친구가 있는데, 밤중에 그 친구에게 찾아가서'
친구, 빵 3개만 빌려주라. 다른 친구가 여행 중에 왔는데 대접할 게 없어.
7 날 괴롭히지 마라. 문은 이미 닫혔고, 아이들과 나는 잠자리에 누웠으니 지금 일어나서 빵을 줄 순 없다.
이것이…?
빠직!
이러면 어떻게 해야겠느냐?
공갈, 협박을?
몰래 들어가서?
쓸쓸히 돌아서야죠.
엎어야지.
8 '친구라고해서 일어나서 빵을 주지 않을지는 몰라도'
빵 좀 줘! 네~에?!
조용히 못해?!
빵, 빵, 빵 3개만 줘!
'계속 졸라댄다면 일어나서 필요한 만큼 빵을 줄 것이다.'
빵, 빵, 빵 안 주면 안 가!
내가 가나 봐라! 빵, 빵, 빵!
아우, 시끄러! 빨리 줘서 보내!
우와, 이 징한 놈! 이걸로 잘 먹고 잘 살아라! 넌 절교다!
고마워. 친구야. 담에 또 올게.
헤~

기도하는 이유 마태7:7

9 '구하라, 그러면 너희에게 주실 것이다. 찾아라, 그러면 너희가 찾을 것이다. 문을 두드려라, 그러면 너희에게 열릴 것이다.'
열어 줄 때까지 두드려야 해!!
쾅쾅쾅쾅쾅!
포기하면 안 돼!!
쾅쾅쾅쾅쾅!
10 '구하는 자마다 얻을 것이요, 찾는 자는 찾을 것이요, 두드리는 자에게는 열릴 것이다.'
뭐 이런 것들이?!
부서진 건가?
여… 열렸다.

11 '너희 중에 아들이 생선을 달라고 하는데 뱀을 줄 사람이 어디 있으며, 달걀을 달라고 하는데 전갈을 줄 사람이 어디에 있겠느냐?'
원하는 게 뭐냐?
일단 물 좀 주시고.
전 아이스커피.
13 '악한 너희도 자녀에게 좋은 것을 줄 줄 아는데, 하물며 하늘에 계신 아버지께서 구하는 자에게 성령을 주시지 않겠느냐?'
기다려. 곱빼기로 줄게.
빨리 줘서 쫓아 버려야지. 에이.
헤….

▶ Link 1권 52p tip '구하라, 찾아라, 두드려라'를 보라.

※성령 : 모든 것을 다 들어주신다는 게 아니라 하나님의 가장 좋은 것을 주시면서 선한 길로 이끄신다는 뜻.

바알세불 논쟁 마태12:22, 마가3:22

14 예수께서 말 못하는 한 사람에게 들린 귀신을 쫓아내셨고 그가 말을 하자 사람들이 놀랐어.
아아, 마…
말이 나온다!!
오오!!
할렐루야!
이 사람이
다윗의 자손
인가?
15 저자는 귀신의 왕
바알세불의 힘을 빌려
귀신을 쫓아낸 거야.
율법교사와
바리새인

※다윗의 자손 : 다윗의 혈통에서 나오기로 약속된 메시아. Link 이사야 11:1

※바알세불(Beelzebub) : 블레셋의 도시 에그론의 우상, 여기서는 귀신의 왕 사탄.

16 어떤 사람은 예수를 시험하려고 말했지.
선생님이 하늘에서
오셨다는 증거를
보여주세요.
이미 보여줬잖아.
더 센 걸로.
17 예수께서는 그들의 생각을 아시고서 말씀하셨어.
분열되어 싸우는 나라는
망하고, 분열되어 싸우는
가정은 무너진다.
그래?
안 그래?
그…그런데요?
18 내가 바알세불의 힘으로
귀신을 쫓아낸다고 했는데,
사탄이 분열되어 싸우면
그 나라가 어떻게
바로 서겠느냐?
그…그렇네요.

※그 나라 : 사탄의 나라, 특별한 나라가 아니라 사탄의 통치를 나타낸 표현.

19 또 내가 바알세불의 힘으로 귀신을
쫓아낸다면 너희 아들들은 누구의 힘으로
귀신을 쫓아내는 거냐?
우린
하나님의
힘인데…?
그러므로 그들이
너희의 재판관이
될 것이다.
저들의 제자들이
증거가 되어 하나님을
부정한 죄를 받을 거야.
20 그리고 내가 하나님의
능력으로 귀신을
쫓아낸다면, 하나님 나라가
이미 너희에게 온 것이다.
그런데
바알세불이
어쩌고
어째?
사…람이 실수
할 수도 있지.

※아들들 : 바리새인의 제자들, 당시 유대교에서도 귀신을 쫓아내는 행위가 있었음을 알 수 있다.

※그들 : 바리새인의 제자들.

▶ Link 1권 75p tip '이미 온 하늘나라'를 보라.

21 '힘센 사람이 무기를 들고
자기 집을 지키면 그의 소유는
안전하다.'
크크
내 것은
아무도 손댈
수 없다.
22 '그러나 그보다 더 힘센 사람이 와서
이기면, 그가 의지하던 무기를 빼앗고
재물을 털어갈 것이다.'
이제 맘 놓고
털어가 볼까?
23 '나와 함께하지 않으면 나를 반대하는 사람이요,
나와 함께 모으지 않으면 나를 흩어버리는
사람이다.'
흩어져!
저자는
사탄이다!
저들의 이름을
적어놔.
넵.

※힘센 사람 : 사탄.

※더 힘센 사람 : 예수 그리스도.

더러운 귀신 마태12:43

24 '더러운 귀신이 어떤 사람에게서 나와 쉴 곳을 찾느라 삭막한 곳을 헤맸지만 찾지 못했다.'
집 나오면 고생이라더니.
내가 나온 집으로 돌아가야겠다.

※나온 집 : 귀신이 들려있던 사람을 집으로 표현했다.

25 '그가 돌아가서 보니 집은 말끔히 치워져 있고, 잘 정돈되어 있었다.'
어라? 텅 비었네?

26 '그래서 귀신은 자기보다 더 악한 다른 귀신 일곱을 데려와 그 집에 자리를 잡았다.'
부어라!
이 집이 무너질 때까지 놀아보자!
마셔라!

※일곱 : '7'은 유대인들에게 완전한 수. 여기서는 악한 영에게 완전히 지배되었다는 표현.

'그러자 그 사람은 처음보다 더 비참한 형편이 되었다.'
이런 이렇게 지저분하고 냄새나는 곳이 좋아.
우리 같은 악한 영이 서식하기에 최적의 장소지.
아, 아름다운 세상이야!

▶ Link 1권 77p tip '비어있는 집을 차지한 악한 영'을 보라.

복 선언

27 예수께서 이 말씀을 하고 계실 때, 사람들 중에 한 여자가 외쳤어!
당신을 가진 태와 당신을 먹인 젖은 참으로 복이 있어요.
오히려, 하나님의 말씀을 듣고 지키는 사람들에게 참으로 복이 있다.

※태(胎) : 아기를 둘러싸고 있는 태반과 탯줄 등을 가리킨다.

요나의 증거 마태12:38

29 '이 세대는 악한 세대다. 이 세대가 증거를 요구하지만 요나의 증거 외엔 아무것도 줄 것이 없다.'
나야 나, 요나.
난 3일 동안 물고기 배 속에 있다가 벗어났지.

※요나의 증거 : 예수님께서 죽은 지 3일 만에 부활하는 것. Link 요나 1:17

30 '니느웨 사람들에게 요나가 증거가 된 것처럼 인자도 이 세대에게 증거가 될 것이다.'
증거 1
증거 2

31 '심판 때, 남쪽 여왕이 일어나 이 세대를 정죄할 것이다. 그녀는 솔로몬의 지혜를 들으려고 땅 끝에서 왔기 때문이다. 보라, 솔로몬보다 더 큰 이가 여기에 있다.'
이 멍청이들은 수많은 증거를 보고도 몰라봤어.
요나보다 크고, 솔로몬보다 크신 분을 보고도 몰랐으니 혼나야지.
크흐흑!
난 친구를 잘못 만나서.

32 '심판 때, 니느웨 사람들이 일어나 이 세대를 정죄할 것이다. 그들은 요나의 선포를 듣고 회개했기 때문이다. 보라, 요나보다 더 큰 이가 여기에 있다.'
헤헤, 안…녕하세요.
니느웨의 민주시민들께서 어쩐 일로?!

※니느웨(Nineveh) : 앗시리아의 수도로 죄악을 상징하는 대표적인 이방 도시. ※남쪽 여왕 : Link 열왕기상 10:1 ※요나의 선포 : Link 요나 3:4
※이 세대 : 세례 요한과 예수님을 배척한 유대인들과 종교 지도자들. ※큰 이 : 예수 그리스도.

tip 이 세대가 요구한 증거

유대인들이 요구한 것은 예수님이 유대 민족을 해방시키고 이방 민족을 심판할 메시아라는 증거를 말한다. 요나의 증거는 요나가 3일 동안 큰 물고기 배 속에 있다가 벗어난 사건을 말한다. 예수님은 이미 수많은 증거를 보여주셨지만 유대인들은 믿지 않았다. 이에 예수님은 십자가에 죽으시고 3일 동안 무덤에 계시다가 부활하시는 것(요나의 증거)이야말로 자신이 메시아라는 확실한 증거가 될 것임을 예고하신다.

※사건: Link 요나 1:17

눈은 몸의 등불 마태5:15, 6:22

33 '누구든 등불을 켜서 숨기지 않고, 등잔대 위에 두어 들어오는 사람들이 그 빛을 보게 한다.'
34 '눈은 몸의 등불이다.'
이 길이 맞구나. 눈을 똑바로 뜨고 바른길로 가야지.
하나님 나라

'네 눈이 성하면 네 온몸이 밝고, 네 눈이 성하지 못하면 네 몸도 어두울 것이다. 그러므로 네 속에 있는 빛이 어두워지지 않게 주의해라.'
찾았다! 저기가 하나님이 계신 곳이구나.
포기하지 말고 힘을 내자.
36 '네 온몸이 밝아 어두운 부분이 하나도 없다면, 등불이 환하게 너를 비추는 것처럼 네 몸은 온전히 밝을 것이다.'
세상을 비추는 빛의 아들이 되었구나!
온전히 하나님을 바라보더니!

※눈이 성하면: 하나님을 바라본다는 뜻.
※눈이 성하지 못하면: 세상의 욕심을 바라보고 탐낸다는 뜻.

tip 비슷한 등불 비유

누가는 이미 앞서 [8:16]에서 이와 비슷한 이야기를 했다. 이 둘은 비슷해 보이지만 전하는 의미는 차이가 있다. [8장]에서는 누구나 예수님을 알 수 있도록 등불을 비추었으니 예수님 말씀을 얻기 위해 노력해야 된다고 했다면, 여기서는 하나님을 향해 마음을 기울이고, 바르게 바라보도록 노력해야 한다는 것이다.

너희에게 화가 있다 마태23:1~36, 마가12:38

37 예수께서 말씀하실 때, 한 바리새인이 자기 집에서 함께 드시길 부탁했어.
저희 집에서 식사나 하시죠?

예수께서 집에 들어가 앉으셨는데,
자, 어서 먹자고!
?!
냠냠

38 그 바리새인은 예수가 드시기 전에 먼저 손을 씻지 않으시자 이상하게 여겼지.
뭐?
아…아니, 손을 씻지 않으셔서.
39 '너희 바리새인은 잔과 접시의 겉은 깨끗이 하지만, 너희 속은 탐욕과 악으로 가득하다.'
겉만 번지르르하면 속은 누가 알겠어?
40 '어리석은 자들아, 겉을 만드신 분이 속도 만들지 않았겠느냐?'
헤헤.
후드득
탐욕
죄악

▶ Link 1권 89p tip '유대인의 전통이란?'을 보라.

누가복음

41 '너희 속에 있는 것으로 자선을 베풀어라. 그러면 너희의 모든 것이 깨끗해질 것이다.'
탐욕스럽게 모은 보화를 나눠주니 나도 깨끗해졌어.
42 '너희 바리새인들에게 화가 있다! 너희는 박하, 회향, 온갖 채소의 십일조는 드리면서, 정의와 하나님께 드리는 사랑은 무시한다! 그러나 십일조도 내고, 더 중요한 것도 마땅히 실천해야 한다.'
정의
쓰레기
자비
믿음
율법은 사소한 것도 꼭 지켜야지.
자, 십일조는 20원.
43 '너희 바리새인들에게 화가 있다! 너희는 회당에서 높은 자리를 좋아하고, 장터에서 인사받기를 좋아한다!'
험험, 목에 힘을 주고 다녔더니 닥터가 이걸 하래.
멋진데요?
그것도 명품 같은데?
44 '너희에게 화가 있다! 너희는 보이지 않게 만든 무덤 같아서, 그 위를 밟고 다니는 사람들이 무덤인지 알지 못한다!'
너, 지금 누굴 만나고 왔냐?
바리새파의 존경받는 선생님을 만나고 왔는데.
45 그때, 율법교사 중 한 사람이,
선생께서 그렇게 말씀하시면 저희까지 모욕하시는 겁니다!
그렇다. 너희에게도 화가 있을 것이다.
'너희는 무거운 짐들을 사람들에게 지우면서, 너희 자신은 손가락 하나도 대지 않는다!'
구원을 받으려면 힘내.
47 '너희에게 화가 있다! 너희는 너희 조상들이 죽인 예언자들의 무덤을 만든다!'
우린 조상과 달라. 무덤을 멋지게 꾸민 걸 보라고.
형식이 중요하잖아.
48 '하지만 너희 조상은 예언자들을 죽였고, 너희는 그들의 무덤을 만들고 있으니, 그것은 너희가 너희 조상들이 저지른 일에 찬성한다는 증거다!'
응? 들켰나?
우리가 무덤은 멋지게 꾸미지만 하는 짓은 조상이랑 다를 게 없지 뭐.
한 명 더 십자가에 매단다고 뭐가 달라지겠어?
49 '그러므로 하나님의 지혜로 말씀하셨다!'
내가 예언자와 사도들을 그들에게 보내면, 그중에 더러는 죽이고, 더러는 박해할 것이다!
예수가 사기꾼이니 제자들도 사기꾼이야!
죽여라!

▶ Link 1권 116p tip '말씀함과 옷 술'을 보라.

※박하, 회향, 채소 : 향을 만드는 재료, 작은 것을 상징하는데 바리새인들은 이런 것까지 십일조를 냈다.

※무덤 : 율법에서는 무덤과 접촉한 사람은 부정하다고 했다. Link 민수기 19:16

※무거운 짐 : 바리새인들이 율법을 더 잘 지키기 위해서 만든 지나치게 엄격한 규칙들.

※예언자들 : 구약에서 박해받고 죽은 예언자들.

▶ Link 1권 72p tip '너희를 쉬게 하겠다'를 보라.

50 '세상이 만들어진 이후부터 흘린 모든 예언자의 피의 대가를 이 세대에게 요구할 것이다! 아벨의 피에서부터 성소와 제단 사이에서 죽은 사가랴의 피에 이르기까지 이 세대가 죗값을 치러야 할 것이다!'
52 '너희 율법교사들에게 화가 있다! 너희는 지식의 열쇠를 가로채서,'
당연히 하나님 말씀보다 밥그릇이 중요한 거 아냐?

※이 세대 : 회개하지 않는 모든 유대인. ※아벨(Abel) : 형인 가인에게 죽임을 당한 성경 최초의 순교자. Link 창세기 4:8

※사가랴(Zecharias) : 유다 8대 왕 요아스의 우상 숭배를 비판하다가 죽은 구약의 마지막 순교자. Link 역대하 24:22

'자신도 들어가지 않고, 들어가려는 사람들도 막았다!'
하나님 나라
문을 열 수가 없어.
열쇠는 여기 있지롱~♬
53 예수께서 바리새인의 집에서 나오실 때, 율법교사들과 바리새인들은 잔뜩 앙심을 품고 여러 질문을 하면서 트집을 잡으려고 했어.
당신이 뭔데 그런 저주를 하는 거요?
도전이오? 반항이오?
우리가 그렇게 우습게 보여?
결투를 신청하겠소!

12장 하나님을 두려워해라 마태10:26

1 그동안 수만 명의 사람이 모여들어 서로 밟힐 지경이 되었고, 예수께서는 먼저 제자들에게 말씀을 시작하셨지.

'너희는 바리새인의 누룩 곧 위선을 조심해라.'
이런 거 하나면 반경 10km를 오염시킬 수 있어.
헤헤.

2 '덮어둔 것은 드러나기 마련이고, 숨겨진 것은 알려지기 마련이다.'
본모습을 숨기고 있어도 결국 다 드러날 거야.
헤헤.
까꿍

3 '너희가 어두운 곳에서 한 말은 밝은 곳에서 들리고, 골방에서 귀에 속삭인 말은 지붕 위에서 선포될 것이다.'
우리가 전하는 복음이 지금은 미약하지만 후일 크고 명백하게 드러날 거야.
그러니 주님을 믿고 힘내자고.
4 '나의 친구인 너희에게 말한다. 몸을 죽이면 더 이상 아무것도 할 수 없는 자들을 두려워하지 마라.'
흥, 너희가 날 죽이고 나면 뭘 더 할 수 있는데?
죽은 사람 약 올리기?
죽은 사람 굶기기?
죽은 사람 왕따 시키기?

※한 말: 복음.

5 '너희가 더욱 더 두려워해야 할 분을 보라. 죽인 후에 지옥에 던질 권세를 가진 분을 두려워하라. 내가 진실로 너희에게 말한다. 바로 그분을 두려워해야 한다.'
너희는 이제 시작이야.
어머머, 죽으면 끝이 아냐?
이건 반칙인데.
어서 오게 '지옥'
6 '참새 5마리가 동전 2개에 팔리지 않느냐? 그러나 그중에 한 마리도 하나님께서는 잊고 않고 계신다.'
하나님께서 허락하지 않으시면 저 중에 하나도 떨어지지 않아.

※참새: 가장 하찮은 것을 상징적으로 표현한 것.

7 '하나님께서는 너희 머리카락까지도 다 세고 계시니 두려워하지 마라. 너희는 수많은 참새보다 훨씬 귀하다.'
그쪽은 살벌한 곳 같은데?
하나님께서 함께 계시는데 뭐가 걱정이야?

성령과 예수님 마태10:17, 32, 12:31, 마가3:28

8 '누구든지 사람들 앞에서 나를 안다고 하면, 인자도 하나님의 천사들 앞에서 그를 안다고 하겠지만,'
네, 아버지. 잘 알죠. 제 친구들입니다.
헤헤.
9 '사람들 앞에서 나를 모른다고 하면, 나도 하나님의 천사들 앞에서 그를 모른다고 할 것이다.'
네? 걔들이 누구죠? 전 모릅니다.
아이고, 주님!
접니다, 저!

10 '누구든지 인자를 비난하는 사람은 용서받겠지만, 성령을 모독하는 사람은 용서받지 못할 것이다.'
재판관
너희는 성령을 모독했으니 게임 끝이네.
11 '너희가 회당과 통치자와 권력자 앞에 끌려갈 때, 어떻게, 무슨 대답을 할지 염려 말라.'
미리 입을 맞춰야 하지 않아?
너, 주님이 말씀하실 때 졸았지?
12 '너희가 할 말은 필요한 때 성령께서 가르쳐 주실 것이다.'
거참 천하태평이군.

tip 용서받을 수 있다? 없다?

2가지 문제가 있다. 첫째는 예수님을 부인하면 예수님도 그를 부인하겠다고 하셨는데 뒤이어 예수님을 비난하는 사람은 용서받을 수 있다고 하셨다. 둘째는 성령을 모독하는 사람은 용서받을 수 없다고 하시면서 예수님과 성령을 불일치시킨 것이다. 이에 대해 학자들의 의견은 다음과 같다.

①예수님을 비난하고 용서받는 것은, 일시적인 오해나 무지로 성급하게 결정한 말이나 행동을 회개하는 경우를 말한다.(베드로가 예수님을 3번 부인한 것처럼)

②예수님이 그를 부인하고, 성령을 모독해서 용서받지 못하는 것은, 성령과 함께하는 예수님의 모든 사역을 의도적으로 거부하는 경우를 말한다. 어떤 이들은 예수님의 사역을 사탄의 일이라고도 했다. 그들은 예수님을 그리스도로 받아들이고 죄를 깨달아 회개할 모든 가능성을 스스로 차단했기에 영원히 용서받을 수 없다.

재물에 대하여

13
선생님, 제 형에게 말씀하셔서 저와 유산을 나누라고 해주십시오.
이 양반아, 누가 나를 너희의 재판관이나 중재자로 세웠느냐?

15
'너희는 조심해서 탐욕을 멀리해라. 사람의 생명은 재산의 넉넉함에 달려 있지 않다.'
많은 재산도 죽음은 막지 못하는구나.

16
'어떤 부자가 밭에서 많은 수확을 거두었다.'
내 곡식을 쌓아둘 곳이 없으니 어떻게 하지?

18
그래, 지금 곳간을 헐고 더 크게 지어서 곡식과 물건을 다 쌓아둬야겠다.

19
내 영혼아, 몇 년 동안 쓸 많은 물건이 쌓였으니 이제 늘어지게 쉬고 먹고 마시고 즐겨라!
크하하하

20
'그러나 하나님께서 말씀하셨다.'
어리석은 인간아, 오늘 밤에 내가 네 영혼을 빼앗는다면 네가 장만한 것들이 누구의 것이 되겠느냐?
헉!

21
'자기를 위해 재물을 쌓아두면서, 하나님께 인색한 사람은 이와 같이 될 것이다.'
재물을 어떻게 써야 하나님 뜻대로 쓸 수 있겠소?
어디보자. 일단 배고픈 제게 피자 한 판 쏘시고.

tip 하나님께 인색한 사람

유대 사회에서는 법적 사건이나 분쟁이 일어나면 랍비에게 소송을 제기할 수 있었다. 여기서 나아온 사람도 이처럼 예수님을 유대 랍비로 보고 있었음을 알 수 있다. 예수님은 재물을 쌓는 것 그 자체를 부정하신 것이 아니다. 예수님은 하나님의 뜻에는 관심이 없이 자신의 욕심을 채우기 위해 재물을 쌓는 것을 나무라신 것이다. 이것은 하나님이 원하시는 뜻에 맞게 재물을 사용해야 한다는 경고라고 할 수 있다.

하나님의 의를 구하라 마태6:20, 25

22
살기 위해서 무엇을 먹을까, 몸을 감싸려고 무엇을 입을까 걱정하지 마라.
생명이 음식보다 소중하고, 몸이 옷보다 소중하다.

24 '까마귀는 씨를 뿌리지도 않고, 거두지도 않고, 곳간이나 창고도 없지만 하나님께서 먹이신다. 너희는 새보다 훨씬 더 귀하지 않으냐?'
25 '너희 중에 누가 걱정한다고 해서 자기 키를 조금이라도 늘릴 수 있느냐?'
닥치는 대로 먹다보면 크지 않을까?
26 '이렇게 너희가 아주 작은 일도 못하면서 어째서 다른 일들을 걱정하느냐?'
헥 헥
더 이상 못 먹겠다.
27 '백합꽃이 어떻게 자라는지 생각해라. 수고도 하지 않고, 옷감도 짜지 않는다.'
'온갖 영광으로 차려 입었던 솔로몬도 이 꽃 하나만큼 잘 입지 못했다.'
솔로몬 의문의 1패
털썩
28 '믿음이 적은 사람들아, 오늘이 지나면 내일 아궁이에 들어갈 들풀도 하나님께서 그렇게 입히시는데 하물며 너희를 입히지 않으시겠느냐?'
29 '그러니 무엇을 먹을까, 무엇을 마실까, 찾지 말고, 의심하지 마라. 그 모든 것은 세상 사람들이나 구하는 것이다.'
??
이방인
'너희 아버지께서는 그런 것들이 너희에게 필요하다는 것을 아신다.'
아, 인간들 뒤치다꺼리하기 힘들어.
천사들의 휴게소
요즘 주 80시간 근무야.
한두 명도 아니고.
31 '그러니 너희는 그의 나라를 구하라. 그러면 그 모든 것을 더해 주실 것이다.'
하나님의 의
모든 건 하나님께 맡기고 여기로 가자.
32 '두려워하지 마라. 어린 양들아, 너희 아버지께서는 그의 나라를 너희에게 주시길 원하신다.'
설마 나라를 통째로 옮기는 건 아니겠지?
천사들의 휴게소
난 그 전에 사표 쓸 거야!
초과수당도 안 주면서.
33 '너희 재산을 팔아 자선을 베풀어라. 그래서 낡지 않는 돈주머니를 만들고, 없어지지 않는 보물을 하늘에 쌓아라. 그곳에는 도둑도 들지 않고, 썩지도 않는다. 너희 보물이 있는 곳에 너희 마음도 있다.'
나의 자선과 선행이 차곡차곡 하늘에 쌓일 거야.

※솔로몬(Solomon) : 다윗의 아들이자 이스라엘 3대 왕으로 최고의 부귀영화를 누렸다.

※그의 나라 : 하나님의 나라. 구하는 자들이 얻게 된다고 했다. Link 누가복음 11:9

※하늘에 쌓아라 : 하나님이 기뻐하시는 곳에 재물을 사용하라는 말씀.

tip 재산을 팔아

이것은 가진 모든 재산을 팔아서 구제 활동에 사용하라는 말씀이 아니다. 내가 가진 모든 재산은 하나님이 주셨으니 하나님이 기뻐하는 곳에 재물을 사용하라는 뜻이다. 앞서 유산을 나누게 해달라던 사람[12:13]처럼 재물에 욕심을 부려 하나님의 뜻에 거스르는 사람이 되지 말라는 것이다.

깨어있어라 마태24:42, 마가13:33

35 '너희는 허리에 띠를 매고 등불을 켜고 있어라.'
바로 움직일 수 있게 준비해라.

36 '주인이 혼인 잔치에서 돌아와 문을 두드리면 즉시 열어주려고 대기하는 사람들처럼 해라.'
초인종이 울리면 바로 열어야 한다.
넵!

※혼인 잔치: 신랑은 신부의 집에서 예식을 치루고 함께 신랑의 집으로 가서 잔치를 열었다.

37 '주인이 왔을 때 깨어있는 종들에게 복이 있다.'
너희가 깨어있었구나.
그럼요.
누구 명령인데.

'그때는 주인이 스스로 허리를 묶고, 그들을 식탁에 앉히고 시중들 것이다.'
5성급 호텔 요리야.
이래도 되나?
헤헤

38 '주인이 밤중이나 새벽에 오더라도 깨어있는 종들에게 복이 있다.'
이건 선물.
오, 웬 복덩어리를?
복
복
복

39 '너희는 이것을 알아라. 도둑이 언제 올지 안다면 집주인은 깨어있다가 도둑을 막을 것이다.'
도둑이?
끼릭

40 '그러니 너희도 준비하고 있어라. 생각하지도 않은 때에 인자가 올 것이다.'
뭐야?
앗, 주님!

※올 것: 예수님이 다시 오시는 재림의 때를 말한다.

▶Link 1권 195p tip '깨어있어라'를 보라.

지혜로운 종이 되라 마태24:45

41 주님, 그 비유를 저희에게만 말씀하신 겁니까? 다른 모든 사람에게도 말씀하신 겁니까?

※저희: 모든 제자들.

42 '주인이 한 종에게 다른 종들을 맡겨서 제때 먹이게 하고 떠났다.'

'그 종이 어떻게 해야 충직하고 지혜롭다고 하겠느냐? 주인이 돌아왔을 때 제대로 하고 있는 종에게 복이 있다.'

44 '그러면 주인은 모든 재산을 그 종에게 맡길 것이다.'

45 '그런데 그 종이 주인이 늦을 거라고 생각해서 남녀 종들을 때리고, 술친구들과 먹고 마시고 취하면 어찌되겠느냐?'
주인이 언제 올지 알게 뭐야. 일단 마시자.
하하하
46 '생각지도 않은 날, 뜻밖에 주인이 와서,'
두
둥…
'그 종을 처벌하고 충직하지 못한 자의 대가를 받게 할 것이다.'
으아악, 잘못했어요!
47 '주인의 뜻을 알고도 준비하지 않고, 따르지 않은 종은 많은 매질을 당하고,'
넌 100대만 맞자.
조금만 깎죠. 그거 맞으면 죽어요.
48 '알지 못하고 맞을 짓을 한 종은 적게 매질을 당할 것이다.'
넌 10대. OK?
그, 그냥 대화로 하는 게?
'그처럼 많이 받은 사람에게는 많은 것을 요구하고, 많이 맡은 사람은 많은 것을 내놔야 한다.'
너희는 내게 많이 받은 만큼 그 책임을 다해야 한다.

tip 베드로의 질문에 대한 답

예수님은 베드로의 질문에 대한 답변을 하신다. 즉 '깨어있어라'는 명령은 모든 사람을 위해서 하신 말씀이지만 그 모든 말씀을 들어서 알고 있는 제자들에게는 더 큰 책임이 있다는 것이다. 또한 명령을 지키지 않은 것에 대한 대가도 다른 사람들보다 제자들이 더 크게 져야 한다고 말씀하신다.

분열을 일으키러 왔다 마태10:34

49 '난 세상에 불을 지르러 왔다. 이미 불이 붙었으면 내가 더 바랄 것이 없다.'
어디부터 불을 싸질러야 할까?

※불 : 불의 심판을 상징한다.

50 '그러나 내가 받아야 할 고난의 세례가 있다. 그 일을 다 겪을 때까지 내 마음이 얼마나 괴로울지 모른다.'

※고난의 세례 : 예수님이 당할 고난과 십자가의 죽음.

51 '내가 세상에 평화를 주러 왔다고 생각하느냐? 그렇지 않다. 오히려 분열을 일으키러 왔다.'
자, 준비….
52 '이제 한 집안에서 다섯이 서로 갈라져 셋이 둘에게 맞서고, 둘이 셋에게 맞설 것이다. 아버지와 아들, 어머니와 딸, 시어머니와 며느리가 서로 맞서 싸울 것이다.'
예수님은 메시아라고!
그는 사탄이야!
사기꾼이라고!
그는 하나님의 아들이야!

※분열 : 예수님이 전한 복음을 믿는 자와 믿지 않는 자의 갈등.

증거를 보지 못하는 자들 마태5:25, 16:1, 마가8:11

54 '너희가 서쪽에서 일어나는 구름을 보고, 소나기가 오겠다고 하면 그대로 된다.'
쏴아아아
내가 좀 신통하지.

※서쪽: 유대 지역은 보통 서쪽의 지중해에서 구름이 일어나면 비가 왔다.

55 '또 너희가 남풍이 부는 것을 보고, 날이 덥겠다고 하면 그대로 된다.'
기상청에 취직할까?

※남풍: 유대 지역은 남쪽인 아라비아 광야에서 건조하고 뜨거운 바람이 분다.

56 '위선자들아, 너희가 땅과 하늘의 기상은 분별할 줄 알면서 왜 이 시기는 분별하지 못하느냐?'
그는 사탄의 힘을 빌린 거야.
백성을 선동하는 사기꾼이라고.

※이 시기: 예수님이 행한 수많은 증거를 보고도 왜 메시아가 온 것을 모르냐는 것이다.

57 '또 어째서 너희는 옳은 것을 스스로 판단하지 못하느냐?'
뭐, 사탄? 사기꾼?
움찔!

※옳은 것: 예수님이 전하는 복음을 믿고 회개하는 것을 말한다.

58 '너를 고소하는 사람과 함께 법정에 간다면 가는 길에 화해하도록 힘써라.'
아직 기회가 있을 때 나랑 화해하지?
어디서 협박질이냐!

※고소하는 사람: 예수 그리스도.
※힘써라: 회개하라.

'그렇지 않으면, 그가 너를 재판관에게 끌고 가고, 재판관은 너를 간수에게 넘기고, 간수는 너를 감옥에 던질 것이다.'
자…잠깐, 화해할게요!
이젠 늦었다.

※재판관: 하나님.

59 '그렇게 되면 네가 마지막 한 푼까지 다 갚기 전에는 결코 감옥에서 나오지 못할 것이다.'
네 놈의 마지막 남은 죗값까지 다 치러야 한다.
아이고, 진작 화해할 걸!

13장 회개하지 않으면

1 그때, 몇 사람이 빌라도가 희생제물을 드리던 갈릴리 사람들을 학살해서 그 제물이 피로 물들었다는 걸 예수께 알렸어.
그들이 다른 모든 갈릴리 사람보다 죄가 많아서 그런 변을 당한 줄 아느냐?
그런 것 아닙니까?

※빌라도: 제5대 유대 총독(A.D.26~36년)이다.
※죄: 유대인들은 그 사람이 당하는 고난과 불행, 질병은 죄의 결과라고 생각했다.

3
죄가 많으니 그런 일을 당한 것 아냐?
그렇지 않다.
그들은 단지 불행이 닥쳤을 뿐이니 너희는 너희 일이나 신경 써라.
회개하지 않으면 너희도 모두 그렇게 망할 것이다.

4 '또 실로암의 망대가 무너져 죽은 18명은 예루살렘에 살던 다른 모든 사람보다 죄가 많아서 그런 변을 당한 줄 아느냐?'

※실로암(Siloam): 예루살렘 남동쪽 성벽에 접해 있는 연못으로 물을 저장하는 저수지였다.

5
죄가 많으면 재앙이 닥친다는 건 상식이잖아요.
초딩도 아는 걸.
그렇지 않다.
그들은 단지 불행이 닥쳤을 뿐이니 너희는 너희 일이나 신경 써라.
회개하지 않으면, 너희도 모두 그렇게 망할 것이다.

tip 본디오 빌라도 Pontius Pilate

로마는 A.D.6년 폭정을 일삼던 분봉 왕 헤롯 아켈라오를 유배 보내고 난 후부터 유대 지역을 로마 총독이 통치하도록 했다. 빌라도는 A.D.26~36년까지 유대 지역을 다스린 로마의 총독이었다. 유대 문헌을 보면 빌라도는 가혹하게 통치했다. 그는 유대인의 제단에 이교적인 것을 도입하고, 유대인의 율법과 관습을 조롱하고, 성전 기금을 탈취했으며, 자신에게 반대하던 수많은 유대인을 학살하기도 했다. 또 빌라도는 예수 그리스도를 십자가에 못 박은 로마 총독으로 기록되고 있다.

※회개(repentance) : 단지 후회나 뉘우침이 아니라 죄에서 완전히 돌아서서 하나님께서 기뻐하시는 마음과 태도로 살아가는 것을 말한다.

열매 없는 무화과나무

6 '어떤 사람이 자기 포도원에 무화과나무를 심어놓고, 열매가 열렸는지 가봤으나 하나도 없었다.'

7 '그래서 그는 포도원지기에게 말했다.'
보라, 내가 3년째 이 무화과나무에 열매가 열렸는지 와봤으나 하나도 없다. 찍어버려라. 왜 땅만 버리느냐?
주인님, 올해는 그냥 두시죠. 그동안에 제가 둘레를 파고 거름을 줄게요. 그래서 내년에 열매를 맺으면 좋고, 아니면 그때 찍어버리죠.

그래, 경고해라. 마지막 기회라고.

※어떤 사람 : 예수 그리스도. ※무화과나무 : 유대인들.

안식일의 병자 치유

10 예수께서 안식일에 어떤 회당에서 가르치고 계셨는데,

11 그곳에는 18년 동안 귀신에 들려 병들고, 허리가 굽어져 펼 수 없는 여자가 있었어.

12 예수께서 그녀에게 손을 얹으시자,
여자야, 네가 병에서 벗어났다.

그녀는 곧 허리가 펴지고, 하나님께 영광을 돌렸지.
주의 손길이 내게 닿자 나의 고난이 사라졌다!
아무도 고칠 수 없던 병을?!
놀랍구나!
할렐루야!

14 그런데 회당장은 예수께서 안식일에 병을 고치신 것에 분개하여 말했어.
일할 수 있는 날이 6일이 있으니 그때 치료를 하고 안식일에는 하지 마시오!
앗, 오늘은 안식일이야!
아, 그렇네!

※안식일 : 유대인들은 죽을병이 아니면 그냥 두었다가 안식일이 지난 후 치료했다.

15
위선자들아, 너희는 안식일에 소나 나귀를 외양간에서 끌고 나가서 물을 먹이지 않느냐? 그러니 안식일이라도 18년 동안이나 사탄에게 매인 아브라함의 딸을 풀어줘야 하지 않겠느냐?
넌 안식일 계명이 중요하냐? 백성을 보살피는 하나님의 뜻이 중요하냐?
버럭!

17 이 말씀에 예수를 반대하던 자들은 모두 부끄러워했고, 사람들은 예수께서 하신 모든 영광스러운 일을 기뻐했지.
맞네. 병에서 낫는 게 진짜 안식이지.
그게 안식일을 주신 하나님의 뜻이고.
부끄러운 줄 알아라!

겨자씨 비유 마태13:31, 마가4:30

18 '하나님 나라는 무엇과 같을까? 무엇에다가 비길까? 그것은 한 사람이 자기 정원에 겨자씨를 심은 것과 같다.'
겨자씨를 심는다고?
멍청이 아냐?

19 '그것이 자라서 나무가 되어 하늘의 새들이 그 가지에 깃든다.'

※새들 : 하나님 나라에 속하게 될 모든 사람. ▶ Link 1권 80p tip '겨자'를 보라.

누룩 비유 마태13:33

20 '또 하나님 나라를 무엇에다가 비길까? 그것은 한 여자가 많은 밀가루에 몰래 넣어 온통 부풀게 한 누룩과 같다.'
적은 양의 누룩이라도 밀가루를 크게 부풀게 해.
복음도 지금은 미미하지만 세상에 큰 변화를 가져올 거야.
먹으면서 하죠?

좁은 문으로 들어가라 마태7:13, 22, 8:11, 20:16

22 예수께서 여러 성과 마을에 들려 가르치시면서 예루살렘으로 향하셨어.
주님, 구원받을 사람은 적겠지요?

24 '너희는 좁은 문으로 들어가기를 힘써라. 하지만 들어가려고 해도 들어가지 못하는 사람이 많을 것이다.'
힘들어도 포기해선 안 돼.
헉헉
아, 난 포기.
난 못 일어나겠어.
헉 헉
좁은 문

※좁은 문 : 예수 그리스도.
※들어가지 못하는 : 예수님 말씀에 순종하는 삶은 고난과 어려움이 따른다는 말이다.

25 '집주인이 문을 닫아버리면, 너희가 밖에서 문을 두드려도 소용없을 것이다.'
주여, 문을 열어주세요!
사랑하는 주님!
너희가 어디서 온 사람인지 나는 모른다.
쾅 쾅 쾅
저희가 왔어요!

※너희 : 불신자가 아니라 거짓 제자들.

26

저희는
주 앞에서
먹고 마셨어요!
주님은 저희를
길거리에서
가르치셨어요!
나는 너희가
어디에서 왔는지
모른다! 불의를
일삼는 자들아,
썩 물러가라!

28

'아브라함과 이삭과 야곱과 모든 예언자는 하나님 나라 안에
있는데, 너희만 밖에 쫓겨난 것을 알면 그곳에서 슬피 울며
고통스러워 할 것이다.'
주님 미워.
우리가 거짓으로
따랐잖아.
크흐흑
이이잉

29

'그때 사람들은 동서남북에서 와서 하나님 나라의 잔치에 앉을
것이다.'
호호호
하하하

30

'보라, 꼴찌가 첫째가 되고, 첫째가 꼴찌가 될 것이다.'
흐, 난 꼴찌로
출발했는데.
크흑, 난
첫째로 출발했는데
꼴찌가 됐구나.
헉헉
좁은 문

※사람들 : 동서남북에서 온 이방 사람들.

tip 좁은 문

좁은 문이란 오직 예수 그리스도를 통해서만 구원받을 수 있다는 의미로, 하나님께서 모든 사람을 구원하려고 열어놓은 좁은 문으로 들어가기를 힘쓰라는 것이다. 예수님의 가르침을 받고, 제자라며 따라다닌다고 해서 하나님 나라에 들어갈 수 있는 것이 아니다. 그런 거짓 제자들은 쫓겨나고, 사방에서 예수 그리스도의 복음을 믿고 따르는 이방인들이 하나님 나라에 들어갈 것이며, 믿고 따르는 것은 순서가 필요 없다고 말씀하신다.

나의 길

31

그 때에 몇몇 바리새인들이 다가와 예수께 말했어.
여기를 떠나세요.
헤롯왕이 당신을
죽이려고 합니다.
그 여우에게 가서,
내가 오늘과 내일은 귀신을
내쫓고 병을 고치다가
3일째가 되면 모든 일을
마친다고 전해라.

※바리새인들 : 이들이 호의로 말한 것인지 악의로 말한 것인지 분명치 않다.
※3일째 : 예수님의 십자가의 죽음과 더 나아가 부활을 가리킨다.

33

나는 오늘도 내일도 모레도 내 갈 길을
가야겠다. 예언자가 예루살렘 밖에서
죽을 수는 없다.
하나님의
뜻대로 나의 여정은
예루살렘까지다.

예루살렘을 향한 탄식 마태23:37

34

'예루살렘아, 예언자들을 죽이고, 네게
보낸 사람들을 돌로 치는구나!'

'암탉이 병아리를 품듯이, 내가 몇 번이나
네 자녀들을 품으려 했지만 너희는 원하지
않았다.'
회개하시오.
하늘나라가….
이게
죽으려고.

※내 갈 길 : 하나님의 뜻에 따라 예루살렘의 고행과
십자가의 죽음을 향해 가시겠다는 것이다.

35 '이제 너희 성전은 버림받아 황폐해질 것이다.'
'너희가 여호와의 이름으로 오시는 분을 찬양할 때까지 다시는 나를 보지 못할 것이다.'

※성전 : 스룹바벨 성전을 대대적으로 확장한 헤롯 성전을 말한다.

▶ Link 1권 118p tip '주의 이름으로 오시는 분'을 보라.

14장 안식일의 수종병자

1 어떤 안식일에, 예수께서 한 바리새인 지도자의 집에 식사하러 가시는 걸 사람들이 지켜보는데 예수 앞에 수종병자 한 사람이 있었어.
3 예수께서 율법교사들과 바리새인들에게 물으셨지.
안식일에 병을 고쳐도 되느냐? 안 되느냐?
쉬어라 했으니 무조건 아무것도 안 해야 하느냐?
아니, 저… 그게….

4 그들의 대답이 없자 예수께서 그 병자를 고쳐서 보낸 후에 말씀하셨어.
너희는 아들이나 소가 우물에 빠지면, 안식일이라고 해도 당장 끌어내지 않겠느냐?
음!
6 그들은 아무 대답도 못했지.
백성을 아끼고 돌보시는 하나님의 참뜻이 중요하다.

자기를 낮춰라

7 예수께서는 초청받은 사람들이 윗자리에 앉는 것을 보시고,
여긴 내 자리야!
무슨 소리! 이 형이 앉아야지!
비켜, 이 천한 것들아!

8 '네가 혼인 잔치에 초대받거든, 윗자리에 앉지 마라.'
히히, 내가 짱이다.
'너보다 더 높은 사람이 초대되었다면, 너와 그를 초대한 사람이 너에게,'
이분에게 자리를 내드리시오.
뭐요?!
'너는 부끄러워하며 가장 낮은 자리로 갈 것이다.'
아, 죄송.

10 '네가 초대받거든, 가장 낮은 자리에 앉아라.'
아니 이분이 왜 이 자리에?
'그러면 너를 초대한 사람이 너에게,'
친구여, 윗자리로 올라가시지요.
'그때 너는 함께 앉은 모든 사람 앞에서 영광을 받을 것이다.'
당연히 윗자리는 저분이 앉아야지.

11 '자기를 높이면 낮아지고, 자기를 낮추면 높아질 것이다.'
교만을 버리고 겸손하게 자기를 낮춰라. 그러면 높여질 것이다.

낮은 자와 함께하라

12 예수께서 자기를 초대한 사람에게도 말씀하셨어.
네가 점심이나 저녁을 베풀 때, 친구나 형제나 친척이나 부유한 이웃을 부르지 말라.
그들도 너를 초대하여 네가 베푼 것을 되돌려 줄 것이다.

13 '잔치를 베풀 때는 가난한 자들과 장애가 있는 자들과 다리 저는 자들과 눈먼 자들을 불러라.'
실컷 먹고 마시세요.
14 '그들은 네가 베푼 것을 갚을 길이 없기 때문에 네게 복이 될 것이고,'
저희는 이 은혜를 갚을 길이 없네요.
그게 내가 바라는 바요.
흐흐
'네가 베푼 것은 의인들이 부활할 때 하나님께서 갚아주실 것이다.'
어디보자, 네가 베푼 선행이…?
헤헤

tip 부유한 이웃을 부르지 말라

부유한 이웃과 어울리지 말고 초대하지도 말라는 것이 아니다. 오히려 가난하고 소외된 이웃에게 관심을 가져야 하다는 걸 강조한 것이다. 이것은 유대 사회가 세워놓은 경계선을 허물고 하나가 되라는 급진적인 도발이다. 유대인들은 가난하거나 병이 드는 건 죄 때문이라 생각했다. 그래서 함께하는 것조차 부정해진다는 이유로 그들을 멀리했다. 이에 예수님은 그런 자들과 함께하는 것이 하나님의 뜻이며, 보잘것없는 한 사람에게 한 것이 곧 하나님께 한 것이니 그 모든 걸 하나님께서 갚아주실 것이라고 했다. Link 마태복음 10:42, 25:40

큰 잔치 비유 마태22:1

15 함께 먹고 있던 사람 중에 하나가 이 말씀을 듣고 말했어.
하나님 나라에서 음식을 먹는 사람은 복이 있습니다.
하나님의 큰 잔치에 너와 유대인들은 당연히 참석할 것이라고 생각하는구나.
어떤 사람이 큰 잔치를 준비하고 많은 사람을 초대했다.

※어떤 사람 : 하나님. ※많은 사람 : 이스라엘의 지도자들을 비롯한 모든 유대인.
※큰 잔치 : 메시아의 재림으로 완성되는 새로운 나라에서 열리는 하나님 나라의 잔치.

17 '시간이 되자 그는 초대받은 사람들에게 종을 보냈다.'

준비가
다 되었으니
오십시오.
누구셔?
무슨 준비?
어디보자.
스케줄이?

18 '그런데 그들은 모두 하나같이 거절했다.'

내가 밭을 샀는데
가서 봐야겠소.
양해해 주시오.
난 소 10마리를
샀는데 돌봐야…
양해해 주시오.
난 장가를
들어서
못 가겠네.

21 '종이 돌아가 주인에게 그대로 일렀고, 집주인은 분노했다.'

어서 마을의 광장과
골목에서 가난한 자들과
장애가 있는 자들과
눈먼 자들과 다리 저는
자들을 데려오라!

※자들 : 유대인 중에 소외되고 천시받는 사람들.

22 '종은 주인의 말대로 한 뒤 보고했다.'

주인님, 명령대로
했습니다만 아직
빈자리가 있습니다.
큰 길과 변두리에서
사람들을 억지로라도
데려와서 채워라.
앞서 초대를
받았던 사람들은
단 한 명도 나의
잔치에 참석하지
못할 것이다.

※사람들 : 유대 땅을 벗어난 이방인들.

tip 초대받은 사람들

이 비유는 예수님을 통해 시작된 하나님 나라의 잔치에 누가 초대되었는지 말씀해주신 것이다. 먼저 1순위로 초대받은 유대인들은 각종 핑계를 대며 무례하게 거절했다. 이에 2순위로 초대받은 이들은 유대 사회에서 소외되고 천시받던 사람들이었다. 그리고 3순위로는 유대인들이 하나님 나라에 들어갈 자격이 없다고 생각했던 이방인들이었다. 예수님은 이 비유를 통해 세상 모든 사람이 하나님 나라에 초대되었음을 밝히시고, 초대를 거절한 사람들은 결코 그 잔치에 들어올 수 없다고 경고하신다.

제자가 되려면 마태10:37

25 예수께서 함께 가던 많은 사람에게 돌아서서 말씀하셨어.

나와 함께한다고 해서
내 제자가 되는 것이 아니다.
자신의 모든 것보다 날 더
사랑해야만 한다.
어? 그게
딱 접니다.
왜 제 얘기를
하세요?

26 '내게 오더라도 부모, 아내, 자식, 형제자매, 심지어 자기 목숨까지 미워하지 않으면 내 제자가 될 수 없다.'

무엇보다 주님이
더 중요해요.

27 '또 누구든 자기 십자가를 지지 않고 나를 따르는 사람도 내 제자가 될 수 없다.'

※자기 십자가 : 복음을 전하기 위해서 겪는 고난과 죽음을 뜻한다.

28 '너희 중에 누가 망대를 지으려고 한다면, 먼저 그것을 완성할 비용이 있는지 계산해야 하지 않겠느냐?'

꿈자리가 좋아.
공사를 시작해.
세상
쉽게 사네.
거참.

29 '그러지 않아서 기초만 놓고 완성하지 못하면 보는 사람들이 다
비웃을 것이다.'

이 사람이 시작만 하고 끝내지는 못하는구나.
잘 알아보고 시작했어야지. 칠칠맞게.
일을 했으니 일당은 줘.
자잿값도.

31 '또 어떤 왕이 싸우러 나가려면, 먼저 적군 2만 명을 1만 명으로
당해 낼 수 있을지 헤아려봐야 하지 않겠느냐?'

쓰읍, 눈깔아.
너…너무 큰데?
헉!

32 '만약 안 되겠다면, 그가 아직 멀리 있을 때
사신을 보내 화친을 제의해야 할 것이다.'

안 되겠다. 싸우다간 죽을지도 몰라. 잘못했다고 하자.

33

이와 같이 너희 중에 누구라도 자기 소유를 다 버리지 않으면 내 제자가 될 수 없다.
주님을 따르기 위해선 모든 걸 걸어야 하니 신중하게 결정하고, 소유한 모든 것에 집착하지 말라는 말씀이야.

짠맛을 잃은 소금 마태5:13, 마가9:50

34 '소금은 좋은 것이지만 소금이 짠맛을 잃으면 무엇으로 짜게
하겠느냐? 맛을 잃은 소금은 땅에도 거름에도
쓸 데가 없어서 밖에 내버린다.'

점점 교만해지더니 꼴좋구나.
짠맛을 잃은 소금

※짠맛 : '제자가 되기 위해 필요한 것들'을 잃으면 더 이상 제자가 아니라는 경고다.
※소금 : 성경에서는 정결함이나 지혜를 뜻한다.

그러자 예수께서 다음 3가지 비유를 들어 말씀하셨지.

tip 깨닫지 못하는 유대인들

유대인들은 부정한 자 곧 죄인들과 접촉하면 자신도 부정해진다고 생각했다. 그래서 세리들과 죄인들과 함께 식사하시는 예수님이 못마땅했다. 이는 앞서 [14:12]에서 예수님이 가르치신 말씀. 즉 하나님 나라의 모습은 가난하고 소외된 자들과 함께하는 것이니 그들을 초대하라는 말씀을 전혀 깨닫지 못하고 있다는 것을 보여준다.

15장 잃어버린 것에 대한 3가지 비유

1 세리들과 죄인들이 모두 예수의 말씀을 들으려고 가까이 몰려
오자 바리새인들과 율법교사들이 투덜거렸어.

저자가 죄인들을 맞이하고, 그들과 함께 음식을 먹는군.
!!

①잃은 양 마태18:12

4 '어떤 사람에게 양 100마리가 있는데, 그중에 1마리를 잃었다면,
99마리를 들에 두고 그 잃은 양을 찾아다니지 않겠느냐?'

헉헉, 도대체 어디로 갔지?
두려움에 떨며 이 거친 산을 헤매고 있을 텐데.

5 '그 양을 찾으면 기뻐하며 어깨에 메고 집으로 돌아와 친구와 이웃을 불러서 말할 것이다.'
나와 함께 기뻐해 주시오!
잃었던 양을 찾았소!
7 '이처럼 하늘에서는 회개할 필요가 없는 의인 99명보다, 회개하는 죄인 1명을 더 기뻐할 것이다.'

②잃은 드라크마

8 '어떤 여자가 가진 10드라크마 중에 하나를 잃으면, 등불을 켜고, 온 집안을 쓸며 샅샅이 뒤지지 않겠느냐?'
낑!

※의인 : 스스로 의롭다고 여기며 회개할 필요가 없다고 생각하는 유대인들.

▶ Link 1권 98p tip '한 마리의 양'을 보라.

9 '그래서 찾으면, 친구와 이웃을 불러서 말할 것이다.'
나와 함께 기뻐해줘요!
잃었던 드라크마를 찾았어요!
10 '이처럼 죄인 1명이 회개하면, 하나님의 천사들이 기뻐할 것이다.'

tip 10드라크마drachma

드라크마는 그리스의 은전이다. 로마의 은전 데나리온과 같은 가치로 1드라크마는 1데나리온으로 당시 노동자의 하루 품삯이며, 10드라크마는 노동자의 10일치 임금에 해당하는 금액이다. 또한 10드라크마는 유대 사회에서 여자들이 장신구로 사용하거나 남편이 사랑의 증표로 맡기는 예물이었기 때문에 더 중요한 의미를 가진다.

③잃었던 아들

11 '어떤 사람에게 아들이 둘 있는데.'
아버지 재산 중에 제게 돌아올 몫을 주세요.
'그래서 아버지는 재산을 두 아들에게 나누어주었다.'
여기 통장에 각각 너희 몫을 넣었다.
13 '며칠 후, 작은아들은 제 것을 다 챙겨서 먼 나라로 갔고,'
이 지겨운 촌구석을 떠나자. 난 더 큰 세상에서 놀 거야.

※돌아올 몫 : 율법에서 맏아들은 다른 형제가 받는 몫의 두 배를 받았다. Link 신명기 21:17 즉, 작은아들은 아버지의 재산 1/3을 요구한 것이다.

※먼 나라 : 당시 그리스와 로마식 도시들은 젊은이들에게 동경의 대상이었다.

'거기서 방탕하게 살면서 재산을 낭비했다.'
부어라!
막 살아보자!
하하하
14 '작은아들이 빈털터리가 되었을 때, 그 나라에 큰 흉년이 들어 그는 매우 궁핍해졌다.'
아, 화려한 날이 언제던가. 이제 아무것도 남은 것이 없구나.
텅
15 '그래서 작은아들은 그 나라의 백성 중 한 사람에게 몸을 의탁했다.'
들로 나가 돼지를 쳐라.
돼, 돼지요?

※돼지 : 유대인들에게 부정한 짐승이므로 이 일은 수치스러운 일이었다. Link 신명기 14:8

16 '작은아들은 돼지가 먹는 나무열매라도 먹고 배를 채우고 싶었지만 주는 사람이 없었다.'
아, 배고파.
17 '그제야 작은아들은 정신이 들었다.'
내 아버지는 넉넉한 양식과 많은 일꾼이 있는데 나는 여기서 굶어 죽는구나.
내가 아버지에게 돌아가 사죄해야겠다.
20 '작은아들은 일어나 아버지에게로 갔다.'

※작은아들 : 죄악에 빠졌다가 회개하고 돌아온 세리들, 죄인들, 이방인들을 상징한다.

'아버지가 아직 멀리 있는 그를 보고 달려가서,'
오오, 드디어 돌아왔구나!
'가엽게 여기며, 목을 안고, 입을 맞췄다.'
아, 아들아, 내 아들아!
크흐흐흑, 아버지!
21 아버지, 제가 하늘과 아버지께 죄를 지었습니다. 저는 더 이상 아들의 자격이 없으니 일꾼으로 써주십시오.
무슨 소리냐.

※하늘 : 하나님을 가리키는 표현으로 유대인은 하나님을 직접 부르지 않았다.

22 가장 좋은 옷을 꺼내 입히고, 손에 반지를 끼우고, 발에 신을 신겨라!
그리고 살진 송아지를 잡아라. 먹고 즐기자!
아자, 파티다!
집 떠나면 고생이죠?
24 '그리고 그들은 잔치를 벌였다.'
내 아들은 죽었다가 다시 살아났고, 잃었다가 다시 찾았노라!
축하합니다!
와아아아

25 '큰아들이 밭에서 돌아오다가 집에 가까이 왔을 때, 춤추며 노는 노랫소리를 들었다.'
무슨 일이오?
당신 동생이 돌아왔습니다. 그가 건강하게 돌아온 걸 기뻐하며 당신 아버지께서 살진 송아지를 잡았습니다.
28 '큰아들이 화가 나서 집으로 들어가지 않자 아버지가 그를 달랬다.'
저는 여러 해를 아버지를 섬기고, 아버지의 명령을 어긴 적도 없었습니다! 그런 제게는 염소 새끼라도 주면서 친구들과 즐기라고 하신 적이 없습니다!
흠, 그랬지.

※큰아들 : 세리들과 죄인들을 부정하게 여기며 거부하는 모든 유대인.

30
그런데 방탕한 여자와 함께 아버지의 재산을 날려버린 그 아들이 오자 그를 위해 살진 송아지를 잡았습니다.
염소를 잡을 걸 그랬나?
31
얘야, 너는 늘 나와 함께 있으니 내 것은 모두 네 것이다.
그런데 너의 동생은 죽었다가 살아났고, 내가 잃었다가 찾았으니, 우리가 즐거워하고, 기뻐하는 것이 마땅하지 않느냐?

※그 아들 : 형제로 인정하지 않는다는 표현으로 유대인들이 세리들과 죄인들을 대하는 생각을 드러낸 것이다.

※너의 동생 : 아버지 아래 한 형제라는 표현으로 세리들과 죄인들도 하나님 안에 한 형제라는 것이다.

tip 돌아온 아들

잃었던 아들이 돌아온 것을 본 아버지가 한 행동은 그의 기쁨이 얼마나 큰지 잘 드러난다. 그는 우선 작은아들의 더렵혀진 명예와 권위를 회복시켰다. 좋은 옷은 명예를, 반지는 아버지의 권위를, 신은 자유인의 권리를, 잔치는 그 모든 것의 공식적인 회복을 선언한 것이다. 하지만 큰아들은 돌아온 작은아들을 거부하며 화를 낸다. 큰아들은 회개하고 돌아온 세리들과 죄인들을 거부하는 바리새인과 율법교사 그리고 모든 유대인을 상징한다. 이에 예수님은 하나님 안에 모두가 한 형제라고 말씀하시며, 진짜 잃어버린 아들은 큰아들, 즉 회개하지 않는 바리새인과 율법교사와 유대인들이라고 말씀하신다.

16장 불의한 집사

1 '어떤 부자에게 집사가 있었는데, 그 집사가 자기 재산을 낭비한다는 소문을 들었다.'
너의 소문을 들었는데 어떻게 그럴 수가 있나?
맡았던 일을 정리해라. 넌 해고야.
헉, 주… 주인님!

3
아, 주인이 날 해고하려고 하니 어쩌면 좋을까? 땅을 파자니 힘이 없고, 빌어먹자니 부끄럽구나.
4
그래. 내가 해고되더라도 사람들이 나를 자기 집으로 맞이하도록 조치해야겠다.
내게 신세를 지게 만들자.
5 '그래서 그는 자기 주인에게 빚진 사람들을 하나씩 불렀다.'
당신이 내 주인에게 진 빚이 얼마요?
올리브기름 100말이요.

※100말 : 헬라어 성경에서는 2300리터, 약 1000데나리온의 값어치였다.

이것이 당신의 빚 문서인데 50말로 고쳐요.
500데나리온이나 깎아준다고요?
탁
7
당신의 빚은 얼마요?
밀 100섬이오.
이것이 당신의 빚 문서인데 80섬으로 고쳐요.
20섬을 깎아 준다고요? 500데나리온이나 되는 걸?

※데나리온(Denarius) : 로마의 은전, 1데나리온은 당시 노동자의 하루 품삯이다.

※100섬 : 헬라어 성경에서는 2700㎏, 약 2500데나리온의 값어치였다.

8 '그러자 주인은 그 불의한 집사를 슬기롭게 대처했다며 칭찬했다.'
네가 살 궁리를 한 것이지만 그것은 하나님이 보시기에 옳은 일이었다.
전 혼날 줄 알았는데.
헤헤
'악한 이 시대에서는, 이 세대의 아들들이 빛의 아들들보다 더 슬기롭다.'
세상 사람들이 이익을 위해 단결하고 열심인 것처럼 너희도 하나님 일을 그렇게 해라.
헤헤.
9 '그러므로 불의한 재물로 친구를 사귀어라.'
자, 골고루 나눠 쓰세요.
이렇게 고마울 수가.

※빛의 아들 : 제자들.

※불의한 재물 : 불법으로 얻은 재물이 아니라 이 세상에 있는 재물을 뜻한다.
※친구 : 가난하고 소외되고 어려움에 처한 이웃.

'그래서 그 재물이 없어질 때, 그들이 너희를 영원한 처소로 맞이하게 하라.'
저희가 쓴 보증서인데 하나님께 보여주세요.
오오!
10 '아주 작은 일에 충실한 사람은 큰일에도 충실하고, 아주 작은 일에 불의한 사람은 큰일에도 불의하다.'
작은 일이라도 충실해야지.
와, 피자다!
11 '너희가 불의한 재물에 충실하지 않으면, 누가 너희에게 참된 것을 맡기겠느냐?'
임명장, 귀하는….
작은 일을 잘했더니 진급했어.

※영원한 처소 : 하나님의 나라, 도움을 받은 자들이 하나님 나라에 들어가는 것을 보증해준다는 뜻이다.

※작은 일 : 가난하고 소외된 사람들을 도와주는 행위.
※큰일 : 예수님의 제자로서의 책임.

※불의한 재물 : 이 세상의 재물.
※참된 것 : 하나님 나라를 위한 일.

12 '또 너희가 남의 것에 충실하지 못하면, 누가 너희에게 너희 몫을 주겠느냐?'
세상일을 잘 했다고 큰 선물도 주셨어.
福
13 '한 종이 두 주인을 섬길 수 없는 것처럼, 너희는 하나님과 재물을 함께 섬길 수 없다.'
'한쪽을 미워하고 다른 쪽을 사랑하거나, 한쪽을 귀하게 여기고 다른 쪽을 무시해야 한다.'
꺼져! 저리 가!
콱!

※남의 것 : 이 세상의 일.
※너희 몫 : 하나님 나라에서의 몫.

돈을 좋아하는 바리새인들

14 돈을 좋아하는 바리새인들이 모든 말씀을 듣고 비웃었어.
가난한 자를 친구로 둬서 뭐하게.
우린 하나님 앞에 바르게 살아서 재물이 많은 거야.
그래서 사람들도 우릴 존경하지.
!!

※돈 : 당시 유대인들은 부유함을 하나님의 은총이라고 생각했다. Link 신명기 28:2

tip 불의한 집사

여기서 주인은 세상 또는 세상의 부와 권력, 집사는 우리 자신으로 보면 이해가 쉽다. 우리는 세상에서 얻는 부와 권력을 자신의 능력으로 얻은 것으로 여긴다. 하지만 그 모든 것은 하나님이 맡겨주신 것에 불과하며 우리는 그것을 하나님이 기뻐하시도록 사용해야 한다. 주인의 재산을 흥청망청 써버린 집사는 실직 후 자신의 안위를 위해 어려움에 처한 자들의 빚을 탕감해준다. 집사의 의도는 불순했지만 결과적으로 그 일은 하나님 뜻에 맞았다. 이에 예수님은 자신들의 이익을 위해 영악하게 단합하는 세상 사람들처럼 제자들도 지혜롭게 단결해서 하나님의 일을 하도록 요구하신다. 그리고 이 세상의 재물을 하나님 뜻에 맞게 사용하는 것이 곧 하늘에 보물을 쌓는 것이라고 하신다. 끝으로 하나님과 재물을 함께 섬길 수 없다는 것은 재물이 하나님을 대신할 만큼 위협적이라는 경고다. 따라서 하나님의 사람들은 재물을 잘 다스려 하나님의 뜻에 맞게 사용해야 한다.

※하늘에 보물 : Link 마태복음 6:20 Link 누가복음 12:33

15 '너희는 사람들에게 스스로 의롭다고
하지만 하나님께서는 너희 마음을 아신다.'
우린 천한 것들이랑 다르지.
우린 고결하고 의로운 종족이야.
당연히 하나님께서도 아시지.
'사람들에게 존경받으려고 하는 것은
하나님이 보시기엔 가증스러울 뿐이다.'
뭐!?
거 말씀을 심하게 하시네.
딸꾹
16 '율법과 예언자의 시대는 요한 때까지다.'
너희가 구약을 보고 교만하게 굴지만 구약의 시대는 끝났다.
뭐야?
누구 맘대로?

'그 후는 하나님 나라의 복음이 전파되고
모두 그곳에 들어가려고 한다.'
복음의 시대에는 누구든 믿음으로 하나님 나라에 들어갈 수 있다.
그럼 구약의 율법은 필요 없다는 거요?
17 '율법의 한 점이 빠지는 것보다 하늘과
땅이 없어지는 것이 더 쉽다.'
율법 속에 있는 하나님의 뜻을 바로 알아야 한다는 것이다.
무슨 소리야?
하나님의 뜻이 뭔데?
18 '아내를 버리고 다른 여자와 결혼하는
것은 간음이요, 남편에게서 버림받은
여자와 결혼하는 것도 간음이다.'
예를 들어 이와 같은 것이다.
율법에는 이혼 증서를 써주면 땡이라고 했소.

▶ Link 1권 46p tip '구약의 말씀을 완성하러 왔다' 를 보라.

▶ Link 1권 101p tip '이혼에 대한 질문'을 보라.

tip 너희 마음을 아신다

[16장]에서는 계속 재물에 대한 이야기를 이어간다. 바리새인들은 대부분 부유했다. 그들은 자신들의 부유함은 하나님의 은총이라고 생각했다. 그래서 상대적으로 가난한 자들을 멸시하고 죄악시했다. 예수님은 그런 바리새인들의 특권의식과 교만함을 아시고, 그것이 구약의 율법에서 비롯되었다는 걸 간파하셨다. 그리고 율법의 시대가 끝나고 복음의 시대가 열렸으며, 이는 율법이 필요 없는 것이 아니라 율법에 담긴 하나님의 뜻을 온전하게 바라봐야 한다는 것이다. 그리고 그 예로 '간음'에 대해서 말씀하신다.

※비롯되었다: Link 신명기 28:2~19

부자와 나사로

19 '어떤 부자가 자색 옷과 고운 베옷을 입고 날마다 즐겁고 호화롭게 살았다.'
나는 의로우니 하나님께서 많은 재물을 주신 것이다.
그러니 맘 놓고 먹고 마셔라!
하하하

※자색 옷은 왕이나 귀족만 입던 비싼 옷이며, 고운 베옷은 부유함을 나타낸다.

20 '그 집 대문 앞에는 부스럼투성이인
나사로라는 거지가 누워있었는데,'
21 '그는 부자의 상에서 떨어지는 부스러기로
배를 채웠고, 개들까지도 그의 부스럼을
핥았다.'
22 '그러다가, 거지가 죽자 천사들에게 이끌려
아브라함의 품에 안겼고,'

※아브라함(Abraham): 유대인의 선조로, 믿음의 조상으로 불린다.

'그 부자도 죽어서 묻혔다.'
난 의롭게 살았으니 하늘나라에서 기다리마.
흑흑
23 '부자는 지옥에서 고통을 당하다가 멀리 아브라함의 품에 있는 나사로를 보았다.'
아브라함이여! 저를 불쌍히 여겨주십시오! 제가 불 속에서 고통을 당하고 있으니 나사로의 손가락 끝에 물을 찍어서 제 혀를 시원하게 해주십시오!
25
아들아, 생각해보라. 네가 살았을 때 좋은 것만 받았기에 지금 고통을 받고, 나사로는 나쁜 것만 받았으니 지금 위로를 받는 것이다.
게다가 우리 사이에는 큰 구렁텅이가 있어서 건너갈 수도 없고, 건너올 수도 없다.
그럼, 소원입니다! 나사로를 제 아버지 집으로 보내주십시오!
28
전 5형제가 있는데, 나사로가 이 사실을 알려서 형제들이 고통받는 이곳에 오지 않게 해주십시오!
네 형제들에겐 모세와 예언자들이 있으니 그들의 말을 들으면 된다.

그렇지 않습니다! 죽었다가 살아난 사람이 가야만 그들이 회개할 것입니다!
그들이 모세와 예언자들의 말을 듣지 않는다면, 죽었다가 살아난 사람이 가도 믿지 않을 것이다.

tip 교만한 바리새인에게 닥칠 일

이것은 앞서 예수님을 비웃었던 바리새인들에 대한 경고다. 하나님의 뜻을 외면한 결과는 영원한 형벌이다. 그들은 선택받은 아브라함의 자손이라는 것을 특권으로 생각했지만 아브라함은 거들떠보지도 않는다. 혈통은 하나님의 구원을 받는 데 아무런 가치도 없다. 결국 바리새인은 죽은 자를 보내 자신의 형제들에게 경고해주길 원한다. 이에 아브라함은 모세의 율법과 예언자들의 글에 이미 가난하고 소외된 자들을 도우라는 하나님의 뜻을 전했다고 말한다. 유대인들이 죽었다가 살아난 사람이 가도 믿지 않을 것이라는 것은 훗날 예수님이 부활하셨지만 믿지 않는 것에서도 잘 드러난다.

17장 보잘것없는 사람 중에 마태18:6, 마가9:42

1 '죄를 짓지 않을 수는 없겠지만, 남을 죄짓게 하는 사람에게는 화가 있을 것이다.'
여길 지나면 약속된 땅이야.
진짜야. 좀 믿어라.

※죄짓게 : 믿음을 흔들고 하나님께 멀어지게 하는 죄도 포함된다.

2 '이 보잘것없는 사람 중에 하나라도 넘어지게 하는 것보다, 차라리 목에 맷돌을 걸고 바다에 빠지는 것이 낫다.'

※넘어지게 : 죄를 짓게 한다는 말이다.

용서에 대하여 마태18:21

3 '그러니 너희는 스스로 조심해라.'
어디가 바른길인지 잘 찾아야 해.
늘 조심하면서.

'그리고 네 형제가 죄를 짓거든 꾸짖고, 회개하거든 용서해라.'
몰래 아빠 차를 끌고 나갔어요.
죄송.
괜찮아. 그럴 수 있지 뭐.
4 '그가 네게 하루에 일곱 번 죄를 짓고, 일곱 번 네게 돌아와 회개하더라도 용서해라.'
근데 가벼운 접촉 사고가….
!!

※회개 : 마태복음에서는 단지 끝없이 용서하라고 하셨지만 여기서는 '회개'라는 단서가 있다.

※일곱 번 : 당시 유대 랍비들은 3번이면 충분하다고 가르쳤다. 유대인들은 '7'을 완전한 수, 거룩한 수로 생각했다.

믿음에 대하여 마태17:20

5 저희에게 믿음을 더해 주십시오.
죄지은 형제를 끝없이 용서할 수 있는 큰 믿음을 주세요.
너희에게 겨자씨 한 알만한 믿음이라도 있다면, 이 뽕나무에게 '뽑혀서, 바다에 심어져라'라고 해도 그대로 될 것이다.

※겨자씨 : 눈에 보이지 않을 정도로 작아서 유대인들은 가장 작은 것을 의미하는 대명사처럼 사용했다.

▶ Link 1권 96p tip '온전한 믿음'을 보라.

쓸모없는 종

7 '너희 중에 밭을 갈거나, 양을 치는 종이 있는데,'
오늘 일이 끝났구나.
아, 피곤해.

'종이 밭에서 돌아오면 '와서 식탁에 앉아 먹어라.'고 할 사람이 있겠느냐?'
다녀왔습니다. 주인님.
어, 그래.
8 '오히려 이렇게 하지 않겠느냐?'
너는 나의 음식을 준비하고, 내가 먹고 마시는 동안 허리띠를 매고 시중을 들어라. 넌 그 후에 먹고 마셔라.
네.
9 '또 종이 네 명령대로 했다고 해서 고마워하겠느냐?'
아, 잘 먹었다.

10 '그처럼, 너희도 명령을 받은 대로 다 하고 나서 이렇게 말해라.'
왜? 내가 고맙다고 하리?
저는 쓸모없는 종이라서 해야 할 일을 했을 뿐입니다.
이 말씀은 당연히 해야 할 일을 한 것뿐이니 바리새인처럼 교만에 빠지지 말라는 거야.
열 명의 나병환자
11 예수께서 사마리아와 갈릴리 사이를 지나 예루살렘으로 가시던 중이었어.

※쓸모없는 종: 자신을 낮추고 겸손하라는 것이다.

12 예수께서 어떤 마을에 들어가셨는데 멀리서 나병환자 10명이 외쳤지.
주 예수여, 우리를 불쌍히 여겨주세요!
!!
14 제사장들에게 가서 너희 몸을 보여라.
감사합니다!
앗!
만세!

※몸을 보여라: 율법에 따라 나병환자는 제사장이 살펴보고 병을 판정했다. Link 레위기 13:17

그들은 가는 도중에 몸이 깨끗해졌어.
아니, 내 손이?!
이럴 수가!
병이 나았다!
대박!
15 그중 하나는 큰 소리로 하나님께 영광을 돌리며 돌아왔지.
주께서 내게 은혜를 베푸셨다!
할렐루야!
저자는?
16 그는 예수의 발 앞에 엎드려 감사를 드렸어. 그는 사마리아인이었지.
10명이 깨끗해졌는데 9명은 어디에 있느냐?
그러게요? 어디 있죠?

※사마리아인: 유대인과는 적대적인 관계였다.

18 이 이방인만 하나님께 영광을 돌리러 돌아온 것이냐?
다들 그냥 가버렸네요.
19 일어나서 가라. 네 믿음이 너를 구원했다.
그들은 육체의 구원만 받았지만 너는 그 믿음으로 영적인 구원까지 함께 받았다.
주여!!

tip 나병환자의 믿음

그의 믿음이란 예수 그리스도를 통해 하나님의 은혜가 시작되었다는 것을 믿고 돌아와 예수님께 감사하며 하나님께 영광 돌린 것을 말한다. 그로 인해 나병환자는 육체적 치유뿐만 아니라 영적으로 하나님의 자녀가 되었다. 누가는 이 사건을 통해 유대인이 가장 혐오하고 멸시했던 사마리아인이라도 믿음으로 구원받고 하나님의 자녀가 될 수 있다는 것을 말한다.

이미 온 하나님 나라

20
하나님 나라는 언제 옵니까?
하나님 나라는 눈으로 볼 수 있게 오지 않는다.
바리새인들
21
또 '여기에 있다' 또는 '저기에 있다'고도 할 수 없다. 하나님 나라는 너희 안에 있기 때문이다.
이 안에?
여기에 뭐가 있다고?!

tip 하나님 나라

'네가 메시아라면 언제 유대 민족을 로마의 지배에서 구원할 나라를 세울 것인가?'라는 바리새인의 질문에 예수님은 '바리새인이 하나님 나라에 대해서 잘못 생각하고 있다'라고 말씀하신다. 하나님 나라는 세상의 나라가 아니다. 하나님의 통치를 의미하므로 눈으로 볼 수 없다. 그리고 한 장소가 아니라 어디서든 하나님의 통치를 볼 수 있으며, 그것은 이미 많은 사람 안에 이루어지고 있기 때문이다.

앞으로 올 하나님 나라(재림) 마태24:23, 37, 마가13:21

22
너희는 인자의 날들 중에 하루라도 보려고 해도 볼 수 없을 것이다.
우린 못 본다고?
하나님의 나라를?
어쩌지?
23
'사람들이 '보라, 여기에 계신다', '저기에 계신다' 해도 너희는 따라가지도 말고, 찾아다니지도 마라.'
보라, 그리스도가 여기 계신다!
뻥쟁이.
어디서 약을 팔아.
멍청이.

※인자의 날 : 예수님 재림의 날. 듣는 제자들은 재림을 보지 못할 것이라는 뜻이다.

24
'번개가 하늘 이 끝에서 번쩍여 하늘 저 끝까지 비치듯이 인자의 날도 그렇게 올 것이다.'
오, 지금 오신다.
우 우 우 웅!
번개처럼 갑자기 오시지만 누구나 알 수 있게 오신다고 했다.
25
'그러나 그는 먼저 많은 고난을 당하고, 이 세대에게 버려져야 한다.'
지금은 구원의 때다. 하지만 내가 다시 올 때는 다음과 같은 심판이 있을 것이다.

※고난 : 예수님의 고난과 십자가의 죽음.

26
'노아 때에 그런 일이 일어난 것처럼 인자의 날에도 그럴 것이다. 노아가 방주에 들어가는 날까지 사람들은 먹고 마시고 장가가고 시집가더니,'
27
'마침내 홍수가 나서 모두 멸망했다.' Link 창세기 7:11

28 '롯 때도 그랬다. 사람들이 먹고 마시고 사고팔고 나무를 심고 집을 짓더니,'

※롯(Lot) : 아브라함의 조카로 소돔 성에 살다가 성이 멸망하기 전에 탈출했다.

29 '롯이 소돔을 떠나던 날, 하늘에서 불과 유황이 비 오듯 쏟아져 모두 멸망했다.'

※떠나던 날 : Link 창세기 19:24

30 '인자가 나타나는 날에도 그럴 것이다. 그날에 지붕 위에 있다면, 집 안에 물건들이 있어도 꺼내러 내려가지 말고, 밭에 있어도 집으로 돌아가지 마라.'
무조건 튀어야 해!

32 '롯의 아내를 기억하라.'
Link 창세기 19:26
그녀는 하나님의 말씀에 순종하지 않고 뒤를 돌아보다가 소금기둥이 되었다.

33 '누구든지 자기 목숨을 구하려는 자는 잃을 것이요,'
너는 십자가를 버리고 목숨을 부지했으니 영원한 형벌을 주마.
아이고!

'목숨을 버리는 자는 얻을 것이다.'
너는 십자가를 지키다가 죽었으니 영원한 생명을 주마.
오!

34 '그날 밤에 두 남자가 한 자리에 누워도 하나는 데려가고, 하나는 버려둘 것이다.'
어? 어디 갔지?

35 '또 두 여자가 함께 맷돌질을 해도 하나는 데려가고, 하나는 버려둘 것이다.'
어? 방금 있던 영희가 어디 갔지?

37 주님, 어디서 그런 일이 일어나겠습니까?
시체가 있는 곳에는 독수리들이 모여들 것이다.
무슨 말씀이지?

▶ Link 1권 123p tip '하나는 데려가고 하나는 버려둔다'를 보라.

tip 시체가 있는 곳에 독수리들이

이 같은 표현은 마태복음에도 있었지만 그 의미는 다르다. 이것은 성경에서 난해한 부분 중에 하나다. 그래서 여러 가지 해석이 있고 그중 하나만 다룬다. 이것은 하나는 데려가고, 하나는 버려두는 심판이 어디서 일어날지 묻는 질문에 대한 답변이다. 예수님은 시체가 있는 곳이면 어디서든 독수리가 모여드는 것처럼, 재림 때 심판은 특정한 장소가 아닌 어느 곳에서나 일어나고, 피할 수 없다고 말씀하신다.

※마태복음 : Link 마태복음 24:28

18장 과부와 악한 재판장
1 예수께서 제자들에게 늘 기도하고 낙심하지 말라는 것을 비유로 말씀하셨어.
예를 들어서 설명하마.
2 '어느 성에 하나님도 두려워하지 않고, 사람에게도 함부로 하는 재판관이 있었다.'
뭐? 불만이야?
헤헤, 아닙니다.
3 '그 성의 한 과부가 그 재판관을 계속 찾아가서 졸랐다.'
저의 원수를 갚아주세요.
네? 네? 제발. 네?
네? 네? 제발 원수를. 네?
네? 네? 제발 원수를. 네?
4 '재판관은 한동안 과부의 말을 듣지 않다가 얼마 뒤에 이렇게 말했다.'
내가 하나님도 두려워하지 않고, 사람도 멸시하지만, 이 과부가 나를 귀찮게 하니 원한을 풀어줘야겠다!
그러지 않으면, 계속 찾아와서 날 괴롭힐 거야!
6 이 불의한 재판관이 한 말을 보라.
저 무시무시한 재판관이 결국 들어주는구나.
과부의 집요함이 먹혔어.
7 하물며, 하나님께서 친히 선택하신 사람들이 밤낮으로 부르짖는 원한을 들어주지 않으시고 오래 내버려 두시겠냐?
오오!
그렇네?
8 하나님께서는 서둘러 그들의 원한을 풀어주실 것이다.
하나님만 바라보고 악착같이!
집요한 기도가 답이여.
그러나 인자가 다시 올 때, 세상에서 그런 믿음을 볼 수 있겠느냐?
끝까지 믿음을 지킬게요!
저요!
저희가 있잖아요!
바리새인과 세리의 기도
9 예수께서 스스로 의롭다고 믿고 남을 멸시하는 이들에게 비유로 말씀하셨어.
왜 날 쳐다봐?
바리새인
10 '바리새인과 세리, 두 사람이 기도하러 성전에 올라갔다.'

※믿음: 예수님이 재림하실 때까지 참고 견디며 포기하지 않는 믿음을 말한다.

※기도: 유대인들은 하루에 3번, 오전 9시, 12시, 오후 3시에 기도했다.

11 '바리새인은 혼자 서서 이렇게 기도했다.'
하나님, 제가 남의 것을 빼앗는 자나, 불의한 자나, 간음하는 자와 같지 않고, 이 세리와도 같지 않은 것에 감사드립니다.
저는 일주일에 두 번씩 금식하고, 모든 소득의 십일조를 드립니다.
제가 의롭다는 건 하나님도 잘 아실 겁니다.

※금식 : 바리새인들은 월요일과 목요일에 금식했다.

13 '그런데 세리는 멀리서 감히 하늘을 우러러보지도 못하고, 가슴을 치며 말했다.'
하나님, 이 죄인을 불쌍히 여겨 주십시오!

※세리(Tax Collector) : 로마의 세금을 징수하는 관리. 그들은 유대인들을 지나치게 착취했기 때문에 대표적인 악인(죄인)으로 취급받았다.

14 '하나님께 의롭다고 인정받고 집으로 간 사람은 바리새인이 아니라 세리다.'
벌써 가냐?

'누구든지 자기를 높이는 자는 낮아지고, 자기를 낮추는 자는 높아질 것이다.'
하긴 세리 따위가 기도해봐야 하나님이 들어주시겠냐?

tip 의로운 이

앞서 끊임없이 기도하라고 하셨다면, 여기서는 어떻게 기도해야 하는지를 말씀한다. 바리새인은 철저하게 율법을 지키고 기도하지만 그 마음엔 하나님이 없다. 이에 하나님은 자신을 높이고 남을 멸시하는 바리새인이 아니라, 하나님의 뜻을 거스른 자신을 탓하고 겸손하게 하나님의 은혜를 구하는 세리를 의롭다고 하신다. 하나님 나라 백성은 자기 죄를 고백하며 끊임없이 하나님의 은혜를 구해야 한다는 것이다.

어린아이와 하나님 나라 마태19:13, 마가10:13

15 그때 사람들이 예수께 어린아이들까지 데려왔는데 제자들이 그들을 꾸짖었어.
선생님께서 손을 올려 축복해 주시면….
아니, 애를 왜?
저리 가요!

※어린아이 : 당시의 어린아이는 남자도 여자도 아닌 하찮은 존재로 여겼다.

16 그러자 예수께서 어린아이들을 가까이 부르셨지.
어린아이들이 내게 오는 것을 막지 마라. 하나님 나라는 이런 아이 같은 사람의 것이다.
넌 왜 그렇게 못됐냐.
뭣도 모르면서.

17
누구든 하나님 나라를 아이들처럼 받아들이지 않는 사람은 결코 그곳에 들어가지 못할 것이다.
아이들처럼 순수하게 복음을 받으라고. 알았어?
여어, 금세 돌변하는구나.

부자와 하나님 나라 마태19:16, 마가10:17

18
선한 선생님, 제가 영원한 생명을 얻으려면 무엇을 해야 합니까?
왜 나를 선하다고 하느냐? 하나님 한 분 외에는 선한 이가 없다.
나를 보지 말고 하나님을 보라.

※무엇 : 당시는 율법의 준수, 기도, 시편의 암송, 구제를 통해 구원받을 수 있다고 가르쳤다.

20 너는 '간음하지 마라, 살인하지 마라, 도둑질하지 마라, 거짓 증언하지 마라, 네 부모를 공경하라'라는 계명을 알고 있을 것이다.
그 모든 것은 제가 어릴 때부터 지켰습니다.
22 네게 아직 한 가지 부족한 것이 있다. 네가 가진 것을 다 팔아 가난한 사람들에게 주라. 그러면 네가 하늘에서 보화를 얻을 것이다.
네?!
당신은 대박난거여.
우린 가진 게 없어서 몸으로 때워야 하는데.

※ Link 출애굽기 20장 의 십계명을 보라.
※보화 : 영원한 생명.
※어릴 때 : 유대인들은 13세가 되면 율법의 일정 부분을 지킬 의무가 있다고 가르쳤다.

얼마나 네 이웃을 네 몸과 같이 사랑하는지 보자.
그리고 와서 나를 따라라.
음!
23 그는 이 말씀을 듣고 몹시 근심했어. 그는 큰 부자였기 때문이야.
24 '재물이 많은 사람이 하나님 나라에 들어가기는 정말 어렵다.'
하늘나라 100km
낑
낑
재물
그냥 가기도 힘든데 그걸 어떻게 끌고 가려고. 끌끌.

25 '부자가 하나님 나라에 들어가는 것보다 낙타가 바늘구멍을 지나가는 것이 더 쉽다.'
26 정말 착실한 것 같은데?
그러면 누가 구원을 얻을 수 있겠습니까?
사람으로는 할 수 없는 것도 하나님은 하실 수 있다.
28 저희는 모든 것을 버리고 주님을 따랐습니다.
저도요.
저희는 무엇을 얻을 수 있습니까?

※낙타 : 팔레스타인 지역에서 가장 큰 동물인 낙타와 가장 작은 바늘구멍을 들어서 불가능한 일을 말할 때 흔히 사용했던 유대 격언이다.
▶ Link 1권 183p tip '제자들이 놀란 이유'를 보라.

29 내가 진실로 너희에게 말한다. 하나님 나라를 위해 집이나 부모나 형제나 아내나 자녀를 버린 사람은 이 세상에서 몇 배로 더 받을 것이다.
Oh, Yes!!
또 오는 세상에서 영원한 생명까지 받을 것이다.
고생 끝에 낙이!
할렐루야!
어머니!

※오는 세상 : 예수님의 재림 때 완성되는 새로운 세상. Link 요한계시록 21:1
▶ Link 1권 102p tip '부자와 하늘나라'를 보라.

4. 예수 그리스도의 예루살렘 사역

3차 수난 예고 마태20:17, 마가10:32

31 예수께서 12제자를 따로 불러 말씀하셨어.
보라, 우리는 예루살렘으로 올라간다. 인자를 두고 예언자들이 기록한 모든 일이 이루어질 것이다.

※예언자들 : 메시아의 고난을 예언한 사람들. Link 시편 22편 Link 이사야 53장 Link 스가랴 11장

32 인자가 이방인들에게 넘겨져, 그들이 날 희롱하고, 모욕하고, 침을 뱉고, 채찍질해서 죽이겠지만 3일 만에 다시 살아날 것이다.
도대체 무슨 말씀이지?
계속 이 말씀을 하시는데?

※이방인들 : 로마 총독 빌라도와 로마 병사들.
※넘겨져 : 산헤드린 공회는 사형집행권이 없었기 때문에 로마 총독에게 넘긴다.

34 하지만 그 말씀이 감추어 있었기 때문에 제자들은 전혀 깨닫지 못했지.
예언이 이루어진다?
죽었다가 살아난다고?
유대 민족의 해방은?
어떻게?

이런 제자들도 예수님이 부활하신 후에야 모든 말씀과 자신들의 사명을 깨닫게 돼.

여리고의 맹인 마태20:29, 마가10:46

35 예수께서 여리고 근처에 오셨을 때, 어떤 눈먼 사람이 길가에 앉아 구걸하고 있었어.
?!

※여리고(Jericho) : 예루살렘 북동쪽으로 약 24㎞에 위치.

36 그는 사람들이 지나가는 소리를 듣고 물어보았지.
무슨 일이오?
나사렛 예수가 지나가신다오.

38 그러자 그는 크게 외쳤고, 앞서가던 사람들이 꾸짖었으나 더 크게 외쳤어.
다윗의 자손이신 예수여, 저를 불쌍히 여겨주십시오!
조용히 해!
뭐야, 대사를 앞두고.
예루살렘에 가서 메시아 나라를 봐야 하는데.

※당시 유대인들은 메시아가 오시면 눈먼 자를 눈뜨게 하신다고 믿었다. Link 이사야 35:5

40 예수께서 멈추시고 말씀하셨지.
그를 데려오라.
그가 가까이 오자 예수께서 물으셨어.
내가 네게 무엇을 해주길 원하느냐?
주여, 제가 보길 원합니다.
42 눈을 떠라. 네 믿음이 너를 구원했다.
오오…!!

※네 믿음이 : 예수 그리스도를 믿는 자는 죄(질병)로부터 구원받을 것이라는 뜻.

43 그는 곧 보게 되어 하나님께 영광을 돌리며 예수를 따라갔고, 사람들도 모두 하나님을 찬양했지.
할렐루야!!
주님, 나의 주님!

▶ Link 1권 106p tip '예수님을 따라가다'를 보라.

tip 나사렛 예수와 다윗의 자손 예수

예수님을 가리켜 사람들은 '나사렛 예수'라고 했고, 눈먼 사람은 '다윗의 자손'이라 했다. 당시 나사렛은 멸시받던 갈릴리 지방에서도 외진 곳에 있던 천대받는 곳이었다. 그리고 유대인들은 이사야의 예언에 따라 메시아는 다윗의 자손으로 온다고 믿었다. 이를 보면 눈 뜬 사람들은 예수님을 무시하고 메시아를 알아보지 못했지만, 눈먼 사람은 예수님을 구약에서 약속한 메시아로 정확하게 보고 있었다.

※예언 : Link 이사야 11:1

▶ Link 1권 37p tip '나사렛 사람'을 보라.

19장 삭개오의 회개와 구원

1 예수께서 여리고를 지나실 때, 세관장이자 부자인 삭개오라는 사람이 있었어.
새로운 나라가 선대.
이제 로마는 끝장난대.

3 그는 예수가 어떤 사람인지 보려고 했으나, 키가 작아서 볼 수 없었지.
사람들이 많아서 도저히 앞으로 나갈 수도 없고.
4 그래서 그는 예수께서 지나가실 길을 앞서 달려가 뽕나무에 올라갔어.
삭개오야, 어서 내려오라. 내가 오늘은 네 집에서 묵어야겠다.
6 그러자 삭개오는 얼른 내려와서 기뻐하면서 예수를 모셨지.
아이고, 도대체 절 어떻게 아시고…??

7 그런데 사람들이 그것을 보고 수군거렸어.
그가 죄인의 집에 묵으려고 들어갔다.
그러게. 왜 세리의 집에?
8 주님, 제 재산의 절반을 가난한 사람들에게 주겠습니다.
또 제가 누구에게든 부당하게 빼앗은 것이 있으면 4배로 갚겠습니다.
오늘 구원이 이 집에 찾아왔으니, 너도 아브라함의 자손이다.
인자는 잃어버린 사람을 찾아 구원하러 왔다.

※4배 : 율법에 따라 4배로 갚겠다는 것이다. Link 출애굽기 22:1

※잃어버린 사람 : 구원이 필요하지만 하나님께로 가는 길을 잃어버린 사람.

tip 부자이자 죄인의 구원

부자였던 삭개오는 스스로 구원을 원해서 예수님을 찾았고, 예수님은 그런 삭개오를 알아보셨다. 예수님을 만난 삭개오는 진정한 구원의 기쁨을 얻고 재물을 섬기는 자가 아닌 하나님을 섬기는 자로 거듭난다. 그것은 앞서 재물로 인해 예수님을 떠나간 부자와 대비되는 모습이다. 예수님은 그런 삭개오를 보시고 '아브라함의 자손'이라고 하신다. 그 말씀은 세리, 죄인, 부자도 구원받아 하나님의 자녀가 될 수 있다는 것이다. 마지막으로 예수님은 잃어버린 사람을 찾아 구원하러 이 땅에 오셨다는 목적을 말씀하시고, 그 목적을 이루기 위해 예루살렘의 십자가로 향하신다.

열 므나 비유 마태25:14

11

예수께서 또 비유로 말씀하셨는데, 사람들이 예수께서 예루살렘에 가까이 오셨으니 하나님 나라가 당장 나타날 것이라 생각했기 때문이야.
바로 예루살렘을 접수하고 혁명을 일으킬 거야.
로마를 몰아내고 친로마 매국노들을 싹 처단하자.
UN에 가서 독립선언도 한다는데?

12

'어떤 귀족이 왕위를 받아오려고, 먼 나라로 길을 떠날 때,'

※귀족 : 예수 그리스도. ※왕위 : 재림 때 왕으로 오심.
※먼 나라 : 하늘에 있는 하나님 나라.

13

'10명의 종에게 1므나씩 나눠주고, 자기가 돌아올 때까지 그것으로 장사하게 했어.'
그 돈을 어쩌나 보자.

※므나(mina) : 유대의 화폐 단위. 1므나는 100데나리온. 1데나리온은 당시 노동자의 하루 품삯이다.

14

'그런데 그를 미워했던 그의 백성들은 먼 나라에 사절을 뒤따라 보냈다.'
우리는 그가 우리 왕이 되는 걸 원하지 않는다.
반드시 막아야지.

※백성들 : 예수님을 믿지 않고 박해했던 유대인들.

15

'그러나 그 귀족은 왕위를 받아와서,'

'은화를 맡긴 종들을 불러 각각 얼마나 벌었는지 따졌다.'
주인님, 저는 1므나로 10므나를 벌었습니다.
주인님, 저는 1므나로 5므나를 벌었습니다.
착한 종들아, 잘했다. 너희가 아주 작은 일에 충실했으니, 각각 10고을과 5고을을 다스릴 권세를 주겠다.

※은화 : 제자들에게 맡긴 사명. ※종들 : 제자들.

20

이건 1므나입니다. 전 수건에 싸서 잘 보관했습니다. 주인님은 엄하시고, 맡기지 않고도 찾아가시고, 심지 않고도 거두시니 무서워서 그랬습니다.

※여기서 종은 주인을 비난하며 모든 책임을 주인에게 돌리고 있다.

22

악한 종아, 나는 네가 한 말로 너를 심판하겠다! 넌 내가 그런 줄 알았다면, 어째서 돈을 은행에 넣지 않았느냐? 그랬다면 이자라도 붙여 받았을 것이다!

24

이자의 1므나를 빼앗아 10므나를 가진 종에게 줘라!
그는 이미 10므나가 있습니다.

26
있는 사람은 더 받을 것이요, 없는 사람은 있는 것마저도 빼앗길 것이다!
오, 왕재수.

▶ Link 1권 126p tip '충실한 종과 게으른 종'을 보라.

27
그리고 내가 왕이 되는 것을 원치 않았던 원수들을 끌어내어 내 앞에서 죽여라!
갑자기 몸이 으슬으슬한데?
그러게?

※원수들 : 예수님의 재림 때까지 믿지 않고 끝까지 거부한 사람들.

tip 유대인의 악몽을 깨우다

이 비유는 예수님께서 예루살렘에 입성하기 직전에 하신 말씀으로, 사람들은 예수님이 예루살렘에 들어가시면 왕으로 등극하신 후 바로 하나님 나라가 시작되고 유대 민족을 로마의 지배에서 해방시켜줄 것이라 생각했다. 예수님은 그 오해를 바로잡기 위해서 당시 유대인이라면 다 알 만한 역사적 사건을 들어서 말씀하신 것이다.

B.C.4년 헤롯 대왕이 죽자 그의 아들 아켈라오가 왕위를 계승하기 위해 로마로 갔다. 유대인들은 로마 황제에게 따로 사절단을 보내 아켈라오가 왕이 되는 것을 원하지 않는다고 청원했다. 그로 인해 아켈라오는 유대, 사마리아, 이두매를 다스리는 분봉 왕으로 강등되었고, 그에 대한 분풀이로 유대인 8000명을 학살했다. 예수님은 유대인들이 기억하는 악몽을 들어서 부활 후 다시 올 때 예수님을 왕으로 인정하지 않는 사람들에 대한 심판이 있을 것이라고 경고하신다.

예루살렘 입성 일요일 마태21:1, 마가11:1, 요한12:12

28 예수께서 이 말씀을 마치시고, 앞장서서 예루살렘으로 향하셨어.
뛰어갈까?
체력도 좋으셔.
늘 앞장 서시고.

29 예수께서 감람 산이라는 곳 근처의 벳바게와 베다니에 오셨을 때,

※벳바게(Bethphage) : 예루살렘의 동쪽 약 2㎞, 감람 산 아래에 위치.
※베다니(Bethany) : 예루살렘의 동쪽 약 3㎞, 감람 산 아래에 위치.

30
맞은편 마을로 가면 아직 아무도 타지 않은 새끼 나귀 한 마리가 매여 있을 테니 그것을 풀어서 끌고 오라.
혹시 누가 '왜 그것을 풀어 가냐'라고 묻거든, '주님께서 쓰신다.' 라고 해라.

※새끼 나귀 : 평화와 겸손을 상징.

32 말씀에 따라 제자들이 가보니 예수께서 말씀하신 그대로였고, 그들이 새끼 나귀를 풀 때 그 주인들이 말했지.
그 새끼 나귀는 왜 푸는 거요?
주님께서 쓰시겠답니다.

35 제자들이 새끼 나귀를 끌고 와서, 자기들의 겉옷을 나귀 등에 펼치고 예수께서 올라타시게 했어.

※겉옷 : 새로운 왕이 선포될 때 존경과 복종의 의미로 겉옷을 펼쳤다.

▶ Link 1권 106p tip '어린 나귀를 타고'를 보라.

36 제자들이 자기들의 겉옷을 길에 깔았고, 예수께서 감람 산의 내리막길까지 오셨을 때, 모든 제자들이 기뻐하며 자기들이 본 모든 기적을 두고 크게 하나님을 찬양했지.
여호와의 이름으로 오시는 왕을 찬양하라!
와아아아아아!
하늘에는 평화, 지극히 높은 곳에는 영광!

※감람 산(Mount of Olives) : 예루살렘 동쪽 약 1㎞에 위치, 메시아가 오시기로 약속된 장소. Link 스가랴14:4

39 그때 사람들 중에 있던 바리새인들이 예수께 말했어.

선생님, 당신의 제자들을 야단치세요!
당신이 주의 이름으로 오시는 왕이랍니다!
아무나 보고 메시아래.
맞는 말을 했는데 왜?
이 사람들이 잠잠하면, 돌들이 소리를 지를 것이다.

※선생님(Rabbi) : 율법을 해석하고 가르치는 율법교사를 부르는 존칭.

tip 돌들이 소리를 지를 것이다

사람들은 예수님이 유대 민족을 로마의 지배에서 해방시킬 메시아로 알고, 예수님이 예루살렘에 입성하시는 이때가 그 일을 이룰 때라고 생각해서 환호한 것이다. 예수님이 '이들이 잠잠하면 돌들이 소리를 지를 것이다'라고 하신 것은 자신은 마땅히 찬양을 받아야 한다는 의미이다. 비록 사람들이 오해하며 찬양하더라도 결국 하나님의 구원을 이루는 진정한 왕으로 입성하는 것이므로 기꺼이 찬양을 받으시겠다는 것이다.

예루살렘을 보고 우시다 마태24:2, 마가13:2

41 예수께서 예루살렘을 가까이 보시고 우셨지.

네가 하나님께서 보낸 평화를 위한 길을 알았다면 좋았을 텐데, 지금 너는 그것을 보지 못하는구나.

※평화 : 예수 그리스도를 통한 구원과 평화.

43 '그날들이 네게 닥칠 것이니, 너의 원수들이 토성을 쌓고, 너를 에워싸고, 너를 사방에서 공격할 것이며,'

※그날 : 예루살렘은 A.D. 70년 1차 유대 전쟁 때 로마에 의해 폐허가 되고, 성전까지 완전히 무너진다.

44 '너와 네 안에 있는 네 자녀들을 짓밟고, 네 안에 돌 하나도 제자리에 남지 않을 것이다.'

'그것은 하나님께서 너를 찾아오신 때를 네가 알지 못했기 때문이다.'

보라, 저런 자가 어떻게 메시아가 될 수 있나?
저런 자가 어떻게 우릴 해방시켜 줄 수 있겠냐고?
저자는 거짓말쟁이요. 하나님을 모독하는 자요!

▶ Link 1권 121p tip '예루살렘의 멸망'을 보라.

두 번째 성전 정화 월요일 마태21:12, 마가11:15

45 예수께서 성전에 들어가셔서 성전 뜰에서 사고파는 상인들을 내쫓으셨어.

쾅!
성경에서 '내 집은 기도하는 집이다'라고 했는데, 너희는 이곳을 '강도들의 소굴'로 만들어버렸다!

47 그리고 예수께서는 날마다 성전에서 가르치셨지.

※성전 : B.C.20년에 시작한 스룹바벨 성전의 확장공사가 계속되고 있었다. Link 1권 27p
※뜰 : 이방인의 뜰(바깥 뜰). 이방인의 출입이 허용되었고 율법을 가르치기도 했다. ※성경 : Link 이사야 56:7 Link 예레미야 7:11

대제사장들과 율법교사들과 지도자들이 예수를 죽이려고 궁리했지만, 백성이 모두 예수의 말씀을 듣고 있었기 때문에 방법을 찾지 못했어.
거참!
으음!
끄응!

▶ Link 1권 108p tip '두 번째 성전 정화 사건'을 보라.

20장 예수님의 권위 논쟁 화요일 마태21:23, 마가11:27

1 어느 날 예수께서 성전에서 백성을 가르치며, 복음을 전하고 계실 때, 대제사장들과 율법교사들과 장로들이 와서 말했어.
오늘은 인해전술이다.
당신은 무슨 권한으로 이러시오?
누가 이런 권한을 주었는지 말하시오.
나도 한 가지 묻겠으니 대답해라.

※성전 : 이방인의 뜰, 이곳은 이방인의 출입이 허용되었고 율법을 가르치기도 했다.

4
세례 요한은 누가 준 권한으로 세례를 베풀었느냐? 하늘이냐? 사람이냐?
응??

5
'하늘'이라면, 왜 그를 믿지 않았느냐고 할 거야.
'사람'이라면, 요한을 예언자로 믿고 있는 모든 백성이 우릴 돌로 칠 거야.
그는 저자가 메시아라고 했으니.
엄마야, 이거 외통수네.
수군 수군

7
우린 모르겠소.
우리가 좀 교활해.
이제 어쩔래?
그럼, 나도 무슨 권한으로 이러는지 말하지 않겠다.
크크

tip 세례 요한의 권위

요한은 스스로 '메시아의 길을 준비하는 자 Link 요한복음 1:23'라고 했고, 예수님이 메시아라고 증언했다. 예수님이 세례를 받은 후 많은 사람이 하늘의 소리를 들었다. 즉, 요한의 권한이 하늘에서 왔다면 그가 했던 말도 믿어야 했다. 하지만 지도자들은 백성들이 무서워 대답을 피하고, 이기심으로 진실을 외면했다. 또한 예수님께서는 이미 요한의 권한이 하늘에서 왔다는 걸 일깨웠고 스스로 메시아이며 그 권한은 하늘로부터 왔다는 것을 밝히셨다.

※증언 : Link 요한복음 1:34
※하늘의 소리 : Link 누가복음 3:22

악한 포도원 농부 비유 마태21:33, 마가12:1

9 '어떤 사람이 만든 포도원을 농부들에게 빌려주고 오랫동안 멀리 떠났다.'

※포도원 : 이스라엘.
※농부들 : 유대 지도자들.

10 '수확 때가 되자, 포도원 주인은 농부들에게 자기 몫을 받으려고 한 종을 보냈다.'

※주인 : 하나님. ※종 : 구약의 예언자들과 세례 요한.

'그런데 농부들은 그 종을 심하게 때리고, 빈손으로 돌려보냈다.'

11 '주인이 다시 다른 종을 보냈지만 농부들은 그 종도 심하게 때리고, 모욕하고, 빈손으로 돌려보냈다.'

12 '주인이 다시 세 번째 종을 보냈지만 농부들은 이 종도 상처를 입혀서 내쫓았다.'
슈우우우욱
펑!
꽝!
꺄오오오!

13
내 사랑하는 아들을 보내야겠다. 그러면 존중하겠지.
14
'그러나 농부들은 아들을 보고,'
이자는 상속자다!
그를 죽이고 우리가 포도원을 차지하자!
15
'그리하여 농부들은 그를 포도원 밖으로 끌어내어 죽였다.'

※아들 : 예수 그리스도.

※밖 : 예루살렘 밖 골고다 언덕. 사형을 집행하는 장소로 예수님이 십자가에서 죽는 곳이다.

이제 포도원 주인이 어떻게 하겠느냐? 주인이 농부들을 죽이고, 포도원을 다른 사람들에게 빌려줄 것이다.
포도원을 다른 사람들에게 넘긴다고?
농부는 우릴 빗댄 건가?
설마.
그런 일이 없기를 바랍니다.
그러면, '건축가들이 버린 돌이 모퉁이의 머릿돌이 되었다'라고 성경에 기록된 말은 무슨 뜻이냐?
무슨 뜻일까?
알고 보니 다이아몬드 원석?

※다른 사람들 : 이방인을 포함해서 예수님을 믿고 따르는 사람들.

※건축가들 : 대제사장과 장로들을 비롯한 예수님을 믿지 않는 유대인들.
※돌 : 예수 그리스도. ※기록 : Link 시편 118:22

18
'누구든 그 돌 위에 떨어지는 사람은 부서질 것이요, 그 돌 밑에 깔리는 사람은 가루가 될 것이다.'
19
대제사장들과 율법교사들은 그 비유가 자기들을 가리키는 줄 알고 예수를 잡으려 했지만 백성을 두려워했어.
이…이놈이 끝까지 우릴 농락하는구나!
여기서 잡았다간 백성들이 그냥 있지 않을 거야!
백성들은 이자를 예언자로 알고 있다고!
킁!

※돌 : 머릿돌이 되신 예수 그리스도와 심판을 상징한다.

▶ Link 1권 111p tip '버린 돌과 머릿돌'을 보라.

납세 논쟁 마태22:15, 마가12:13

20
그들은 기회를 엿보다가 정탐꾼들을 보내 의로운 척하며 예수의 말씀을 트집 잡고, 사법권을 가진 총독에게 넘겨 처벌받게 하려고 했어.
교활하고 사악한 함정을 파자.
당하는 것도 지겹다.
반역죄로 날려버리자.

21
선생님은 바른 말씀으로 가르치시고, 사람의 겉모습만 보지 않으시고, 오직 하나님의 길을 참되게 가르치십니다.
그러니 황제에게 세금을 바치는 것이 옳습니까, 옳지 않습니까?

※정탐꾼들 : 바리새인과 헤롯 당원. Link 마가복음 12:13

23 예수께서는 그들의 속셈을 아시고 말씀하셨어.
데나리온 하나를 내게 보여라.
설마 떼어먹지는 않겠지?
여기에 있는 초상과 글자는 누구의 것이냐?
황제의 것입니다.
25 그러면 황제의 것은 황제에게, 하나님의 것은 하나님께 드려라.
헉!
켁!

※데나리온(Denarius): 로마의 은전, 로마의 2대 황제. 티베리우스의 얼굴과 이름이 새겨있다.

※황제: 당시 로마의 황제를 '가이사(Caesar)'라고 불렀다. Link 1권 25p

26 그들은 사람들 앞에서 더 이상 트집 잡지 못하고, 예수의 답변에 놀라 입을 다물었지.
이렇게 절묘할 수가!
은화는 황제의 형상이니 황제에게!
사람은 하나님의 형상이니 하나님에게?
황제도 사람인데 그러면?

▶ Link 1권 113p tip '하나님의 것은 하나님께'를 보라.

부활 논쟁 마태22:23, 마가12:18

27 부활이 없다고 주장하는 사두개인 몇 사람이 물었어.
선생님, 모세의 율법에 '형이 자식이 없이 아내를 두고 죽으면, 동생이 형수를 맞이해서 자식을 낳아 대를 이어야 한다'라고 했죠?
그런데?

※사두개인(Sadducees): 현재의 삶에만 관심을 두고 부활과 영적 세계를 믿지 않았다.
※모세의 율법: 계대결혼이라고 한다. Link 신명기 25:5,6

29 일곱 형제가 있었는데, 첫째가 아내를 얻었지만 자식 없이 죽고, 둘째도, 셋째도 그 형수를 맞이했으나 자식 없이 죽었습니다.
형이 죽었으니 이제 내가 책임지겠소.
31 일곱 형제가 다 그렇게 했지만 모두 자식이 없이 죽고, 결국 마지막엔 그 여자도 죽었습니다.
일곱 형제가 모두 나랑 같이 살다가 먼저 갔구나.
33 그러면 부활 때 그 여자는 누구의 아내가 됩니까? 일곱이 모두 그 여자를 맞이했으니 말입니다.
부활은 했는데 어디로 가지?

34 이 세상 사람들은 장가도 가고, 시집도 가지만, 저 세상과 죽은 사람들 중에서 부활할 자격을 얻은 사람은 장가도, 시집도 가지 않는다. 그들은 천사와 같아서 다시 죽지 않으며, 부활의 자녀이자, 하나님의 자녀들이다.
부활이 정말 있단 말이오?
무슨 근거로?
발끈
37 '죽은 사람이 살아난다는 사실은 모세의 '떨기나무'를 보면 되는데 거기서 모세는 여호와를 이렇게 불렀다.'
아브라함의 하나님, 이삭의 하나님, 야곱의 하나님!

38 '그처럼 하나님은 죽은 자의 하나님이 아니라, 살아있는 자의 하나님이시다. 하나님 앞에서 모든 사람은 살아있다.'
크흑, 죽은 놈들은 꺼지래.
죽은 것도 서럽구만.
하나님 말씀을 따라서 영원한 생명을 얻을 걸.
39 이 말씀을 듣고 율법교사 중에 몇 사람이 말했지.
선생님, 말씀이 옳습니다.
옳긴 뭐가 옳아?!
동맹을 배신하기냐?
틀린 게 있다면 반박해 보든가.
다음 질문?

▶ Link 1권 114p tip '살아있는 사람의 하나님'을 보라.

※옳습니다: 율법교사들은 사두개인들과는 달리 부활과 영적 세계를 믿었다.

다윗의 자손 논쟁 마태22:41, 마가12:35

40 그들은 감히 예수께 더 이상 질문을 하지 못했어.
으음!!
그럼 내가 질문을 하마.
41 어째서 사람들이 그리스도를 다윗의 자손이라 하느냐?
성경에 그렇게 되어 있으니까.
그것도 몰라?
42 다윗이 직접 시편에서 '주께서 내 주께 말씀하셨다'라고 했다.
근데?
그게 뭐?

※주: 하나님. ※주: 예수 그리스도.

44 다윗이 그리스도를 주라고 했는데, 어째서 그리스도가 다윗의 자손이 되느냐?
어라? 어떻게 된 거지?
힌트는?

율법교사들을 조심하라 마태23:1, 마가12:38

45 모든 백성이 듣고 있는데, 예수께서는 제자들에게 말씀하셨지.
율법교사들을 조심해라. 그들은 예복을 입고, 장터에서 인사받는 것과 회당의 높은 자리와 잔치의 윗자리를 좋아한다.
아니, 금방 편 들어줬는데?
바로 배신을?!

▶ Link 1권 115p tip '주께서 내 주께 말씀하셨다'를 보라.

※율법교사(Rabbi): 율법을 해석하고 가르치는 유대 지도자를 부르는 존칭.

47 '그들은 과부의 재산을 빼앗고,'
이건 이자야.
'남에게 보이려고 길게 기도하니 더 엄한 심판을 받을 것이다.'
오늘 기도는 12시간만 하겠소.
짱이야.
와, 대단한데?

21장 가난한 과부의 헌금 마가12:41

1 예수께서 부자들이 헌금함에 헌금을 넣는 것을 보시고,

2 어떤 가난한 과부가 렙돈 두 개를 넣는 것도 보셨어.

3
저 가난한 과부가 누구보다 더 많은 헌금을 했다.
겨우 렙돈 2개인데요?

4
저들은 넉넉한 가운데서 헌금을 했지만, 저 과부는 가난한 가운데 생활비 전부를 넣었기 때문이다.
난 한 푼도 없는데.
돈이 아니라 마음가짐이 중요하다는 거야.

※렙돈(Lepton), 고드란트(Kodrantes) : 그리스와 로마의 화폐 단위, 1렙돈은 노동자 하루 품삯에 해당하는 1데나리온의 128분의 1이다.

▶ Link 1권 192p tip '율법교사들과 가난한 과부'를 보라.

종말 설교 - 성전 파괴 예언 마태24:1, 마가13:1

5 몇몇 제자가 성전을 두고 아름다운 돌과 예물로 꾸몄다고 말하자,
너희가 보는 이것들이, 돌 하나도 제자리에 남지 않고 다 무너질 날이 올 것이다.
음!
무슨 일이 생기려고?

※성전 : 헤롯 성전. 예수 그리스도를 통한 마지막 구원까지 거부한 결과 A.D.64년에 완공되었지만 A.D.70년 로마에 의해 파괴된다. Link 1권 27p

마지막 날의 징조 마태24:3, 마가13:3

7
선생님, 그런 일이 언제 일어납니까? 또 그런 일이 일어나기 전에 어떤 징조가 있습니까?
속지 않도록 조심해라. 많은 사람이 내 이름으로 와서 '내가 그리스도다', '때가 가까이 왔다'라고 하겠지만 따르지 마라.

※제자들은 예루살렘 멸망이 곧 세상 끝날과 주님께서 다시 오실 때라고 이해하고 있지만 예수님은 구분하지 않고 말씀하신다.

9 '전쟁과 전쟁의 소문을 듣겠지만 두려워하지 마라. 그런 일은 일어나야겠지만 그것이 종말은 아니다. 민족이 민족을, 나라가 나라를 치려고 일어나고, 곳곳에서 큰 지진과 기근과 역병이 생기고, 무서운 일과 하늘에서 큰 징조가 나타날 것이다.'

12 '이 모든 일이 일어나기 전에, 너희는, 내 이름 때문에 박해받고, 회당과 감옥에 넘겨지고, 왕들과 권력자들 앞에 끌려갈 것이다.'
그러나 그 일이 너희가 나를 증언할 기회가 될 것이다.

14 '그러므로 너희는 미리부터 대답할 것을 궁리하지 마라. 내가 너희에게 모든 원수들이 반박하거나 맞설 수 없는 언변과 지혜를 줄 것이다.'
택배요!
응? 뭐지? 주님이 지혜를 보내셨나?
이야, 감옥까지 택배가?

16 '또 부모와 형제와 친척과 친구들이 너희를 넘겨줘서 너희 중에 더러는 죽이고, 너희가 내 이름 때문에 모든 사람에게 미움을 받을 것이다.'
꺼져라!
예수와 함께 죽어라!
이거나 먹어라!

18 '그러나 너희는 머리카락 하나도 다치지 않을 것이니, 너희가 참고 견디면 생명을 얻을 것이다.'

네 조직원들은 어디에 있나?
먼저 말하면 살려준다.
버텨! 질긴 놈이 이기는 거다!

예루살렘의 멸망 마태24:15, 마가13:14

20 '예루살렘이 군대에게 포위된 것을 보면 그 성의 멸망이 다가온 줄 알아라.'

※머리카락: 육체의 머리카락이 아니라 아주 작은 믿음 하나도 다치지 않을 것이라는 말로 하나님의 보호를 가리킨다. ※생명: 영원한 생명.

▶ Link 1권 120p tip '속지 않도록 조심해라'를 보라.

21 '그때, 유대에 있으면 산으로 도망치고, 성 안에 있으면 빠져나오고, 산골에 있으면 성에 들어가지 마라. 그날은 기록된 모든 말씀을 이루시는 징벌의 날이기 때문이다.'

23 '그날은 임신한 여자들과 젖먹이가 딸린 여자들에게 화가 있다. 땅에는 큰 재난이 닥치고, 백성들에게는 무서운 진노가 내릴 것이기 때문이다.'

24 '백성들은 칼날에 죽고, 많은 이방 나라에 잡혀갈 것이며, 예루살렘은 이방인의 때가 끝날 때까지 짓밟힐 것이다.'

▶ Link 1권 121p tip '예루살렘의 멸망'을 보라.

tip 도망치고, 빠져나오고

오래 전 바벨론을 심판할 때 이스라엘 백성들에게 그곳을 떠나라고 했던 말씀과 같다. 예루살렘이 로마의 군대에게 포위를 당하는 것은 돌이킬 수 없는 하나님의 심판이 시작되었다는 뜻으로, 미련하게 남아 있지 말고 서둘러 떠나라는 것이다.

※말씀: Link 예레미야 51:6, 45

재림의 징조 마태24:29, 마가13:24

25 '하늘에서는 해와 달과 별들에 징조들이 나타나고, 땅에서는 민족들이 혼란에 휩싸이고, 바다와 파도의 성난 소리 때문에 불안에 떨 것이다.'

우르르르르릉
무슨 소리지?
하늘도 이상해!

26 '그리고 사람들은 세상에 닥쳐올 일들이 두려워서 기절할 것이다. 하늘의 세력들이 흔들릴 것이기 때문이다.'

뭔가 큰일이 일어날 것 같아!
어서 피하자!
숨이 막혀!

※징조: 구약에서 이러한 하늘의 징조는 하나님의 심판을 나타낼 때 사용되었다.

※하늘의 세력들: 하늘에 있는 모든 것.

27 '그때, 사람들은 인자가 큰 권능과 영광에 싸여 구름을 타고 오는 것을 볼 것이다.'

헉, 저기?!
주님이 오신다!

※영광에 싸여 : Link 다니엘 7:13,14

28 '이런 일이 일어나기 시작하거든, 너희는 일어서서 머리를 들어라. 너희의 구원이 가까이 왔기 때문이다.'

와아아아아아

※머리를 들어라 : 예수 그리스도를 바라보고 구원을 얻으라.

재림의 시기 마태24:32, 마가13:28

29 '무화과나무와 모든 나무를 보라. 싹이 나면 여름이 가까이 온 줄 안다.'

31 '이처럼 그런 일을 보거든 하나님 나라가 가까이 온 줄 알아라.'

짐 싸라. 다 오셨다.
어떻게 알아요?
말씀하신 징조가 다 나타났잖아.

※그런 일 : 앞서 마지막 날의 징조와 재림의 징조.

32 이 세대가 끝나기 전에 그 모든 일이 일어날 것이며 하늘과 땅은 없어져도 내 말은 결코 없어지지 않을 것이다.

아자!
그때까지만 잘 버티면!

※이 세대 : 일차적으로는 당시의 사람들, 궁극적으로는 모든 세대의 사람들.

깨어있어라 마태24:37, 마가13:33

34 '스스로 조심해라. 너희가 방탕함과 술 취함과 세상살이의 걱정으로 마음이 풀어져 있을 뜻밖의 날에 그날이 찾아올 것이다.'

35 '그날은 갑자기 온 땅에 사는 모든 사람에게 닥칠 것이다.'

36 '그러니 너희는 앞으로 일어날 그 모든 일을 피하고, 인자 앞에 떳떳하게 설 수 있도록 기도하며 깨어있어라.'

▶ Link 1권 195p tip '깨어있어라'를 보라.

37 예수께서는 낮에는 성전에서 가르치시고, 밤에는 감람 산에서 지내셨는데,

조금만 기다려 강아지들아.
헤헤.

38 모든 백성이 그의 말씀을 들으려고 이른 아침부터 성전으로 모여들었지.

개강이 몇 시야?
번호표 뽑아야 돼?

5. 예수 그리스도의 죽음과 부활

22장 유대 지도자들의 음모 수요일 마태26:3, 마가14:1, 요한11:45

1 유월절이라고 하는 무교절이 다가왔어.
난 이집트에서 왔어.
난 바벨론.
난 그리스.

2 대제사장들과 율법교사들은 백성들이 두려워 몰래 예수를 죽일 방법을 찾고 있었지.
각지에서 200만 명이나 모이는데 잘못하면 큰일 나요.
백성들은 예수를 로마에서 해방시켜줄 메시아로 믿고 있다고.
어떻게 죽여야 잘 했다고 소문이 날까.

※유월절 : 출애굽 전, 이집트에 내린 마지막 재앙에서 이스라엘 백성을 보호하신 하나님의 은혜를 기념하는 절기.

※대제사장들 : 제사장들을 24반열로 나눠 일주일씩 성전 봉사를 했는데 각 반열의 수장들을 가리킨다. 해마다 24명의 대제사장이 존재했다.

가룟 유다의 배신 마태26:14, 마가14:10

3 12사도 중에 하나인 가룟이라는 유다에게 사탄이 들어갔어.
스으으

4 유다는 대제사장들과 성전 경비원들과 함께 예수를 넘길 방법을 의논했지.
그자는 밤이면 감람 산으로 가죠.
한적한 곳이니 좋네.

5 그들은 기뻐하며 유다에게 돈을 주기로 약속했어.
예수를 넘겨주면 무엇을 줄 겁니까?
은화 30개, 어때?

6 유다는 이에 동의하고, 사람들이 없을 때 예수를 넘겨줄 기회를 노렸지.

유월절과 최후의 만찬 목요일 마태26:17, 마가14:12, 요한13:1

7 유월절 양을 잡는 무교절이 되었어.
가서, 우리가 먹을 수 있게 유월절을 준비해라.
어디에 차릴까요?

10 '성 안으로 가면, 물동이를 가지고 가는 사람을 만날 테니 그가 들어가는 집으로 따라가라.'
저 사람을 따라가자.

▶ Link 1권 129p tip '가룟 유다'를 보라.

※무교절 : 출애굽을 기념하는 절기로 유월절이 끝나는 저녁부터 7일간이지만 당시엔 유월절과 함께 8일간 지낸 듯하다.

11 '그리고 그 집주인에게 말해라.'
선생님께서 제자들과 함께 유월절 음식을 먹을 방이 어딥니까?
12 '그러면 준비된 큰 다락방을 보여줄 테니 그곳에 유월절 음식을 준비해라.'
13 제자들이 성 안으로 가보니 예수께서 말씀하신 그대로 되었고,
미행 중. 요한은 똥 누러 갔음.
제자들은 유월절을 준비했어.
14 시간이 되어, 예수께서 12사도들과 함께 앉으셨지.
내가 고난을 당하기 전에 너희와 함께 이 유월절 음식 먹기를 간절히 원했다.
16 '나는 유월절이 하나님 나라에서 이루어질 때까지 다시는 유월절 음식을 먹지 않을 것이며, 이제부터 하나님 나라가 올 때까지 포도나무에서 난 것도 마시지 않을 것이다.'
그리고 잔을 받아 감사를 드리시고,
이것을 함께 나눠 마셔라.

※예수님의 재림을 통해서 완성될 하나님 나라에서 열릴 구원의 잔치 때까지.

※잔 : 유대인은 유월절 만찬 때 Link 출애굽기 6:6,7 을 기억하며 4잔의 포도주를 마셨다.

19 또 빵을 들어 감사를 드리신 다음에 떼어주셨어.
이것은 너희를 위해 주는 내 몸이다. 이 예식으로 나를 기념해라.
20 저녁을 먹은 뒤에는 잔을 들어 감사를 드리신 다음에,
이 잔은 너희를 위해 흘리는 내 피로 세우는 새 언약이다.
21 하지만 보라, 나를 팔 사람의 손이 나와 함께 상 위에 있다.

▶Link 1권 131p tip '성만찬'을 보라.

22

인자는 하나님께서 정하신 대로 떠나겠지만, 인자를 파는 그에겐 화가 있을 것이다.
우리 중에 그런 일을 할 사람이 누구냐?
너냐?
자수해서 광명 찾자!

※정하신 대로: Link 이사야 53장

섬기는 사람이 되어라 마태20:25, 마가10:42

24

그런 후, 제자들 중에 누가 가장 큰 사람이냐는 다툼이 벌어졌어.
이방의 왕들은 백성들 위에 군림하면서 은인으로 행세한다.
그러나 너희는 그러면 안 된다. 너희 중에 큰 사람은 작은 사람이 되어야 하고, 다스리는 사람은 섬기는 사람이 되어야 한다.

27

'누가 더 높으냐? 식탁에 앉은 사람이냐, 시중드는 사람이냐? 식탁에 앉은 사람이지 않느냐? 그러나 나는 시중드는 사람으로 너희 가운데 있다.'

28

'너희는 내가 시련을 겪는 동안 항상 나와 함께 한 사람들이다. 내 아버지께서 내게 나라를 맡기신 것 같이, 나도 너희에게 나라를 맡긴다.'
조금만 더 참고 견디자!
하나님 나라가 멀지 않았어!
쏴아아아아아

※나라: 하나님 나라의 왕권, 통치권을 의미한다.

30

'그리하여 너희가 내 나라에서, 내 식탁에서 먹고 마시고, 보좌에 앉아 이스라엘의 12지파를 다스리게 하겠다.'

베드로의 부인을 예고하시다 마태26:31, 마가14:27, 요한13:36

31

시몬아, 시몬아, 사탄이 너희를 흔들려고 한다. 하지만 내가 널 위해 네 믿음이 꺾이지 않도록 기도했다.
네가 뉘우치고 다시 돌아오면 네 형제를 굳세게 해라.
??

※시몬(Simon): 베드로의 히브리어 본명이다. 예수님을 만나기 전의 이름으로 부른 것은 지금의 베드로의 연약한 상태를 나타낸다.

33

주여, 저는 감옥도, 죽음도 주님과 함께 할 것입니다.
베드로야, 오늘 닭이 울기 전에, 넌 세 번 날 모른다고 할 것이다.

※세 번: 유대인에게 3은 하늘의 숫자로 철저히 부인할 것을 의미한다.

tip 네 믿음이 꺾이지 않도록

얼마 후 사탄의 시험을 받고 예수님을 3번이나 부인할 베드로가 그로 인해 예수님에 대한 믿음이 완전히 무너져 떠나는 일이 없도록 기도하셨다는 것이다. 실제로 베드로는 예수님을 완전히 부인하지만 결국 그 자리에서 돌이켜 회개하고 더 강력한 제자로 평생 살게 된다. 누가는 이런 표현을 통해서 사건의 배후에 사탄과 성령의 활동이 함께 있었다는 것을 말하고 있다.

성경대로 이루어지고 있다

35

내가 너희를 돈주머니와 가방과 신발도 없이 보냈을 때, 부족한 것이 있더냐?
없었습니다!
어디선가 필요한 건 척척 나오더라구요.

36
이제 돈주머니가 있는 사람은 챙겨라, 또 가방도 챙겨라. 그리고 칼이 없는 사람은 겉옷을 팔아서 칼을 사라.
동작 봐라.
빨리.
총도 챙길까?

37 '성경에 기록된 대로 '그는 무법자들과 한 패로 몰렸다'라는 말씀이 이루어져야 하고, 내게 관한 일들도 이루어져야 한다.'

※기록 : Link 이사야 53:12 ※무법자 : 예수님과 함께 십자가에 매달린 두 사람은 강도였다.
※관한 일 : 십자가의 죽음으로 많은 사람을 구원하는 것.

38
주여, 보십시오. 여기 칼 두 자루가 있습니다.
그것으로 충분하다.

tip 칼 두 자루

예수님과 칼은 어울리지 않는다. 이에 대한 학자들의 의견도 분분하다. 문자 그대로 예수님과 제자들을 적대시하는 때가 오기 때문에 방어를 위한 것이라는 해석, 그 칼이 영적으로 성령의 검을 의미한다는 해석, 누가복음 전체의 흐름을 봤을 때 자기 방어용이면서 이사야의 예언을 이루기 위한 도구라는 해석 등이 있다.

※예언 : Link 이사야 53:12

겟세마네의 기도 마태26:36, 마가14:32, 요한18:1

39 예수께서 늘 하시던 대로 감람 산으로 가시니 제자들도 따라갔고, 그곳에 도착하시자,
시험에 빠지지 않도록 기도하라.
넵.
염려 마세요.

※감람 산(Mount of Olives) : 예루살렘 동쪽 약 1㎞에 위치한 해발 814m의 산. 그곳의 겟세마네 동산으로 가셨다.

41 그리고 돌을 던져서 닿을 만큼 가셔서 무릎을 꿇고 기도하셨어.
아버지, 만일 아버지의 뜻에 어긋나지 않거든 제게서 이 고난의 잔을 거두어주십시오.
그러나 제 뜻대로 하지 마시고, 아버지의 뜻대로 하십시오.

43 그때, 하늘에 천사가 나타나 예수께 힘을 북돋워주었지.

44 예수께서 고뇌에 차서, 더욱 간절히 기도하시니 땀이 핏방울처럼 땅에 떨어졌어.

▶ Link 1권 132p tip '아버지의 뜻대로'를 보라.

45 예수께서 기도를 마치시고 보니 제자들은 슬픔에 지쳐 잠들어 있었지.
왜 자고 있느냐?
죄, 죄송….
일어나서 시험에 빠지지 않도록 기도하라.

※시험 : 예수님이 십자가의 고난을 당할 때 제자들의 믿음을 무너뜨리려는 사탄의 공격.

예수님이 잡히시다 금요일 마태26:47, 마가14:43, 요한18:3

47 예수께서 아직 말씀하시고 계실 때, 한 무리가 나타났는데 12사도 중 하나인 유다라는 사람이 앞장서고 있었어.

유다가 예수께 입을 맞추려고 가까이 왔지.
유다야, 너는 입맞춤으로 인자를 팔려고 하느냐?
주여, 우리가 칼을 쓸까요?
50 그리고 한 제자가 대제사장의 종의 오른쪽 귀를 쳐서 떨어뜨렸어.
억!
저놈이?!
그만하면 됐다!
예수께서는 그 종의 귀를 만져 고쳐주셨지.

※한 제자 : Link 요한복음 18:10 에서 '베드로'라고 밝히고 있다.

52 예수께서 대제사장들과 성전 경비원들과 장로들에게 말씀하셨어.
너희는 내가 날마다 성전에 앉아서 가르칠 때는 손도 대지 못하다가 이제 강도를 잡듯이 칼과 몽둥이를 들고 왔느냐?
그러나 지금은 너희의 때요, 어둠의 세력의 때다.
끌고 가라!
방해하는 놈들은 죽여!

베드로가 3번 부인하다 마태26:69, 마가14:66, 요한18:15,25

54 그들은 예수를 잡아 대제사장의 집으로 데리고 갔고, 베드로는 멀리서 뒤따라갔지.

※대제사장 : 현직 대제사장은 안나스 가문(6~36년)의 사위 가야바(18~36년)였다.
※집 : 산헤드린 공식 재판이 아니라 비공식 불법 재판이란 뜻이다.

55 사람들이 마당 가운데 불을 피우고 둘러앉았고 베드로도 그 가운데 앉았지.
56 그때, 한 여종이 베드로가 불빛을 보고 앉은 것을 유심히 보더니,
이 사람도 그와 함께 있었어요.
!!
57 베드로는 그것을 부인했어.
이보시오. 난 그를 모르오.

58 조금 뒤에 다른 사람이 말했지.
당신도 그와 한패잖소.
!!
이 사람아, 나는 아니란 말이오.
59 그리고 한 시간쯤 지난 후, 또 다른 사람이 확신하며 말했어.
이자도 갈릴리 사람이니 틀림없이 그와 함께 있었소.
!!

※갈릴리 : 베드로는 예수님과 같은 갈릴리 출신이고, 갈릴리의 말투는 예루살렘과 달랐다.

60
이보시오, 나는 무슨 말을 하는지 모르겠소!
내 말이 거짓말이면 천벌을 받을 거요!
베드로의 말을 채 끝내기도 전에 닭이 울었지.
꼬끼오오오오
!!
61 이때, 예수께서 돌아서 베드로를 바라보셨어.
이 사기꾼아!
이런 놈은 살려두면 안 돼!
!!

베드로는 예수께서 하신 말씀이 생각나서 밖으로 나가 크게 통곡했지.
오늘 닭이 울기 전에, 네가 나를 3번 모른다고 할 것이다.
크흐흐흐흑!
엉엉엉엉
63 예수를 지키는 사람들이 그를 희롱하고, 눈을 가리고, 때렸으며, 그밖에도 온갖 말로 모욕하고 욕설을 퍼부었어.
네가 하나님과 동급이란 말이냐!
널 때린 사람이 누구인지 맞혀봐라!
퉷
짝
퍽

불법 재판 - 가야바의 심문 마태26:57, 마가14:53, 요한18:12,19

66 날이 밝자 대제사장들과 율법교사들이 예수를 공회로 끌고 갔지.
네가 그리스도라면, 그렇다고 말해라.
내가 그렇다고 해도 너희는 믿지 않을 것이요, 내가 물어도 너희는 대답하지 않을 것이다. 그러나 이제부터 인자는 전능하신 하나님의 오른쪽에 앉아있을 것이다.
뭐?!
저런!!

※날이 밝자 : 예수님이 십자가에 달릴 금요일 새벽.
※공회(Sanhedrin) : 유대인의 최고 의결기구인 산헤드린 공회. Link 1권 29p

70
그러면 네가 하나님의 아들이냐!?
내가 그라고 너희가 말하고 있다.

▶ Link 1권 135p tip '예수님의 답변'을 보라.

71
이제 무슨 증언이 더 필요하겠소? 우리가 직접 그의 입으로 하는 말을 들었소!
사형에 처합시다!
사형, 사형!

※사형 : 성경에서는 하나님의 이름을 모독한 자는 돌로 쳐 죽이라고 했다. Link 레위기 24:16
▶ Link 1권 136p tip '불법 재판'을 보라.

23장 빌라도와 헤롯의 재판 마태27:1, 11, 마가15:1, 요한18:28

1 모든 사람이 나서서 예수를 빌라도에게 끌고 갔어.
비켜라!
그리스도가 나가신다!
죽여라!

※빌라도 : 본명은 '본디오 빌라도'(Pontius Pilate) 제5대 유대 총독(A.D.26~36년)이다.
▶ Link 1권 139p tip '로마 총독'을 보라.

2 그들이 예수를 고발하며 말했지.
이자는 우리 민족을 선동하고, 황제에게 바치는 세금을 반대하고, 자칭 그리스도 왕이라 했소.
로마에 반역한 거요.
3 네가 유대인의 왕이냐?
네 말이 맞다.
4 내가 보니 저 사람에게는 죄도 없소!
군대가 있는 것도 아니고 몇몇이 떠든 게 무슨….
5 그자는 갈릴리에서부터 여기까지, 온 유대 땅에서 가르치며 백성을 선동했소!
저자가 갈릴리 사람이오?
7 빌라도는 예수가 헤롯의 관할에 속한 것을 알고, 마침 예루살렘에 있던 헤롯에게 보냈어.
아자, 골치 아픈 일을 떠넘기자!
우히히
8 헤롯은 예수를 보고 매우 기뻐했지.
내가 죽였는데 살아났다는 세례 요한이 너냐?
그는 예수의 소문을 듣고 오래 전부터 만나려 했고, 예수가 어떤 기적을 일으키는지 보고 싶어 했어.
멋진 기적을 보여 봐. 나도 구경 좀 하게.
9 헤롯이 여러 가지를 물었지만 예수께서는 아무 대답도 하지 않으셨고, 곁에 있던 대제사장들과 율법교사들은 예수를 고발하려고 애썼지.
백성을 선동하고, 율법을 무시했소!
자기가 메시아라고 하나님을 모독했죠!
황제에겐 반역이오!
아무것도 못 하는데? 그냥 사기꾼 아냐?
11 헤롯은 예수를 모욕하고 희롱하고, 화려한 옷을 입혀서 병사들과 함께 빌라도에게 돌려보냈어.
빨리 걸어. 이 사기꾼아!
뭐야? 그동안 우릴 속인 거야?
죽여라!
12 헤롯과 빌라도가 전에는 서로 원수였으나, 그 날엔 서로 친구가 되었지.
그자가 맘에는 안 들지만 죽을죄는 없는 듯.
그렇지? 나도 괜히 그자를 죽여서 비난받기 싫어.

※관할 : 갈릴리와 요단 강 동쪽 베레아 지역은 분봉 왕 헤롯 안티파스가 다스렸다.

※대제사장들 : 당시 대제사장은 정치적 상황에 따라 로마에 의해 임명되고 매매되기도 했다. 짧은 임기에 교체되기도 해서 전직, 현직 여러 명이 있었다.

※화려한 옷 : 예수님을 희롱하기 위해 왕의 복장을 모방한 옷을 입혔다. Link 마태복음 27:28

13 빌라도가 대제사장들과 지도자들과 백성을 불러 말했어.
당신들이 이자가 백성을 선동한다고 해서 내가 당신들 앞에서 신문했지만 고발한 것과 같은 죄목은 찾지 못했소!
헤롯도 그것을 찾지 못했고, 이 사람은 죽을 만한 일을 저지른 게 없소! 그러니 나는 그를 매질이나 하고 놓아주겠소!
뭐?!
저것이?!
그러자 사람들이 일제히 소리를 질렀어.
거 무슨 소리요?
장난하냐?
그자를 없애고, 바라바를 놓아주라!
※사람들 : 예수님께 환호했던 사람들을 포함한 모든 유대인.
19 바라바는 성 안에서 일어난 폭동과 살인으로 감옥에 갇힌 사람이야.
뭘 봐? 엉?
※바라바(Barabbas) : '아버지의 아들'이란 뜻. 명절엔 총독이 죄수 하나를 풀어주는 관례가 있었다.
20 빌라도가 다시 예수를 놓아주자고 말하려 했지만 그들은 더욱 소리를 질렀지.
그자를 십자가에 못 박아요!
십자가에 못 박아!
십자가! 십자가!
닥치고 십자가!
22 빌라도가 3번째 그들에게 말했지만, 그들은 더욱 큰 소리로 예수를 십자가에 못 박으라고 요구했고,
도대체 그 사람이 무슨 악한 일을 했단 말이오? 나는 그를 죽일 이유를 찾지 못했으니 매질이나 해서 놓아줄 것이오!
착한 어린 양이 미치는 걸 볼래?!
네가 폭동을 부르는구나!
결국 그들의 소리가 이겼어.
십.자.가!
십.자.가!
음!
24 마침내 빌라도는 그들의 요구대로 하기로 결정했지.
난 이자의 피에 책임이 없소.
그건 우리와 우리 자손이 책임지겠소!
25 그래서 폭동과 살인으로 감옥에 갇힌 자를 놓아주고, 예수는 그들의 뜻대로 하도록 넘겨주었어.
바라바는 풀어주고, 예수는 채찍질한 뒤 십자가에 못 박아라.
폭동이라도 나면 골치 아파.

십자가의 고난 마태27:32, 마가15:21, 요한19:17

26 그들은 예수를 끌고 가다가, 시골에서 오던 시몬이라는 구레네 사람에게 십자가를 지우고 예수를 뒤따르게 했어.
유대 왕께서 너무 매질을 당해 기운이 없다. 네가 이걸 매라.
왜 이래요? 난 순례객일 뿐이오.

※구레네(Cyrene) : 북아프리카 리비아의 해안 도시. 디아스포라 유대인들이 많이 살았다.
※매질 : 채찍질을 말하며, 심한 경우엔 맞다가 죽기도 했다.

27 그리고 백성들과 가슴을 치며 슬피 우는 많은 여자가 예수를 따르고 있었지.
예루살렘의 딸들아, 날 위해 울지 말고, 너희와 너희 자녀를 위해 울어라.

※자녀 : 예루살렘의 백성들.

29 '보라, 임신하지 못하고, 아이를 낳아 보지 못하고, 젖을 먹여 본적 없는 여자는 복되다고 말할 날이 올 것이다.'

※말할 날 : 심판의 날에 임신하거나 아이가 있는 여자는 피하기 어렵다는 뜻.

30 '그때, 사람들이 '산아, 우리 위에 무너져라', '언덕아, 우리를 덮쳐라'고 말할 것이다.'

31 '푸른 나무에도 그들이 이렇게 하는데 하물며 마른 나무에는 어떻게 되겠느냐?'

tip 무너져라, 덮쳐라

이 내용은 [호세아 10:8]을 인용했다. 심판의 날, 극심한 혼돈과 공포에 차라리 산에 깔려 죽음을 택하거나 언덕 아래로 숨길 바라는 심정을 표현했다. 푸른 나무와 마른 나무의 해석은 다양하다. 푸른 나무는 당시 현재, 예수님, 예수님의 무죄. 마른 나무는 예루살렘 멸망의 때, 예루살렘의 백성들, 예수님의 죽음으로 해석되기도 한다. 즉, 지금과 같은 때에도 로마가 죄 없는 날 이렇게 박해하는데, 심판의 때에는 너희를 어떻게 하겠느냐 정도로 해석할 수 있다.

32 사형을 받은 다른 죄수 2명도 예수와 함께 해골이라는 곳으로 끌려갔어.

※해골 : 골고다(Golgotha)라고 하며, 예루살렘 밖 북서쪽의 작은 언덕으로 사형 집행 장소로 사용되었다.

그들은 예수를 십자가에 못 박고, 2명의 죄수도 각각 좌우에 못 박았지.

34
아버지, 저들을 용서해 주십시오. 저들은 자신들이 무엇을 하는지 알지 못합니다.

또 그들은 제비를 뽑아서 예수의 옷을 나누어 가졌어.
뭐래?
한번만 용서해 달라는데?

35 사람들은 구경했고, 유대 지도자들은 비웃었지.
남도 구원했으니, 만약 하나님이 선택하신 그리스도라면 자기도 구원할 수 있을 거야.
36 또 병사들도 예수를 희롱하며 신 포도주를 대기도 했어.
네가 유대인의 왕이라면 네 자신이나 구원해라.
크크, 그러게.
38 예수의 머리 위에는 '이는 유대인의 왕'이라는 죄목을 붙였지.

※비웃었지: Link 시편 22:6~8

※포도주: Link 시편 69:21

※유대인의 왕: 로마 황제의 통치에 반역한다는 죄목으로 고발됐음을 보여준다.

39 함께 못 박힌 죄수 중 하나도 예수를 모욕했어.
네가 그리스도라면 너와 우리를 구원해라.
40 같은 형벌을 받으면서 하나님이 두렵지 않으냐?
우리는 우리가 저지른 일에 마땅한 벌을 받지만, 이분은 아무 잘못도 없다!
42 주여, 당신의 나라에 들어가실 때 저를 기억해 주십시오.
내가 진실로 네게 말한다. 너는 오늘 나와 함께 낙원에 있을 것이다.

※죄수: 일반적인 강도가 아니라 로마에 대항해서 반역을 일으킨 사람들로 본다.

십자가의 죽음 마태27:45, 마가15:33, 요한19:28

44 낮 12시쯤 온 땅에 어둠이 덮이더니 오후 3시까지 계속되었고,
갑자기 하늘이…?
45 해는 빛을 잃고, 성전의 휘장은 위로부터 아래까지 찢어졌어.
쫘아아악

46 그때, 예수께서 큰 소리로 부르짖으시고,
아버지, 제 영혼을 아버지 손에 맡깁니다!
숨을 거두셨지.

▶ Link 1권 142p tip '찢어진 휘장'을 보라.

47 그 모든 것을 본 한 백부장은 하나님께 영광을 돌리며 말했어.
참으로 이 사람은 의로운 사람이었다.
48 구경하러 모인 사람들도 그 모든 일을 보고 가슴을 치며 돌아갔고,
뭔가 이상해.
우리가 잘못한 게 아닐까?
49 예수의 친척들과 갈릴리부터 예수를 따라온 여자들도 멀리서 이 일을 지켜봤지.

※백부장 : 로마 군대에서 100명의 병사를 지휘하는 장교다.

무덤에 묻히시다 마태27:57, 마가15:42, 요한19:38

50 공회원 중에 착하고 의로운 요셉이라는 사람이 있었어.
51 그는 공회의 결정과 불법에 찬성하지 않았지.
난 이 불법 재판에 단호히 반대하오!
흥, 그러거나 말거나.
그는 유대 마을 아리마대 출신으로, 하나님의 나라를 기다리는 사람이었어.

※공회(Sanhedrin) : 유대인의 최고 의결기구인 산헤드린 공회. Link 1권 29p

※아리마대(Arimathea) : 예루살렘 서북쪽 약 45㎞ 에브라임 산지에 위치한 성읍.

52 그가 빌라도에게 예수의 시신을 요구했지.
율법에는 나무에 달린 시체를 밤새 두지 말라고 했죠.
53 그는 예수의 시신을 십자가에서 내려,
곧 안식일이 시작되니 서둘러요.
부드러운 삼베로 싸서 아직 아무도 묻힌 적이 없는 무덤에 모셨어.

※율법 : Link 신명기 21:23

54 그날은 안식일을 준비하는 금요일 늦은 오후였고, 곧 안식일이 시작될 때였지.
55 갈릴리에서 예수와 함께 온 여자들이 무덤과 그의 시신을 살펴보았어.
56 그녀들은 돌아가서 향료와 향유를 준비하고, 율법에 따라 안식일에는 쉬었지.
미리 준비했다가 안식일이 끝나면 가보자.

※안식일 : 유대인은 금요일 해질 때부터 토요일 해질 때까지를 안식일로 지켰다.

※여자들 : 막달라 마리아, 알패오의 아내 마리아.

24장 부활하신 예수님 일요일 마태28:1, 마가16:1, 요한20:1

1 일주일의 첫날 이른 새벽, 여자들은 준비한 향료를 가지고 무덤으로 갔는데,
안식일이 끝났으니 주님께 가자.
2 무덤 입구를 막은 돌이 굴러 옮겨진 것을 보았어.
아니?
돌이 왜?
3 그녀들이 무덤 안에 들어가 보니, 주 예수의 시신이 보이지 않았지.
주님의 시신이?

※첫날: 일주일을 시작하는 첫날, 즉 일요일 새벽을 말한다.
※향료: 시체에 바르는 방부제의 일종, 예수님의 부활을 믿지 않았음을 알 수 있다.

4 그녀들이 당황하고 있는데, 갑자기 눈부신 옷을 입은 두 사람이 나타났어.
엇!
5 그녀들은 두려워서 얼굴을 땅에 대고 엎드렸는데,
어째서 너희는 산 자를 죽은 자 가운데서 찾느냐?
그는 여기에 계시지 않고 살아나셨다. 그가 갈릴리에 계실 때 너희에게 하신 말씀을 기억해 보라.
7 그녀들은 예수의 말씀을 떠올렸지.
인자는 죄인의 손에 넘겨져 십자가에 못 박히고, 3일째 되는 날에 되살아나야 한다!
9 그녀들은 무덤에서 돌아와 11사도와 모든 제자에게 그 일을 알렸어. 그녀들은 막달라 마리아, 요안나, 야고보의 어머니 마리아였는데 함께 있던 다른 여자들도 그 일을 사도들에게 말했지.
저희가 천사를 만났는데 주님이 부활하셨답니다!
정말이에요!
말이 되는 소릴 해야지.
상심이 커서 헛것을 봤구만.
11 그러나 사도들은 그 말을 믿지 않았어.
난 직접 확인해야겠다.
나도.
12 베드로는 무덤으로 달려가 몸을 굽혀 들여다봤는데 그곳에는 시신을 감쌌던 삼베만 놓여있었지.
그는 이 일을 이상히 여기며 집으로 돌아갔어.
누가 시신을 훔쳐 갔나?
옷이 개어 있는 걸 보니 도둑은 아닌데.

엠마오에 나타나시다 마가16:12

13 그날, 제자 2명이 예루살렘 서쪽으로 11㎞쯤 떨어진 엠마오라는 마을로 가고있었어.
14 그들이 모든 일에 대해 이야기하며 토론하는데 예수께서 가까이 오셔서 함께 걸으셨지.
16 그러나 그들은 눈이 가려져서 예수를 알아보지 못했어.
누구셔?
당신들이 서로 주고받는 이야기가 무엇이오?
그들은 침통한 표정으로 걸음을 멈춰 섰고, 글로바라는 사람이 말했지.
예루살렘에 있었으면서 최근에 일어난 일을 혼자만 모른단 말이오?
무슨 일이 있었소?
나사렛 예수의 일이오. 그는 하나님과 모든 백성 앞에서 말씀과 행동에 능력이 있는 예언자였소.
그런데요?
20 '그런데 우리의 대제사장들과 지도자들이 그를 사형선고를 받게 넘겨주고, 십자가에 못 박았소.'
21 '우리는 그분이야말로 이스라엘을 구원하실 분이라는 희망을 걸고 있었는데 말이오.'
'그런데 그 일이 있은 지 오늘이 3일째인데, 우리 중에 몇몇 여자가 우리를 놀라게 했소.'
'그녀들이 새벽에 무덤에 갔다가, 예수의 시신은 보지 못하고 천사들을 봤다는 겁니다.'
'그리고 천사들이 예수께서 살아나셨다고 말했다지 뭡니까.'
24 '그래서 우리와 함께 있던 몇 사람이 무덤으로 가서 보니, 그녀들이 말한 그대로였고, 그분은 보지도 못했다오.'
25
아, 미련한 사람들. 예언자들이 말한 모든 것을 믿는 마음이 둔한 자들이여!
우릴 욕하나?
설마.

※그날 : 일주일의 첫날, 즉 예수님이 부활하신 일요일.

※모든 일 : 예루살렘 입성 후 예수님의 고난에서부터 무덤이 비어있는 사건까지.

※글로바(Clopas) : 작은 야고보와 요셉의 아버지인 알패오와 동일 인물로 본다.

※이스라엘을 구원 : 제자들도 대부분 유대인처럼 예수님을 유대 민족을 로마의 지배에서 해방시켜 줄 메시아로 생각했다는 말이다.

※예언자들 : 메시아에 대해서 예언한 구약의 예언자들.

26 그리스도는 당연히 그런 고난을 겪고, 자기 영광에 들어가야지요.
그게 무슨 뜻이죠?
무슨 영광?
27 예수께서는 모세부터 모든 예언서와 성경에 있는 자신에 대한 기록을 자세히 설명하셨어.
오오!
우리 주님만큼이나 잘 아시는군요.
28 그들이 가려는 마을에 가까워지자 예수께서는 더 멀리 가는 척하셨지.
저녁때가 되었고, 날도 이미 저물었으니 우리와 함께 묵으시죠.
에이, 튕기지 마시고.
그래서 예수께서 그들과 함께 묵으려고 집에 들어가셨어.
씻을 물을 내올게요.
식사도 하시고 좋은 말씀도….
30 예수께서 그들과 함께 음식을 드실 때, 빵을 들어 축복하시고 떼어 주셨지.
우리 주님처럼 하시네요?
31 그때, 그들의 눈이 열려서 예수를 알아보았어.
응?!
어!?
그러나 그 순간 예수께서는 사라지셨지.
엇!!
헉!!
이… 이게 도대체…?
부…분명히 주님이시다!
32 길에서 그분이 말씀하시고, 성경을 풀이하실 때, 우리의 마음속이 뜨거워지지 않았어?
그… 그러게.
33 그들은 곧장 예루살렘으로 돌아갔고,
빨리 이 사실을 알리자!
이런 놀라운 일이?!
그곳에는 사도와 함께 있던 제자들이 모여있었어.
주님께서는 확실히 살아나셨고, 시몬에게도 나타나셨어!
막달라 마리아도 주님을 만났대!

※영광 : 예수님의 부활과 승천.

※시몬(Simon) : 히브리어로 시몬인데 예수님이 아람어로 '게바(Cephas)'라는 이름을 주셨고 헬라어로는 '베드로(Peter)'다.

35 그래서 그 두 사람도 길에서 겪은 일과 빵을 떼실 때 예수를 알아보게 된 일을 말했지.
같이 걷고 말씀도 나누다가 갑자기 사라지셨다고!
나도 같이 있었어!

10 제자에게 나타나시다 요한20:19

36 그들이 그런 말을 하고 있을 때,
모두 잘 있었느냐?

※그들 : 가룟 유다와 도마를 제외한 10사도를 말한다.

예수께서 직접 그들 가운데 서셨고, 그들은 놀라고, 무서워서 유령을 보는 줄로 알았어.
나, 나, 나, 나왔다!!
꺄아아아아악!
귀신이다!
38 어째서 무서워하고, 마음에 의심을 품느냐? 내 손과 내 발을 보라. 내가 바로 그다.
나를 만져보라. 유령은 살과 뼈가 없지만, 보다시피 나는 살과 뼈가 있다.
40 그리고 손과 발을 보이셨는데, 그들은 너무 기뻐서, 아직도 믿지 못하고 놀라워하고 있었지.
정…말?
이…이런 말도 안 되는…?
후덜덜덜

여기에 먹을 것이 좀 있느냐?
뭐가 있지?
네? 먹을 것?
42 그들이 구운 물고기 한 토막을 드리자,
예수께서 받아서 잡수셨어.
정말 주님이시다.
드시는 걸 보니 진짜네?

44 내가 전에 너희와 함께 있을 때 모세의 율법과 예언서와 시편에서 나를 두고 기록한 모든 것이 이루어져야 한다고 했던 것이 이것이다.
율법과 예언서?
뭐가 이루어 진다고?
45 그때, 예수께서는 그들의 마음을 열어서 성경을 깨닫게 하셨지.
성경의 기록을 보면, 그리스도는 고난을 받고, 3일째 되는 날에 죽은 자 가운데서 살아나고, 그 이름으로 회개하면 죄를 용서받는다라는 복음이 예루살렘으로부터 시작해서 모든 민족에게 전해질 것이라고 했다.
아하.
호세아의 내용이구나.

※모세의 율법과 예언서와 시편 : 구약 성경 전체를 가리킨다.

※기록 : Link 호세아 6:2

48 이제 너희는 이 일의 증인이다. 내가 내 아버지께서 약속하신 성령을 너희에게 보낸다.
성령을 주신다고?
와우!
그러므로 너희는 하늘로부터 오는 능력을 받을 때까지 이 성에 머물러라.
택배로 오나?
하늘로 올라가시다 마가16:19
50 그리고 예수께서는 그들을 데리고 베다니까지 가서 손을 들어 축복하셨어.

※받을 때 : 후일 오순절에 마가의 다락방에서 있을 성령 강림 사건의 예고다. Link 사도행전 2:1

※베다니(Bethany) : 예루살렘의 동쪽 약 3㎞, 감람 산 아래에 위치.

51 그런 중에 예수께서는 그들을 떠나 하늘로 올라가셨고, 그들은 예수께 경배했지.
그런 후, 그들은 크게 기뻐하며 예루살렘으로 돌아가서,
예루살렘에서 머물라고 하셨다!
가자!
53 하나님을 찬양하면서 날마다 성전에서 지냈어.
배송 조회가 돼?

요한복음

● 요한 John

12사도 중 한 사람. 세베대의 아들이며, 야고보의 형제다. 갈릴리 바다의 어부였으며 베드로의 동료였다. 예수님이 활동하실 때 대부분 그 옆을 지켰으며, 이후 초대교회가 자리 잡는 데 중요한 역할을 했다. 그는 요한복음뿐만 아니라 요한1.2.3서를 썼고, 밧모 섬에 유배됐을 때 요한계시록도 썼다. 요한복음은 그가 밧모 섬에 유배되기 전인 A.D.90년 전후 소아시아의 에베소에서 쓴 것으로 추정한다.

예수님이 하늘로 돌아가신 후, 예루살렘을 중심으로 유대인들의 그리스도인에 대한 박해가 시작되었어.
그리스도인은 유대 회당에 나올 수 없다!
죽여라!
추방해라!

그러자 그리스도인들은 유대 지역을 떠나 활동이 자유로운 이방 지역으로 옮겨갔고,
맞아 죽기 전에 이곳을 떠나자.

그것이 그리스도교가 로마 제국으로 퍼져나가는 계기가 되기도 했지.
아가야
비시디아
루기아
밤빌리아
길리기아
그레데
구브로
시리아
유대
이집트
하지만 A.D.64년, 로마 대화재 이후 로마 제국 전역에서 그리스도인들에 대한 박해가 극심해졌고,
이 더러운 그리스도인들!
다 죽여버려!
딱
퍽
퍽
A.D.90년쯤, 요한이 활동했던 소아시아 일대는 종교적으로도 큰 혼란에 빠졌어.
우린 매년 업그레이드된 신을 출시해.
우리 신은 1부 리그에만 50명이 넘어.
헬라 철학, 동양 사상, 유대교, 그리고 이집트, 인도, 페르시아 등의 종교가 섞이면서 뒤죽박죽이 된 거야.
하나님의 아들이 제우스 아냐?
시바 여신은 딸이고?
그리스 신과 인도 신이 언제 자매가 됐냐?
게다가 그런 혼란에 그리스도교까지 섞여 변질되었어.
예수님이 원래 이집트 사람이래.
태양신 '라'가 하나님이 동생이고.
도대체 뭐가 뭔지!?
이에 요한은 이 복음서의 작성 목적을 분명히 밝히고 있지.
쓸데없는 말에 현혹되지 마라!
난 예수께서 하나님의 아들 그리스도라는 것을 믿게 하려고 이 책을 썼다!
하나님의 아들이 예수라고? 제우스가 아니고?
웬 책팔이?
한편, 앞서 작성된 3복음서를 공관복음이라고 하는데,
이 3복음서는 기록 시기도 비슷하고 공통된 관점에서 작성되어 유사한 부분이 아주 많아.
마태
마가
누가
요한복음은 공관복음과는 기록 시기와 내용에서도 많이 차이 나고,
앞서 3복음서에서 예수님의 활동을 다뤘다면, 난 그 활동의 영적인 의미를 다뤘어.
요한
신적인 예수님, 즉 예수님이 하나님의 아들 그리스도라는 사실에 중점을 뒀어.
그래서 가장 영적인 복음서라고도 하고, 공관복음서의 신학적 해설서라고도 해.
요한
완전 어려울 것 같은데? 성경2.0이라 괜찮겠죠?
후후, 공관복음서와 요한복음은 어떤 차이가 있는지 보자고.
출동!

※목적: Link 요한복음 20:31

1. 예수 그리스도는 누구인가?

아브라함
야곱
다윗
엘리야
모세
세례 요한
예수님

1장 말씀이 육신이 되다

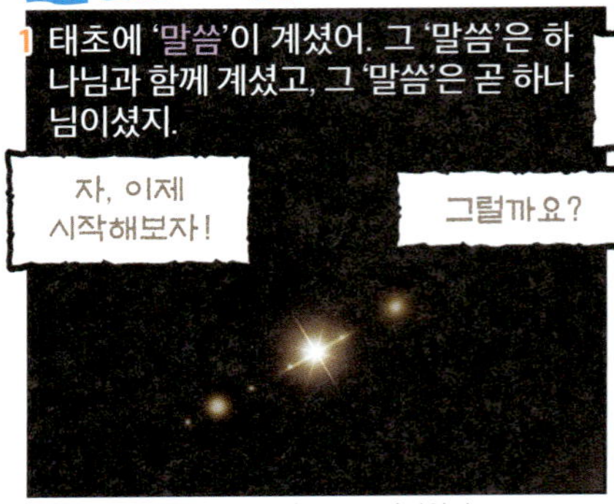
1 태초에 '말씀'이 계셨어. 그 '말씀'은 하나님과 함께 계셨고, 그 '말씀'은 곧 하나님이셨지.
자, 이제 시작해보자!
그럴까요?

※말씀(Logos) : 예수 그리스도를 의미한다.

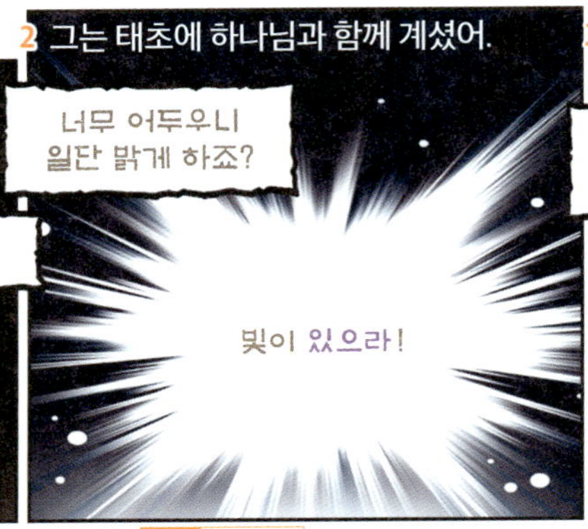
2 그는 태초에 하나님과 함께 계셨어.
너무 어두우니 일단 밝게 하죠?
빛이 있으라!

※있으라 : Link 창세기 1:3

3 모든 것이 그로 인해 창조되었고, 그가 없이 창조된 것은 하나도 없지.
우리의 형상대로 사람도 만들자!
와, 좋네요!

※형상대로 : Link 창세기 1:26

tip 그는 곧 하나님이시다

예수님에 대해서, 마태는 아브라함과 다윗의 자손으로 오신 왕으로, 마가는 하나님의 아들로, 누가는 세상을 구원하려고 오신 메시아로, 요한은 태초 이전부터 하나님과 함께 계신 하나님으로 소개하고 있다. 즉, 사람으로 이 땅에 오신 예수님은 갑자기 나타난 위인이나 하나님의 창조물이 아니라, 태초 이전부터 하나님과 함께 계셨고, 세상 모든 것을 창조하신 하나님과 같은 분인 것이다.

4 그에게는 생명이 있었으니, 그 생명은 사람들을 비추는 빛이었어.
?!!

5 그 빛이 어둠을 비추었지만 어둠은 그 빛을 깨닫지 못했지.
조명까지 비춰주는구나!
죽여라!

※생명 : 영원한 생명.
※빛 : 죄로 어두워진 세상을 밝히기 위해 생명의 빛, 구원의 빛으로 오신 예수 그리스도.

6 하나님께서 보내신 사람이 태어났는데 그 이름은 요한이야.
세례 요한
난 그 빛과는 달리 사람이라고 했어.

7 그는 자신의 증언을 통해 모든 사람이 그 빛을 믿게 하려고 왔어.
그는 성령과 불로 세례를 주실 것이다!

※성령과 불로 : Link 마태복음 3:11

8 그는 그 빛이 아니었어. 그는 그 빛을 증언하러 온 거야.
나는 이분이 하나님의 아들이라고 증언합니다!

※증언 : Link 요한복음 1:34

9 세상 모든 사람을 비추는 참 빛이 있었어.

10 그는 세상에 계셨고, 세상이 그로 인해 생겨났는데도, 세상은 그를 알지 못했지.

11 그가 자기 땅에 오셨으나, 그의 백성은 그를 맞이하지 않았어.

※참 빛 : 당시 거짓 메시아나 예수 그리스도를 부정하는 사람들이 있었기 때문에 강조한 것이다. Link 요한일서 2:22

※자기 땅 : 일차적으로는 유대 땅을 말하지만 궁극적으로는 모든 세상, 즉 자신의 나라에 왕으로 오셨다는 의미이다.

12 그러나 그를 맞이한 자, 곧 그 이름을 믿는 자들에겐 하나님의 자녀가 되는 특권을 주셨지.

tip 그 이름을 믿는 자들

지위, 인종, 남자, 여자 누구든 상관없이 예수님을 맞이해서, 예수님을 하나님이자 이 땅에 오신 메시아로 믿고 지속적으로 그 말씀을 따르면 하나님의 자녀가 되는 특권을 얻을 수 있다는 것이다. 여기서 중요한 것은 '지속적'이다. 즉 예수님을 맞이한다는 것은 어떤 한 순간을 말하는 것이고, 예수님을 믿는 자들이란 예수님을 그리스도로 믿고, 지속적으로 하나님과 올바른 관계를 이루기 위해 노력해야 한다는 것이다.

13 그들은 좋은 혈통이나, 육체적 욕구나, 사람의 뜻으로 하나님의 자녀가 된 것이 아니라 하나님께서 아버지이기 때문에 자녀가 된 거야.
나랑 형제가 되면 내 아버지가 곧 너의 아버지가 되는 거야. 즉, 날 믿어야 한다는 거지.

14 그 말씀은 육신이 되어 우리 가운데 사셨고, 우리는 그의 영광을 보았어.
영광의 증거는 4복음서에 차고 넘치도록 많아.

※육체적 욕구 : 사람의 탐욕(권력, 지위, 재물)이나 성적인 욕구를 가리킨다.
※사람의 뜻 : 자선, 수양, 율법 준수 등 사람의 노력.

그것은 아버지의 외아들만이 누릴 수 있는 영광이었고, 그는 은혜와 진리가 충만했지.

15 세례 요한이 그에 대해 증언했어.
내가 전에 '내 뒤에 오시는 분이 나보다 앞선 것은 그분이 나보다 먼저 계셨기 때문'이라고 한 것은 그분을 두고 한 말이오.
내 생일이 6개월 빠르지만.
The Bible2.0
8

※은혜와 진리 : 예수 그리스도를 통해 죄를 용서하시고 구원을 베푸시는 하나님의 사랑(진리)과 은혜가 넘치도록 드러났다는 것이다.

※먼저 : 세례 요한은 사도 요한의 증언처럼 예수님이 이전부터 계신 분이라고 했다.

16 우리는 모두 그의 충만함으로 선물을 받으니 참으로 은혜에 은혜를 더한 거지.
아이고, 조금만 주시지.
율법
복음
17 그것은 율법은 모세를 통해 받았고, 은혜와 진리는 예수 그리스도를 통해 받았기 때문이야.
복 터졌구만.
말이 많아.
18 하나님을 본 사람은 없지만, 아버지의 품속에 계시던 외아들이 하나님을 알려주셨어.
니들한테만 보여줄게.
오오, 미남!
와우!!

※선물 : 하나님의 구원. ※은혜 : 모세의 율법.
※은혜 : 예수 그리스도의 복음.

※본 사람 : 출애굽 때 모세는 시내 산에서 하나님의 뒷모습만 봤다. Link 출애굽기 33:23

세례 요한의 증언 마태3:1, 마가1:2, 누가3:2

19 유대인들이 예루살렘의 제사장들과 레위인들을 보내 물었는데,
당신은 누구요?
정체를 밝혀라.
20 요한은 숨기지 않고 솔직하게 증언했지.
나는 그리스도가 아니오.
21 그러면 누구요? 엘리야요?
하나님께서 예언자를 통해 심판의 날이 오기 전에 엘리야를 보낸다고 하셨는데?
아니오.

▶ Link 1권 88p tip '예루살렘에서 온 사람들'을 보라. ▶ Link 1권 32p tip '그리스도'를 보라.

※예언자 : Link 말라기 4:5

당신이 그 예언자요?
하나님께서 보내기로 약속하신 모세와 같은 예언자 말이오.
아니오.
22 그러면, 누구요?
우리를 보낸 사람들에게 대답할 말을 주시오.
당신은 자신을 무엇이라 하시오?
23 예언자 이사야의 말대로, 나는 '여호와의 길을 곧게 하려고 광야에서 외치는 자의 소리'요.
뭐야?
별거 아니잖아.

※예언자 : Link 신명기 18:18

※보낸 사람들 : 유대인 최고 의결기구인 산헤드린 공회를 가리킨다.

※말대로 : Link 이사야 40:3

tip 당신은 누구요?

예루살렘에서 온 사람들은 요한에게 '당신은 누구요?'라고 묻는다. 요한은 400년 만에 나타난 예언자로 그 시대의 종교 지도자들과 전혀 달랐고, 요한이 메시아가 아닌가 하는 의문과 오해가 유대 사회에 널리 퍼져있었기 때문이다. 게다가 사도 요한이 요한복음을 기록할 당시에도 여전히 세례 요한이 메시아일 것이라는 주장이 있었다. 이에 공관복음(마태, 마가, 누가)에서는 세례 요한이 엘리야라고 강조했지만 사도 요한은 오히려 그 사실을 부정한다. 그것은 세례 요한이 메시아라는 오해를 완전히 불식시키고자 의도한 것으로 보인다. 사도 요한은 세례 요한이 예수님께 종속되어 예수님이 메시아이며, 하나님의 아들임을 증언하는 '소리'일 뿐이라는 것을 말하고 있다.

24 그들 중에 바리새인들이 보낸 사람들도 물었어.
당신은 그리스도도 아니고, 엘리야도 아니고, 그 예언자도 아니면서 왜 세례를 주시오?
나는 물로 세례를 주지만 여러분 중에는 여러분이 알지 못하는 한 사람이 계시오.
우리 중에 첩자가?

※여러분 : 이스라엘 전체를 가리킨다.

27
그가 내 뒤에 오시는 분이며, 나는 그의 신발 끈을 풀 자격도 없소.
당신 뒤에 있다고?
누구냐?

※신발 끈을 풀다 : 당시 노예가 주인에게 하던 일이다.

28 이것은 요한이 세례를 주던 요단 강 건너편 베다니에서 있었던 일이야.
나까지 멍청해지는 것 같다.
자수해서 광명 찾자.

※베다니(Bethany) : 예루살렘 근처에 있는 베다니와 달리 요단 강 동쪽 마을을 가리킨다.

tip 왜 세례를 주시오?

예루살렘의 산헤드린 공회에서는 제사장들과 레위인들, 즉 사두개인뿐만 아니라 율법 교사들을 비롯한 바리새인들까지 보냈다. 그들은 세례 요한이 베푸는 세례의 권위와 정당성을 문제 삼았다. 당시 유대인들은 세례 요한의 세례가 죄를 용서받고 회복하기 위한 종말론적인 행위라고 생각했다. 그런데 세례 요한은 스스로 종말론적인 인물인 그리스도, 엘리야, 모세와 같은 예언자가 아니라고 대답했기 때문이다.

※종말론적인 행위 : Link 에스겔 36:25~27

29 다음 날 요한은 예수께서 오시는 것을 봤어.
보라, 세상의 죄를 지고 가는 하나님의 어린 양이오!
내가 전에 '내 뒤에 오시는 분이 나보다 앞선 것은 그분이 나보다 먼저 계셨기 때문이다'라고 한 것은 이분을 두고 한 말이오!
나도 이분을 알지 못했지만, 내가 물로 세례를 주는 것은 이분을 이스라엘에게 알리려는 것이오!

32
나는 하늘에서 성령이 비둘기같이 내려와 이분 위에 머무는 것을 보았소!

※보았소 : Link 누가복음 3:22

33
나도 이분을 알지 못했지만, 나를 보내 물로 세례를 주게 하신 분이 말씀하셨소!
성령이 내려 어떤 사람 위에 머무는 것을 보거든, 그가 바로 성령으로 세례를 주는 자다!

▶ Link 1권 39p tip '성령과 물과 불의 세례'를 보라.

34
그런데 내가 그것을 보았소. 그래서 나는 이분이 하나님의 아들이라고 증언합니다!
드디어 메시아께서?
뭐? 정말?
그럼 로마랑 한판 뜨는 거야?

tip 어린 양

'세상의 죄를 지고 가는 하나님의 어린 양.' 이 표현은 출애굽 당시 이스라엘 백성을 대신해 죽임을 당했던 유월절 어린 양. 그리고 백성의 죄를 대신해 죽임을 당하는 메시아를 어린 양으로 비유한 이사야의 예언을 생각나게 한다. 세례 요한은 예수님이 온 세상의 죄를 대신하기 위해 이 땅에 오신 메시아이며, 어린 양처럼 십자가에 제물로 바쳐져 죽임을 당할 것을 예언하고 있다.

※유월절 어린 양 : Link 출애굽기 12:3
※예언 : Link 이사야 53:7

세례 요한의 두 제자와 시몬

35 다음 날 요한이 두 제자와 있다가 예수께서 지나시는 것을 봤어.
보라, 하나님의 어린 양이시다!
37 요한의 말을 들은 두 제자는 예수를 따라 갔지.
은밀하게
38 그들이 따라오는 것을 보고 예수께서 돌아서서 물으셨어.
무엇을 찾고 있느냐?
내게서 무엇을 얻으려는 거냐?
들켰…

선생님, 어디에 묵고 계십니까?
따라와서 보라.
저희도 함께 있겠습니다.
그들은 예수를 따라가서 계시는 곳을 보고 그날은 함께 지냈지. 그때는 오후 4시 쯤이었어.
헤헤.
커피 한잔 하시면서 대화를….
40 요한의 말을 듣고 예수를 따라간 두 사람 중에 하나는 시몬 베드로의 형제 안드레였지.
난 아메리카노.
난 카푸치노.
진하게요?

※선생: 랍비(Rabbi). 유대인들에게 최고의 존경을 받는 명예로운 호칭이다.

※시몬 베드로: 히브리어로 시몬(Simon)인데 예수님이 아람어로 '게바(Cephas)'라는 이름을 주셨고 헬라어로는 '베드로(Peter)'다.

성경에서는 우리가 예수님을 만나 무슨 일이 있었는지 언급하지 않아. 그래서 우리가 예수님을 메시아로 확신하게 된 계기도 알 수 없어.
41 그는 먼저 자기 형제 시몬에게 갔어.
우리가 메시아를 만났소!
이웃집 메시 아저씨를 만났다고?
42 그리고 시몬을 예수께 데리고 갔지.
넌 요한의 아들 시몬이구나. 앞으로는 널 게바라 부르겠다.
딸꾹!
제 이름을 어떻게 하시고

※게바(Cephas): '반석'이라는 뜻의 아람어다. 헬라어로는 베드로라고 한다. 예수님은 단순히 이름만 바꿔 부른 것이 아니라 시몬을 '반석'으로 만들려고 했다.

빌립과 나다니엘을 부르시다

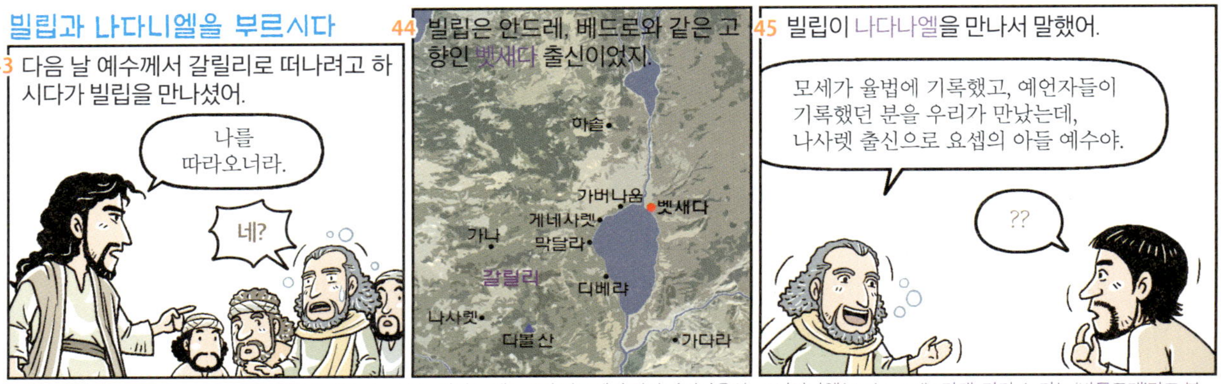
43 다음 날 예수께서 갈릴리로 떠나려고 하시다가 빌립을 만나셨어.
나를 따라오너라.
네?
44 빌립은 안드레, 베드로와 같은 고향인 벳새다 출신이었지.
하솔
가버나움
벳새다
게네사렛
가나
막달라
갈릴리
디베랴
나사렛
다볼 산
가다라
45 빌립이 나다나엘을 만나서 말했어.
모세가 율법에 기록했고, 예언자들이 기록했던 분을 우리가 만났는데, 나사렛 출신으로 요셉의 아들 예수야.
??

※벳새다(Bethsaida): 마가는 베드로와 안드레의 집이 가버나움이라고 했는데 요한은 출생지에 따라 벳새다라고 했다.

※나다나엘(Nathanael): 마태, 마가, 누가는 '바돌로매'라고 불렀다.

46

나사렛에서
무슨 선한 것이
나올 수 있겠어?
구약의 예언을 보면
메시아는 베들레헴에서
나신다고 했는데?
직접
와서 봐.

※예언 : Link 미가 5:2

47

예수께서 나다나엘이 오는 것을 보시고 말씀하셨지.
보라, 그는 참으로
이스라엘 사람이며,
거짓이 없다.
그는 메시아를 기다리며,
하나님의 말씀을 따르는
경건한 자다.
저를 어떻게
아십니까?

빌립이 너를 부르기 전,
네가 무화과나무 아래에
있는 걸 봤다.
네?!

tip 무화과나무 아래에

무화과나무는 하나님의 축복과 평화를 상징한다. 구약의 예언자들은 메시아의 시대에는 사람들이 무화과나무 아래에서 평화를 누릴 것이라고 했다. 예수님은 실제 무화과나무 아래에 앉아있던 나다나엘을 보신 것이 아니라, 이스라엘의 구원과 메시아를 기다리던 나다나엘의 마음을 꿰뚫어 보신 것이다.

※상징 : Link 열왕기상 4:25
※아래에서 : Link 미가 4:4 Link 스가랴 3:10

49

선생님, 당신은
하나님의 아들이요,
이스라엘의
왕이십니다!
네가 무화과나무
아래에 있는 걸
봤다고 해서 믿느냐?
이보다 더 큰일을
네가 볼 것이다.

51

내가 진실로, 진실로
너희에게 말한다.
너희는 하늘이 열리고
하나님의 천사들이
인자 위에 오르락내리락
하는 것을 볼 것이다.

tip 오르락내리락

이 표현은 야곱이 형 에서에게서 맏아들의 권리를 빼앗은 뒤, 삼촌 라반이 있던 하란으로 도피하던 중 벧엘에서 돌베개를 베고 잘 때 보았던 환상을 연상시킨다. 그때 하나님은 야곱과 야곱이 자손에 대한 축복과 언제나 함께하실 것을 약속하셨다. 예수님이 이 환상을 인용한 것은, 하나님이 야곱에게 하신 약속을 완성시킬 분이 예수님이며, 그것을 너희가 보게 될 것이라는 뜻이다. 그리고 예수님은 하늘과 땅, 즉 하나님과 인간을 연결하는 분으로 야곱처럼 죄와 죽음 앞에 있는 세상 모든 사람에게 하나님의 구원을 이루시는 분이라는 뜻이기도 하다.

※환상 : Link 창세기 28:12

그럼, 방금 예수님이
말씀하신 더 큰일이
뭔지 쭉 볼까?

※인자(The Son of Man) : 다니엘이 사람으로 오실 메시아를 가리켜 사용한 말 Link 다니엘 7:13 이다. 예수님이 자신을 칭할 때 자주 사용하셨다.

2. 예수 그리스도의 사역

1. 회당에서 가르치다.
2. 하늘나라의 복음을 전하다.
3. 모든 질병과 아픔을 고치다.

2장 기적1 가나의 혼인 잔치

1 그 후, 3일째 되는 날, 갈릴리 가나에서 혼인 잔치가 있었는데, 예수의 어머니도 거기에 계셨고, 예수와 그의 제자들도 잔치에 초대를 받았어.

3 그런데 포도주가 모자라자 예수의 어머니가….
포도주가 떨어졌구나.
어머니, 그게 저와 무슨 상관입니까? 아직 저의 때가 오지 않았습니다.

※가나(Cana) : 나사렛 북쪽 약 10㎞, 갈릴리 바다 서쪽 약 18㎞ 지점에 위치한다.
※혼인 잔치 : 유대인의 혼인 잔치는 일주일 동안 계속되었다. ※이때 즈음엔 아버지 요셉은 죽고 없을 때라고 추정한다.

5 어머니는 하인들에게 일렀지.
무슨 말씀을 하시든 그대로 해라.

tip 어머니와의 대화

[3~5절]의 대화는 연결이 자연스럽지 않다. 포도주가 떨어졌다는 어머니의 말에 예수님은 자신과 포도주는 상관없으며 자신의 때는 하나님의 뜻에 달렸다고 말씀하신다. 어머니의 부탁에 대한 예수님의 부정적인 반응에도 불구하고 어머니는 의외로 그 말씀을 긍정적으로 받아들인다. 이에 대해서는 다음과 같이 볼 수 있다. 어머니 마리아는 예수님을 잉태하기 전에 천사 가브리엘을 만나 예수님이 하나님의 아들임을 믿었다. 그리고 예수님이 태어난 후 찾아온 목자들, 동방박사들 등을 통해 예수님이 하나님의 아들이라는 많은 증거를 받았다. 그렇기 때문에 어머니는 예수님의 말씀을 다 이해하지 못했더라도 '무슨 말씀을 하시든 그대로 하라'고 말한 것이다. 다른 한편으로는, '저와 무슨 상관입니까'라는 말이 우리 말로는 부정적인 의미로 번역됐지만 당시 팔레스타인 주변 지역에서는 긍정적인 의미로 쓰였을 것이라는 의견도 있다.

6 유대인의 정결 예법에 따라, 거기에는 물 두세 통이 들어가는 돌로 된 물 항아리 6개가 있었어.
이 항아리에 물을 채워라.

그래서 하인들은 항아리마다 물을 가득 채웠지.
이제는 떠서, 잔치 책임자에게 갖다줘라.

물을 줘서 뭘 하시려는 거지?
뭐든 그대로 하라고 하셨잖아.
순종이 중요한 거야.

※물 항아리 : 유대인의 정결 예법에 따라 부정한 손발을 씻기 위해 준비한 것이다.

9 잔치 책임자는 물이 변한 포도주를 맛보고 그게 어디에서 났는지 몰랐어.
캬, 어디서 이런 기막힌 포도주를?
포…도주!?

하지만 물을 떠온 하인들은 알았지.
분명히 물이었는데?
저 인간이 취해서 헛소리를 하나?

잔치 책임자는 신랑을 불렀어.
누구든 좋은 포도주를 먼저 내놓고, 손님들이 취한 뒤에는 그보다 못한 것을 내놓는데, 너는 아직 이 좋은 포도주를 남겨뒀구나.
네? 아, 그게….

11 예수께서 갈릴리 가나의 첫 기적으로 영광을 드러내시니 제자들이 그를 믿게 되었지.
물이?
물이!
물이!!!

12 그 후, 예수께서는 어머니, 형제들, 제자들과 함께 가버나움으로 가셔서 며칠 동안 머무르셨어.
BUS
가버나움 29Km

※가버나움(Capernaum) : 갈릴리 바다 북쪽에 위치한 해안 성읍. 국경 지역으로 세관이 있고, 군대가 주둔한 도시. 예수님의 두 번째 고향이며 갈릴리 사역의 중심지.

tip 포도주로 변한 물

이 혼인 잔치가 보여주는 것은 다음과 같다. 포도주가 떨어졌다는 것은 행복과 기쁨을 지속할 수 없는 사람의 한계를 나타낸다. 정결 예법에 따라 준비된 물은 구약의 율법을 가리키며, 그 물이 최고의 포도주가 된 것은 율법의 시대가 끝나고, 예수 그리스도를 통해 복음의 시대가 열렸다는 것을 뜻한다. 또한 이 잔치는 예수 그리스도를 믿고 순종하는 자들이 참여하는 하늘나라에서 열릴 어린 양의 혼인 잔치를 나타내고 있다.

첫 번째 성전 정화

13 곧 유대인의 유월절이 가까워지자 예수께서 예루살렘으로 올라가셨지.

※유월절(Passover) : 출애굽 때 이스라엘 백성을 보호하신 하나님의 은혜를 기념하는 절기.

14 그는 성전 뜰에서 소, 양, 비둘기를 파는 상인들과 환전상들을 보셨어.
하나님과 사람을 연결해주는 성전에 장사치들이!?

15 그리고 노끈으로 채찍을 만들어 소, 양과 함께 모두 성전에서 내쫓으시고, 환전상들의 돈을 쏟아버리시고, 상을 엎으셨으며, 비둘기를 파는 상인들에게도 말씀하셨지.
기도하는 곳을 강도의 소굴로 만들어 놓고 무슨 하나님을 찾느냐?!
이것을 치워라. 내 아버지의 집을 장사하는 집으로 만들지 마라!
우당탕

※성전 : B.C.20년에 시작한 스룹바벨 성전의 확장공사가 계속되고 있었다.
※뜰 : 이방인의 뜰. 이방인의 출입이 허용되었고 율법을 가르치기도 했다.

▶Link 1권 108p tip '두 번째 성전 정화 사건'을 보라.

tip 첫 예루살렘 방문

마태, 마가, 누가는 예수님이 활동했던 마지막 시기, 즉 십자가를 향해 가신 때만 예루살렘을 방문하신 것으로 기록하고 있다. 하지만 사도 요한은 예수님이 3번의 유월절에, 3번에 걸쳐 예루살렘을 방문했다고 기록하고 있다. 이에 근거해서 대부분의 학자들은 예수님이 메시아로서 활동한 기간을 3년이라고 본다. 또 마태, 마가, 누가는 예수님이 십자가를 향해 예루살렘을 방문하셨을 때 성전 정화 사건이 있었다고 했지만 사도 요한은 일찌감치 그 사건을 다룬다. 이에 대해서는 같은 사건을 다른 시기에 배치한 것이라거나, 내용은 비슷하지만 다른 사건이라는 주장도 있다. 성경2.0은 [3:24]에서 세례 요한이 아직 체포되지 않았다는 내용에 근거해서 각각의 사건으로 다뤘다.

17 이때 제자들은 성경에 기록된 한 말씀을 기억했어.

크아앙
주의 집을 위하는 열정이 불처럼 나를 삼킬 것이다!

※말씀 : Link 시편 69:9

18

당신이 무슨 권리로 이런 일을 했는지 증거를 보이시오!
우린 대제사장의 허락을 받고 장사를 하는 거요!

19

이 성전을 허물어라. 내가 3일 만에 일으키겠다!
이 성전을 짓는 데에 46년이나 걸렸는데, 3일 만에?
중장비로 허물어도 3일은 더 걸리겠다.
장난하냐?!
아무리 A급 목수라고 해도 턱도 없지.

※성전 : 하늘과 땅을 연결하는 성전과 같은 예수님의 몸을 의미한다. ※3일 : 허물어진(죽음) 예수님의 몸이 3일 만에 부활할 것을 가리킨다.
※46년 : B.C.20년 헤롯 대왕이 스룹바벨 성전의 확장, 보수공사를 시작해서 A.D.64년에 완공된다.

21 이는 예수께서 자기 몸을 두고 하신 말씀이었고, 제자들은 예수께서 부활하신 후에야 이 말씀을 기억하고 성경 말씀과 예수의 말씀을 믿었지.

성전은 하나님과 만나고 관계를 회복하는 곳이니 그와 같은 곳이 바로 나요.
그것이 바로 이 땅에 온 메시아의 사명이야.
아, 그래서 그때 그 말씀을?
오, 그렇네.
뭐?
응?

tip 주의 집을 위하는 열정

사도 요한은 이 내용으로 예수님의 사명을 분명히 밝힌다. 먼저 '주의 집'은 하늘과 땅, 하나님과 사람을 이어주는 성전을 가리킨다. '위하는 열정'이란 성전 본래의 목적인 하나님과의 관계 회복을 위하는 의지를 가리킨다. 그런데 장사치들의 불의함으로 성전이 더럽혀져서 하나님과의 만남이 불가능해졌다. 끝으로 '불처럼 나를 삼킬 것'은 하나님과 사람들과의 관계를 회복시키기 위해 예수님이 유월절 어린 양처럼 희생제물이 될 것을 나타낸다. 사도 요한은 하나님과의 완전한 관계 회복은 예수 그리스도를 통해서만 가능하다는 것을 말하고 있다.

사람의 마음을 아시다

23 유월절에 예수께서 예루살렘에 계시는 동안에 많은 사람이 그의 증거를 보고 그 이름을 믿었어.

와아아

24 그러나 예수께서 그들에게 자신을 맡기지 않으신 것은 사람들을 잘 아셨기 때문이고,

저들은 나의 기적이 놀랍기 때문에 환호하는 것뿐이다.

25 그 누구의 증언도 필요로 하지 않으신 것은 사람들의 마음까지도 잘 아셨기 때문이야.

내게 저들의 보잘것없는 믿음이 왜 필요하겠느냐?
그렇지요.

※증거 : 예수님이 메시아임을 드러내는 여러 증거들.

3장 니고데모의 방문

1 바리새인 중에 니고데모라는 유대 지도자가 있었어.
2 그가 밤에 예수께 왔지.
우리는 선생님이 하나님으로부터 오셨다는 것을 압니다. 하나님께서 함께하지 않았다면 당신께서 하시는 기적은 아무도 할 수 없습니다.

※우리: 바리새인 중에 니고데모와 같은 생각을 가진 자가 또 있다는 것을 보여준다.
※선생: 랍비(Rabbi), 유대인들에게 최고의 존경을 받는 명예로운 호칭이다.

tip 니고데모의 고백

그는 예수님을 랍비라고 존경심을 담아 부르면서 '하나님으로부터 오셨다'라고 했다. 이 표현은 예수님이 일반적인 랍비가 아니라 그 이상의 특별하신 분 같다는 고백으로, 예수님이 하나님이 약속하신 모세와 같은 예언자, 또는 다윗의 자손으로 오실 메시아가 아니냐는 질문을 포함하고 있다. 이로 볼 때 그는 예수님이 메시아라는 확신은 못했지만, 기적만 보고 환호했던 사람들과는 달리 예수님이 누구신지 깊은 관심을 가진 사람이었다고 볼 수 있다.

※모세와 같은 예언자: Link 신명기 18:18
※다윗의 자손으로 오실 메시아: Link 이사야 11:1

3 누구든지 다시 태어나지 않으면 하나님 나라를 볼 수 없다.
늙은 사람이 어떻게 다시 태어납니까? 어머니 배 속에 들어갔다가 나올 수야 없지 않습니까?
5 누구든지 물과 성령으로 다시 태어나지 않으면 하나님 나라에 들어갈 수 없다.
더 자세히 말씀해주세요.
6 육체는 부모에게서 태어나지만, 영적으로는 성령으로부터 다시 태어나야 한다.
하나님 나라는 오직 위로부터 부어지는 성령에 의해서만 들어갈 수 있다.

▶ Link 1권 39p tip '성령과 물과 불의 세례'를 보라.

7 내가 너희에게 다시 태어나야 한다는 말을 이상히 여기지 마라. 바람은 불고 싶은 대로 분다. 네가 그 소리는 들어도, 그것이 어디서 와서 어디로 가는지는 모른다. 성령으로 태어난 사람도 다 이와 같다.
인간의 지식과 능력으로는 알 수 없다는 말이다.
어떻게 그런 일이 있을 수 있습니까?
물과 성령으로 다시 태어난다니?
10 너는 이스라엘의 선생이면서 그런 것도 알지 못하느냐?
그것은 새로운 것이 아니라 구약 성경에서 이미 말씀하셨다.
정말 에스겔에서 그렇게 말씀하셨네?

※구약 성경: Link 에스겔 36:25~28

11 '우리는, 우리가 아는 것을 말하고, 우리가 본 것을 증언하는데 너희는 우리의 증거를 믿지 않는다.'
어디서 뻥질이야?
꺼져!
12 '그처럼 내가 너희에게 땅의 일을 말해도 믿지 않는데, 하늘의 일을 말한다고 믿겠느냐?'
당연히 안 믿지.
우리가 누군데.
13 '하늘에서 내려온 자, 곧 인자 외에는 아무도 하늘로 올라간 자가 없는데 말이다.'
그것도 우리가 믿을 것 같아?
우린 우리가 믿고 싶은 것만 믿어.

※우리: 구약 시대 하나님이 이스라엘에 보낸 모든 예언자를 포함한다.
※땅의 일: 이스라엘이 경험한 하나님의 일.
※하늘의 일: 예수 그리스도를 통해 새롭게 시작하시는 하나님의 일(구원).

14 '모세가 광야에서 구리 뱀을 장대에 매단 것처럼, 인자도 매달려야 한다. 그것은 그를 믿는 자마다 영원한 생명을 얻게 하려는 것이다.'

tip 인자도 매달려야 한다

오래 전 하나님께 불평불만을 하던 이스라엘 사람들이 불뱀에 물려 죽자 모세가 하나님 뜻에 따라 구리 뱀을 장대에 매달아 세웠다. 그처럼 죄 때문에 죽을 수밖에 없는 사람들을 위해 예수님이 하나님의 뜻에 따라 십자가에 매달려야 한다는 것이다. 그리고 모세의 구리 뱀을 바라본 사람들이 구원된 것처럼, 예수 그리스도의 십자가를 온전하게 바라보는 사람들은 죄로부터 구원받아 영원한 생명으로 살 것이라는 말이다. 한편 이것은 [9절]의 '어떻게 다시 태어날 수 있습니까?'라는 니고데모의 질문에 대한 답변으로, 예수님은 [15절]에서 '그를 믿는 자마다 성령으로 다시 태어나 영원한 생명을 얻을 것이다'라고 하신다.

※구리 뱀 : Link 민수기 21:8

이 땅에 오신 이유

16 하나님께서 세상을 이처럼 사랑하여 외아들을 주셨으니, 그것은 그를 믿는 자마다 멸망하지 않고 영원한 생명을 얻게 하려는 거야.

※외아들 : 예수 그리스도.

17 하나님께서 아들을 세상에 보내신 것은, 세상을 심판하시려는 것이 아니라 그를 통해 세상을 구원하시려는 것이지.

18 그를 믿는 자는 심판을 받지 않지만, 하나님의 외아들의 이름을 믿지 않는 자는 이미 심판을 받았어. 빛이 세상에 왔지만 사람들의 행위가 악해서 빛보다 어둠을 더 좋아하기 때문이야.

크크, 우린 멀쩡한데?
무슨 심판을 받아?

20 악한 짓을 하는 자는 빛을 싫어해서 빛으로 나오지 않는데, 그것은 자기의 악행이 드러날까 두렵기 때문이지.

아늑한 곳이 좋잖아.
분위기 있는 음악 좀 틀어봐.

21 그러나 진리를 따르는 자는 빛으로 나오지. 그것은 자기의 행위가 하나님 안에서 이루어진 것을 드러내려는 거야.

숨길 것도, 부끄러운 것도 없으니까.

세례 요한의 마지막 증언

22 그 후, 예수께서는 유대 지방에서 제자들과 함께 지내시며 세례를 주셨어.

사실은 내 제자들이 세례를 준 거야.

23 요한도 물이 많은 살렘 근처의 애논에서 세례를 주었고, 사람들이 세례를 받았지.

※심판을 받았어 : 하나님의 심판은 피할 수 없다는 것을 강조한 것이다.
※빛 : 생명의 빛, 구원의 빛으로 오신 예수 그리스도를 가리킨다. Link 요한복음 1:4

※유대 지방 : 예수님이 예루살렘에서 유대의 다른 지역으로 가셨다는 것이다.

24 이것은 세례 요한이 아직 옥에 갇히기 전의 일이었어.
공관복음에서는 세례 요한이 투옥된 후부터 예수님의 사역이 시작된다고 했지만 요한복음에서는 그 전부터 시작된다고 하고 있어.
25 그때 요한의 제자들과 유대인들이 정결 예식을 두고 논쟁을 벌였지.
많은 사람이 그분께 세례를 받고 있소.
우리 선생님께 세례를 받고서?
영업 방해를?
26 선생님, 요단 강 건너편에서 선생님과 함께 있던 사람, 즉 선생님께서 증언하시던 사람이 세례를 주자 사람들이 모두 그에게로 갑니다.
혼내줄까요?
※정결 예식 : 어떤 정결 예식인지 정확하게 알 수는 없다.

27 하늘이 주시지 않으면, 사람은 아무것도 받을 수 없다.
너희는 내가 '나는 그리스도가 아니고, 그분보다 앞서 보내진 사람이다'라고 한 말을 증언할 사람들이다.
그래도….
29 신부를 차지하는 사람은 신랑이다. 신랑을 기다리던 신랑의 친구는 신랑이 오는 소리를 듣고 크게 기뻐한다. 나는 그런 기쁨으로 가득 차 있다.
어이구, 속도 좋으십니다.
※신부 : 예수 그리스도를 기다리는 하나님의 백성들. ※신랑 : 예수 그리스도.
※친구 : 신랑의 들러리를 가리키는 말로 여기서는 세례 요한을 말한다.

30 그는 흥하고, 나는 쇠해야 한다.
나는 구약의 마지막 예언자고, 그는 새로운 복음의 시대를 열 분이기 때문이다.

tip 하늘이 주시지 않으면

이것은 하나님의 절대주권과 세례 요한 자신의 역할에 대해 말한 것이다. 세례 요한은 자신이 메시아의 길을 준비하는 역할을 하나님께 받았으며, 그것은 사람들에게 예수 그리스도를 증언하여 사람들이 예수님을 따르도록 하는 것이지 사람들이 자신을 따르도록 하는 것이 아니라고 한다. 또 그 외 하나님이 주시지 않은 어떠한 것도 자신은 할 수 없다는 것이다.

하늘에서 오신 이

31 땅에서 난 자는 땅에 속하므로 땅의 것을 말하고,
하늘을 모르니 할 말도 없지 뭐.
※땅에서 난 자 : 모든 사람을 가리킨다.

하늘에서 오신 이는 만물 위에 계시므로 자기가 보고 들은 것을 증언하지만 아무도 그의 증언을 받아들이지 않아.
인증 샷이라도 있어?
흥, 말로만?
아님, 녹취록이라도?
33 그러나 그의 증언을 받아들인 사람은 하나님의 참되심을 믿지.
저희는 믿어요!
저도요!
34 하나님이 보내신 이는 하나님의 말씀을 전하는데 그것은 하나님께서 그에게 성령을 아낌없이 주셨기 때문이야.
뭘 이렇게 많이 주시나?
※하늘에서 오신 이 : 예수 그리스도.

35 아버지께서 아들을 사랑하셔서 모든 것을 그의 손에 맡기시고 아들을 믿는 자에겐 영원한 생명이 있게 하시고,
이걸 맘대로 하라구요?
아들에게 순종하지 않는 자는 생명을 얻지 못하고, 하나님의 진노를 사게 하셨어.
우르르릉
4장 사마리아 여인
1 예수께서 제자로 삼고 세례를 주는 사람이 요한보다 더 많다는 소문을 바리새인들이 들었고,
예루살렘에 보고해. 누굴 조사해야 할지.
요한보다 그자가 더 세요.

그 사실을 예수께서 아셨어.
근데, 예수께서 직접 세례를 주신 것이 아니라 우리 제자들이 준 거야.
3 이에 예수께서는 유대를 떠나 다시 갈릴리로 가기로 하셨는데,
충돌이 생길지 모르니 여길 뜨자.
4 그렇게 하려면 사마리아를 거쳐서 가셔야 했지.
가버나움
가나
갈릴리
나사렛
가이사랴
요단강
데가볼리
사마리아
욥바
예루살렘
유대

※사마리아(Samaria) : 예전 북이스라엘의 수도, 유대 지역과 갈릴리 지역 사이의 북이스라엘 땅을 가리킨다.

tip 사마리아를 거쳐서

유대에서 갈릴리로 가는 방법은, 사마리아를 거쳐 가는 빠른 길과 요단 강 동쪽으로 건너가서 북쪽으로 올라갔다가 다시 요단 강을 건너서 돌아가는 길이 있다. 유대인들은 사마리아인들을 멸시하고 부정하게 생각했기 때문에 주로 사마리아 땅을 피해 돌아가는 길을 택했다. 그렇기 때문에 '사마리아를 거쳐서 가셔야 했다'라고 한 것은 지리적인 이유 때문이 아니라 하나님의 뜻에 따른 것으로 볼 수 있다.

5 예수께서 사마리아의 수가라는 마을에 이르셨어.
이 마을은 야곱이 아들 요셉에게 준 땅과 가깝고, 야곱의 우물도 있었지.

※수가(Sychar) : 사마리아 지역 세겜 근처로 추정한다.
※준 땅 : 세겜을 가리킨다. Link 창세기 48:22 Link 여호수아 24:32
※야곱의 우물(Jacob's well) : 세겜 동쪽 약 2㎞에 위치하며, 야곱이 세겜 땅을 샀을 때 팠을 것으로 추정한다. Link 창세기 33:19

정오쯤, 예수께서 길을 가시다가 피곤하셔서 우물가에 앉으셨는데,
8 제자들은 먹을 것을 사러 동네에 들어가서 없었어.
어째 이 동네는 편의점도 없냐?
7 그때 한 사마리아 여인이 물을 길으러 나왔지.
물을 좀 달라.

※정오 : 대부분 여자들은 이른 아침이나 저녁 늦게 물을 길었다. 여인은 사람들을 피하려고 정오에 나온 것으로 보인다.

9 그런데 당시 유대 사람들은 사마리아 사람들과 상종하지 않았거든.
선생님은 유대 사람인데, 어째서 사마리아 여자인 제게 물을 달라고 하십니까?
네가 하나님의 선물을 알고, 네게 물을 달라는 이가 누구인지 알았더라면, 오히려 네가 그에게 물을 달라고 했을 것이고, 그는 네게 생수를 주었을 것이다.
11 주께는 두레박도 없고, 우물은 깊은데 어디서 생수를 구할 수 있겠습니까?
이 근처에는 다른 우물도 없거든요.

※선물 : 하나님의 구원, 곧 영원한 생명을 가리킨다. ※생수 : 성령을 가리킨다.

▶ Link 1권 17p tip '포로로 끌려간 사람들'을 보라.

12 게다가 우리 조상 야곱은 우리에게 이 우물을 주었고, 그와 그 자녀들과 가축까지 다 이 우물을 마셨어요. 당신이 그보다 더 위대하다는 말입니까?
이 우물이면 충분한데 더 나은 어떤 물을 주신다는 거죠?
13 이 물을 마시는 자는 다시 목마를 것이다. 그러나 내가 주는 물을 마시는 자는 영원히 목마르지 않을 것이다.
내가 주는 물은 그 사람 속에서 끝없이 쏟아나는 영원한 생명의 샘물이기 때문이다.

※우리 조상 야곱 : 사마리아 여인은 자신들이 여전히 하나님의 백성이라고 생각하고 있다.

※샘물 : 구원의 우물 물, 곧 성령을 말한다. Link 이사야 12:3

15 주여, 그 물을 제게 주셔서 제가 목마르지도 않고, 여기까지 물을 길러 나오지도 않게 해주십시오.
너는 내 말을 이해하지 못하는구나.
가서, 네 남편을 불러 오라.
17 제게는 남편이 없습니다. 제겐 남편의 문제가 가장 큰 아픔이고, 목마름이죠.
남편이 없다고 한 말이 옳다. 넌 다섯 남편이 있었고, 지금 함께 사는 남자도 남편이 아니니 네 말이 옳다.
어떻게 해야 너의 그 갈증을 풀 수 있겠느냐?
19 주여, 제가 보니 주님은 예언자이십니다.
하나님의 은혜를 구할 수 있는 예배를 드린다면 그 갈증이 풀릴 것 같습니다.
그런데 우리 조상은 이 산에서 예배를 드렸지만, 당신들은 예배드릴 곳은 예루살렘이라고 했습니다.
여인아, 내 말을 믿어라. 이 산도 아니고, 예루살렘도 아니고, 너희가 어디서든 아버지께 예배할 때가 올 거다.
장소는 더 이상 의미가 없다.

※이 산 : 사마리아인들이 예배를 드리던 세겜 근처의 그리심산을 가리킨다.

※예배드릴 곳 : 성전을 가리키며, 하나님은 성전에 항상 계시겠다고 하셨다. Link 신명기 12:5 Link 열왕기상 9:3

▶ Link 2권 62p tip '사마리아인들의 배척'을 보라.

22 '그동안 너희는 알지 못하는 것을 예배하고, 유대인들은 아는 것을 예배했다. 구원이 유대인들에게서 난다는 말씀은 예언서에 있는데 말이다.'
사마리아인들은 모세오경만 믿는대.
반쪽만 가지고 뭘 한다고?
형편없는 것들, 예언서는 폼이냐?
23 '하지만 하나님은 영이시니, 참된 예배를 드리는 사람들은 성령과 진리로 아버지께 예배드리면 된다. 지금이 바로 그때다. 아버지께서는 그렇게 예배드리는 사람들을 찾으신다.'
이제 구약 시대는 끝나고 새로운 시대가 왔다.
누구야?
자기가 메시아라나?
하나님 말씀은 내가 잘 알아. 신경 꺼.

※알지 못하는 : 사마리아인들은 모세오경(창세기, 출애굽기, 레위기, 민수기, 신명기)만 믿었기 때문에 메시아가 다윗의 자손으로 오신다는 예언서의 말씀도 몰랐다. Link 이사야 11:1

25 저는 메시아, 즉 그리스도가 오실 것을 압니다. 그가 오시면 우리에게 모든 것을 알려주실 것입니다.
네게 말하고 있는 내가 그다.

※오실 것 : 여인은 Link 신명기 18:18 을 기억하고 이 말을 했다.

tip 참된 예배

예수님은 예배는 장소가 아니라 성령과 진리로 예배하는 것이 중요하다고 하신다. 여기서 진리는 예수님을 의미한다. 즉, 하나님의 영은 어디든 계시지만 보이지 않으므로 하나님을 나타내는 예수님을 통해서 예배를 드리면 그곳이 어디든 성전이 될 수 있다는 것이다. 또한 그 예배는 사람의 지식, 능력, 열심으로 이루어지는 것이 아니라 오직 하늘로부터 오는 성령과 예수님을 통해서 이루어진다는 것이다. 이와 같은 말씀은 앞서 니고데모에게도 이미 말씀하셨다. 그리고 예수님은 지금이 바로 그렇게 예배드릴 때라고 하신다. 그것은 여인이 성령과 함께하시는 예수님과 같은 자리에 있기 때문이다. 예수님은 자신을 통해 하나님께 예배드릴 수 있으며, 지금이 여인의 갈증을 해결하고 회복될 때라고 말씀하신 것이다.

※앞서 : Link 요한복음 3:5,6

사마리아인들이 믿다

27 이때, 제자들이 돌아와 예수께서 여인과 말씀하시는 것을 보고 놀랐지만,
길에서 여자와 얘기하는 건 금기인데.
괜한 말이 나오면 어쩌시려고?
예수께서 무엇을 원하시는지, 왜 여자와 말씀하시는지 아무도 묻지 않았어.
물어볼까?
관둬. 천한 사마리아인인데.
무슨 이유가 있으시겠지.
28 그 여인은 물동이를 버려두고
왜 물동이는 안 가져가지?
갈증이 없어졌나?

마을로 가서 사람들에게 말했지.
내가 한 모든 일을 맞추신 분이 계시니 와서 보세요. 그분이 그리스도가 아닐까요?
그리스도라고?
뭐? 정말?
30 마을 사람들이 예수께로 갔어.
일단 가보자!
진짜면 대박인데?

31 여인이 마을에 간 동안, 제자들이 예수께 음식을 권했는데,
선생님, 드십시오.
내게는 너희가 알지 못하는 먹을 양식이 있다.

33
비겁하게 혼자 드셨다구요?
저희도 좀 먹게 내놓으시지요.
누가 드실 것을 갖다 드렸나?

34 나의 양식은, 나를 보내신 분의 뜻에 따라 그분의 일을 이루는 것이다.
에이, 난 또 뭐라고.
주님은 장난꾸러기.

※뜻 : 사람들이 하나님의 구원을 받아 영원한 생명을 얻게 하는 것. Link 요한복음 6:39,40
※일 : 사람들의 죄를 대신해 십자가에 매달려 죽는 것. Link 요한복음 19:30

35
너희는 4개월이 지나야 추수 때가 될 것이라고 하지 않느냐? 그러나 눈을 들어서 밭을 보라. 이미 곡식이 익어서 추수 때가 되었다.
밭이 보여?
곡식은?
아니.
안 보여.

※4개월 : 당시 격언으로 씨를 뿌려서 거두는 데까지 4개월이 걸리기 때문에 서두를 필요가 없다는 뜻.

36 '추수하는 사람은 품삯을 받고 영원한 생명에 이르는 열매를 거둔다. 그것은 씨를 뿌리는 사람과 추수하는 사람이 함께 기뻐하려는 것이다.'

※추수하는 사람 : 제자들. ※품삯 : 구원.
※열매 : 사마리아 사람들. ※씨를 뿌리는 사람 : 예수님.

37 '그러므로 '한 사람은 심고, 한 사람은 거둔다'라는 말이 옳다.'
너희는 각자의 역할에 충실해라.
너희가 심었다고 해서 꼭 너희가 거두는 것은 아니다. 너희가 애써 뿌려두면 누군가 거둘 것이다.

38 '내가 너희를 보내, 너희가 수고하지 않은 것을 거두게 할 것이다. 수고는 남들이 했고, 너희는 그들이 수고한 결실을 거두는 것이다.'
저쪽으로 가봐.
누가 씨를 뿌려놓은 것에 열매가 열렸어.

※남들 : 이전에 수고했던 예언자, 의인들.

39 그 마을에서 많은 사마리아인이 예수를 믿었는데 그것은 그 여인이 자기가 한 모든 일을 예수께서 맞추셨다고 증언했기 때문이야.
정말입니다! 그는 우리가 기다리던 그리스도예요!

40 예수께서는 사마리아인들이 함께 머물러 주시길 요청하자 이틀 동안 그곳에 계셨어.
왜 부정한 자들과 계속 계시는 거지?
주님은 세상 모든 사람을 위해 오셨으니까.

41 그래서 예수의 말씀을 듣고 믿는 사람이 더 많아졌지.
이제 우리가 믿는 것은 당신의 말뿐이 아니오. 우리가 그분께 직접 말씀을 듣고 그분이 참으로 세상의 구주이신 줄 알았소.

tip 사마리아에 전해진 복음

사마리아의 일은 전체적으로 낯선 곳에 복음을 전하는 사례를 보여준다. 여인은 처음에는 예수님을 단지 목마른 사람으로 알았다가 순차적으로 유대인, 랍비, 예언자, 그리고 결국엔 메시아라는 사실을 알게 된다. 이것은 전혀 모르는 여인에게 말씀을 전하신 예수님과 다가온 예수님에게 적극적으로 응답한 여인의 모습을 보여준다. 그리고 길에서 여인과 대화를 하는 예수님을 보고도 아무런 질문을 하지 않는 제자들과도 대비된다. 또 예수님은 내가 거둔 수확이라도 앞서 많은 사람이 애써서 뿌려놓은 수고 때문이라는 것을 말씀하신다. 그리고 여인의 증언으로 예수님 앞으로 나온 사람들도 결국 직접 예수님의 말씀을 듣고 참 메시아로 믿게 되는 것을 보여주고 있다.

기적2 왕의 신하의 아들 치유 마태8:5, 누가7:1

43 이틀 뒤, 예수께서는 그곳을 떠나 갈릴리로 가셨어.
예언자도 제 고향에서는 존경을 받지 못한다.
왜 갑자기 그런 말씀을?
그래서 유대(고향)에서 갈릴리로 오셨다는 건가?
아니면 나사렛으로 가지 않으시고 가나로 가시겠다는 건가?
45 예수께서 갈릴리에 도착하시니 많은 사람이 환영했는데,

※그곳: 사마리아의 수가를 가리키며, 수가에서 갈릴리 가나까지는 약 60㎞다.

※예수께서 이 말씀을 한 이유에 대해서 여러 의견이 있지만 명확한 것은 없다.

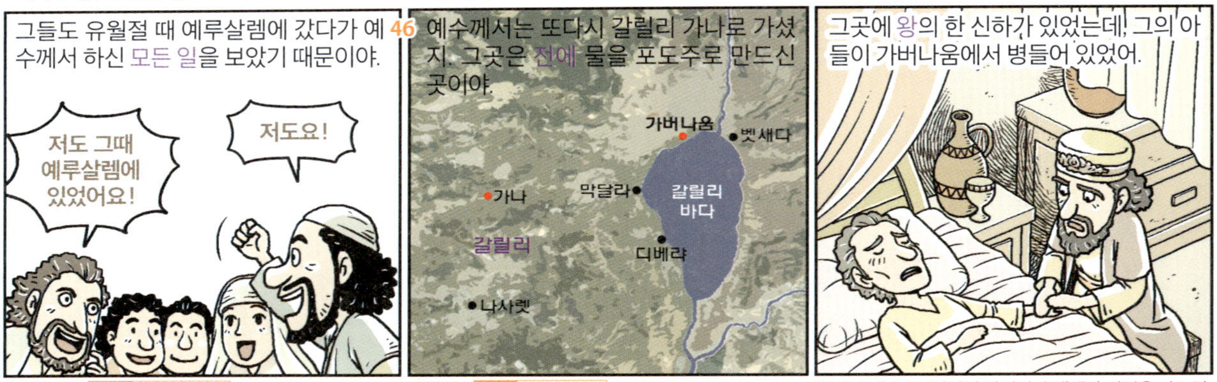
그들도 유월절 때 예루살렘에 갔다가 예수께서 하신 모든 일을 보았기 때문이야.
저도 그때 예루살렘에 있었어요!
저도요!
46 예수께서는 또다시 갈릴리 가나로 가셨지. 그곳은 전에 물을 포도주로 만드신 곳이야.
가버나움
벳새다
막달라
갈릴리 바다
가나
갈릴리
디베랴
나사렛
그곳에 왕의 한 신하가 있었는데, 그의 아들이 가버나움에서 병들어 있었어.

※모든 일: Link 요한복음 2:13

※전에: Link 요한복음 2:1

※왕: B.C.4~39년까지 갈릴리와 베레아 지역을 다스린 분봉 왕. 헤롯 대왕의 아들인 헤롯 안티파스를 말한다.

47 그는 예수께서 유대에서 갈릴리로 돌아오셨다는 소문을 듣고 찾아왔지.
가버나움으로 오셔서 거의 죽게 된 아들을 고쳐주십시오.
너희는 기적이나 기이한 일들을 보지 않으면 전혀 믿지 않는다.
49 주여, 제 아이가 죽기 전에 내려와 주십시오.
돌아가라. 네 아들이 살았다.
그는 예수께서 하신 말씀을 믿고 떠났고, 가버나움으로 가는 중에 그의 종들을 만났어.
주인님의 아들이 살아났습니다!
오오!

52 그가 종들에게 아이가 나은 때를 묻자,
어제 오후 1시에 열기가 떨어졌습니다.
그 시각이 예수께서 네 아들이 살았다고 말씀하신 그때야!

그래서 그와 그의 온 집안이 예수를 믿었지.
아버지!
이 모든 것이 주님과 하나님의 은혜로다!

54
이것이 예수께서 유대에서 갈릴리로 오신 뒤에 보이신 두 번째 기적이야.

tip 왕의 신하의 아들 치유

대부분의 학자들은 이 내용을 [마태 8장], [누가 7장]의 '백부장의 종'과 같은 사건으로 본다. 세부적으로는 다른 내용이 많지만, 전체적인 흐름이 같기 때문이다. 이 사건에서 사도 요한이 말하고자 하는 것은 신하의 아들이 나은 기적이 아니라 예수님의 말씀 그 자체가 기적이라는 것이며, 우리 모두가 예수님 말씀으로 초대받았고, 그 말씀에 대한 믿음을 강조하고 있다.

5장 기적3 베데스다의 병자 치유

1 그 일이 있은 후, 유대인의 명절에 예수께서 예루살렘으로 올라가셨어.
예루살렘

2 예루살렘 성의 '양의 문' 옆에는 히브리어로 베데스다라는 연못이 있었는데, 그곳에는 많은 병자, 곧 눈먼 사람들, 다리 저는 사람들, 중풍병자들이 누워 물이 움직이길 기다리고 있었지.

※명절 : 어떤 명절인지 알 수가 없다.
※양의 문(Sheep Gate) : 구약의 느헤미야 때 만든 예루살렘 북쪽의 문, 성전과 가까워서 제사에 필요한 양들을 들여오던 통로였다.
※베데스다(Bethesda) : '자비의 집'이라는 뜻, 간혹 지하에서 물이 흘러나오는 간헐천으로 추정된다.

4 그들은 천사가 가끔 연못에 내려와 물을 휘젓는데 그때 맨 먼저 들어가는 자는 어떤 병이든 낫는다고 믿고 있었어.
천사가 아니라 지하에서 물이 올라오는 거지.
시끄러, 우리의 희망을 짓밟지 마라!

5 그곳에 38년 된 병자가 있었지.

6 예수께서 그를 보시자, 오랜 세월을 그렇게 보낸 것을 이미 아셨어.
낫고 싶으냐?
그렇습니다만.

※믿고 : 미신이나 민간 신앙에서 비롯된 잘못된 믿음으로 보인다.

7 주여, 물이 움직일 때, 저를 연못에 넣어줄 사람이 없으니 남들이 먼저 들어가 버립니다.
일어나 네 자리를 들고 걸어가라.
9 그는 그 즉시 나아 자리를 들고 걸어갔지.
저 사람이 그 사람 아냐?
맞아, 그는 그다!
마침 그날은 안식일이라 유대인들은 병이 나은 사람에게 말했어.
오늘은 안식일이니 자리를 들고 가는 것은 옳지 않다.
▶Link 1권 73p tip '안식일'을 보라.
11 나를 낫게 하신 분이 '네 자리를 들고 걸어가라'고 하셨소.
그가 누구냐?
누가 감히 안식일 규칙을 무시한 거냐?
율법이 껌딱지야?
13 그런데 그는 자기를 고쳐주신 분이 누구인지 알지 못했지.
어? 그러고 보니 그분 이름도 모르네.
띨띨한 놈!
게다가 그곳은 많은 사람으로 붐볐고, 예수께서는 이미 그곳을 나가셨기 때문이야.
어디로 가셨나?
14 그런 뒤, 예수께서 성전에서 그를 다시 만나셨어.
보라. 네가 완전히 나았다. 더 나쁜 일이 생기지 않도록 다시는 죄를 짓지 마라.
15 그는 유대인들에게 가서,
나를 고쳐주신 분은 예수요.
뭐, 예수?
그 거짓 예언자?
16 유대인들은 안식일에 그런 일을 한다고 해서 예수를 박해하기 시작했지.
당신은 고의적으로 안식일을 어겼소.
상습적으로.
38년이고 뭐고 중요한 건 안식일이오.
내 아버지께서 지금까지 일하고 계시니, 나도 일하는 것이다.
하나님께서는 세상의 구원을 위해서 계속 일을 하시거든.
18 유대인들은 이 말씀을 듣자 더욱 예수를 죽이려고 했어.
뭐야? 안식일을 어긴 것도 모자라서 하나님을 아버지라고?
그러면서 자기를 하나님과 동등한 위치에 놔?
유대인들이 분개했지만 다음 내용에서 예수님이 하나님과 동등하시다는 것을 더욱 분명히 해.

tip 38년 된 병자 치유

이 사건은 말씀으로 물을 포도주로 바꾼 사건, 말씀으로 왕의 신하의 아들을 고친 사건처럼 예수님의 말씀이 곧 기적이며, 그 말씀으로 하나님 나라가 시작된다는 것을 보여준다. 한편, 병자는 부정하게 여겨져 성전에 들어갈 수 없었다. 그래서 38년 동안 성전에 들어갈 수 없었던 그는 병이 낫자 하나님이 계신 성전을 찾았다. 성전에서 예수님은 그에게 다시는 죄를 짓지 말라고 하신다. 모든 병의 원인이 죄는 아니지만, 그는 죄로 인해 38년 동안 하나님과의 관계가 끊어져 있었다는 것이다. 즉, 예수님이 베데스다 연못에 있던 그를 고쳐주신 것은, 죄로 인해 안식하지 못하는 자를 구원하시고 하나님과의 관계를 회복시키려는 목적이며 그것이 안식일의 진정한 의미이다.

※바꾼 사건 : Link 요한복음 2:1 ※고친 사건 : Link 요한복음 4:46

아들의 권한

19 '아들이 아버지께서 하시는 일을 보지 않고 마음대로 할 수 있는 건 없다. 아들은 아버지께서 하시는 것은 무엇이든 그대로 따르기 때문이다.'

하나님은 늘 백성들을 구원하시고 참된 안식을 주셨다.
38년 된 병자를 고친 것도 그와 같다.

20 '아버지께서는 아들을 사랑하셔서 하시는 것을 모두 아들에게 보이시고, 이보다 더 큰일도 아들에게 보이셔서 너희를 놀라게 하실 것이다.'

오늘 예수님이 하신 놀라운 일을….
어떤 일을 하셨길래?
심장 떨려.

※이보다 : 38년 된 병자를 고치신 일.
※더 큰일 : 세상의 구원과 심판.

21 '그 일은 아버지께서 죽은 자들을 일으켜 살리시는 것처럼 아들도 자기가 원하는 자들을 살린다는 것이다.'

오늘 예수님이 살리신 사람은….
그럼, 예수님과 하나님이 동급?
그런 것 같은데?

※살린다 : 부활과 영원한 생명을 뜻하며, 예수님이 하나님과 같은 권한이 있음을 밝힌 것이다.

22 '그리고 그것은 아버지께서는 아무도 심판하지 않으시고 모든 심판을 아들에게 맡기셨다는 것이다.'

임명장? 지구의 평화를 귀하에게….

23 '그래서 모든 사람이 아버지를 공경하듯이 아들도 공경하게 하려는 것이다. 아들을 공경하지 않는 자는 아들을 보내신 아버지도 공경하지 않는 것이다.'

하나님만 공경하면 안 돼?
예수님을 무시하면 하나님도 무시하는 거야.
예수님을 공경하는 것이 곧 하나님을 공경하는 거지.

24 '내 말을 듣고, 나를 보내신 분을 믿는 자는 영원한 생명을 얻어 심판받지 않으며, 죽음에서 생명으로 옮겨갈 것이다.'

가자, 생명의 땅으로!

25 '죽은 자들이 하나님의 아들의 음성을 들을 때가 바로 지금이니 그 음성을 듣는 자는 살아날 것이다.'

우리도 그 음성을 들어야 해.
당장.

※죽은 자들 : 하나님과의 관계가 끊어져 구원이 필요한 영적으로 죽은 사람들.

26 '그것은 아버지의 속에 생명이 있는 것처럼, 아들에게도 생명을 주셔서 그 안에 생명이 있게 하셨기 때문이다.'

그분만이 생명을 가지고 계셔.
그러니 그분께로 가야 해.

27 '또, 아버지께서는 아들에게 심판하는 권한도 주셨다. 그것은 아들이 인자이기 때문이다.'
LAW
28 '내 말에 놀라지 마라. 무덤 속에 있는 자가 모두 아들의 음성을 들을 때가 온다.'
지금 안 가도 결국 심판받을 때가 와.
피할 수 없어.
29 그때, '선한 일을 한 자는 부활해서 생명을 얻고, 악한 일을 한 자는 부활해서 심판을 받을 것이다.'
도망치면?
지구를 떠난다고 해도 될지 모르겠다.

※인자(The Son of Man): 다니엘이 사람으로 오실 메시아를 가리켜 사용한 말 Link 다니엘 7:13 이다. 예수님이 자신을 칭할 때 자주 사용하셨다.

※들을 때: 예수님의 재림.

※선한 일: 하나님이 보내신 예수 그리스도를 믿는 것.
※악한 일: 예수 그리스도를 믿지 않는 것.

예수님을 믿게 하는 증거 ①하나님의 증언

30 '내가 마음대로 할 수 있는 건 없다. 나는 아버지께서 하라고 하시는 대로 심판한다. 내 심판은 옳다. 그것은 내 뜻대로 하지 않고, 나를 보내신 분의 뜻대로 하기 때문이다.'
안식일에 병자를 고친 것도 하나님의 뜻이다.
그것을 어떻게 증명할 수 있소?
31 '내가 만약 내 자신을 위해 증언한다면, 내 증언은 참되지 못하다. 그러나 날 위해 증언해 주시는 분은 따로 계신다. 나는 날 위해 증언하시는 그 증언이 참되다는 것을 안다.'

※따로: '두세 증인법'에 따라 두 사람이 같은 증언을 하면 인정된다. Link 신명기 19:15
※그 증언: 예수님이 하나님의 아들임을 증명하는 사건들. Link 마태복음 3:16, 8:26, 17:5

②세례 요한의 증언

33 '너희가 세례 요한에게 사람을 보냈을 때도 그는 진리에 대해 증언했다.'
나는 이분이 하나님의 아들이라고 증언합니다!
34 '내가 이 말을 하는 것은 사람의 증언이 필요해서가 아니라, 너희가 구원을 얻게 하려는 것이다.'
너희가 세례 요한을 믿었으니 그의 증언도 믿어 구원을 얻어라.
35 '요한은 타면서 빛나는 등불이었다. 너희는 잠시 그 빛을 보며 기뻐했다.'

※너희: 예루살렘의 유대인들. Link 요한복음 1:19
※증언: Link 요한복음 1:34

※등불: '예수 그리스도를 드러내는 자'라는 뜻. Link 요한복음 1:23

③예수님이 하시는 일

④성경의 증언

36 '하지만 내게는 요한의 증언보다 더 큰 증언이 있다.'
볼래?
'아버지께서 내게 완성하라고 맡기신 일, 곧 내가 지금하고 있는 이 일이 아버지께서 나를 보내셨다는 것을 증언하고 있다.'
37 '또 나를 보내신 아버지께서도 친히 나를 위해 증언하셨다.'
성경에서.
The Bible

※이 일: 하나님의 구원을 이루기 위해 예수님이 하시는 모든 일.

'그러나 너희는 그 음성을 듣지 못했고, 그 모습도 보지 못했으며, 그 말씀이 너희 마음속에 있지도 않다.'
The Bible
'그것은 너희가 아버지께서 보내신 이를 믿지 않았기 때문이다.'
누굴 믿으라고?
후루룩, 잘 끓였네.
계란이 왜 한 개야?
39 '너희는 영원한 생명이 그 안에 있다고 생각해서 성경을 연구하는데, 그 성경이 나에 대해 증언하고 있다.'
성경을 봐라. 수두룩하다.
The Bible

tip 믿지 않았기 때문이다

이 말씀은 유대인들이 예수 그리스도를 믿지 않은 결과에 대한 것이다. 유대인들은 하나님의 음성을 들은 적도 있고, 하나님의 모습을 본 적도 있으며, 하나님의 말씀도 받았지만 예수님을 그리스도로 믿지 않았다. 그것은 결과적으로 하나님의 음성을 들은 적도 없고, 하나님의 모습을 본 적도 없으며, 하나님의 말씀도 마음속에 없는 상태와 같은 것이다.

너희는 믿지 않았다

40 '너희는 내게 와서 영원한 생명을 얻을 수 있는데도 오려고 하지 않는다.'
믿지 않으니까.
당연한 거 아냐?
우린 원래 그래.

41 '나는 사람에게서 영광을 받으려는 것이 아니다.'
나는 나의 영광이 아니라 하나님의 영광을 위해서 일하기 때문이다.

※들은 적: Link 마태복음 3:17 ※본 적: Link 요한복음 1:18 ※받았지: Link 요한복음 3:34

42 '그런데 나는 너희에게 하나님을 사랑하는 마음이 없다는 걸 알고 있다.'
어머나, 그걸 어떻게?
국가 기밀을?
간첩이냐?
43 '내가 내 아버지의 이름으로 왔는데도 너희는 나를 맞이하지 않는다.'
우린 그런 메시아를 원한 적이 없다!
우리가 원하는 메시아를 달라!
'하지만 너희는 다른 이가 자기 이름을 내세우고 온다면 그를 맞이할 것이다.'
우리 입맛에 맞는 메시아라면 뭐.
이름이 뭐든.
누가 보냈든 상관없지.

44 '너희가 서로의 영광을 주고받으면서도 하나님의 영광은 구하지 않으니, 어떻게 나를 믿을 수 있겠느냐?'
당연하지.
우린 우리의 부귀영화가 중요해.
우린 원래 그래.
45 '내가 너희를 아버지께 고발할 거라고 생각하지 마라. 너희를 고발할 이는 너희가 희망을 걸었던 모세이다.'
우린 모세의 율법을 잘 지켰어!
우리 맘대로 잘 지켰다고!
그럼 됐지. 뭘 더 바라?
46 '너희가 모세를 믿었더라면 나를 믿었을 것이다. 모세가 나에 대해서 기록했기 때문이다.'
우린 우리 맘대로 믿는다니까.
우리 입맛에 맞는 메시아만 믿어.
많은 걸 바라지 마.

※희망: 유대인들은 출애굽 당시 하나님과 이스라엘 사이의 중재자였던 모세가 최후의 심판 때도 그렇게 해줄 것이라 믿었다.

※모세의 기록: Link 신명기 18:18

47 ‘그러나 너희가 모세의 글도 믿지 않는데 어찌 내 말을 믿겠느냐?’
벌써 배고파.
라면이 그렇지 뭐.
족발 시켜 먹을까?
The Bible
6장 기적4 오병이어 마태14:13, 6:30, 9:10
1 그 후, 예수께서 갈릴리 바다 곧 디베랴 바다 건너편으로 가시니
2 많은 사람이 예수를 따라갔어. 그들은 예수께서 병자들을 고치시는 기적들을 보았기 때문이야.
뛰어! 우릴 떼어놓을 순 없다!
거머리처럼 달라붙자!
3 예수께서 산에 올라가 제자들과 함께 앉으셨는데 마침 유대인의 명절인 유월절이 가까운 때였어.
5 예수께서 많은 사람이 모여드는 것을 보시고 빌립에게 말씀하셨지.
우리가 어디에서 빵을 사서 이 사람들을 먹이겠느냐?
6 예수께서는 스스로 하실 일을 알았지만 빌립을 시험하려고 이렇게 말씀하셨어.
지금 빵이 몇 개나 있느냐?
사람들을 조금이라도 먹이려면 200데나리온의 빵으로도 부족할 겁니다.
8 그러자 제자 중에 시몬 베드로의 형제인 안드레가 말했지.
여기 보리빵 5개와 물고기 2마리를 가진 소년이 있지만, 이 많은 사람에게 무슨 소용이 있겠습니까?
그걸 가져와라.
10 그곳에는 풀이 많았고, 그들의 수는 5000명쯤 되었어.
사람들을 앉게 해라.
말씀대로 모두 앉아요!
11 예수께서 빵을 들어서 감사 기도를 드린 후,
앉은 사람들에게 나눠주시고, 물고기도 그와 같이 하신 후 원하는 대로 주셨지.
골고루 나눠줘라.
12 그들이 배불리 먹은 뒤에 예수께서 제자들에게 말씀하셨어.
남은 걸 버리지 말고 다 모아라.
빵 5개랑 물고기 2마리로 이 많은 사람이 먹고 남아?
13 보리빵 5개로 먹고 남은 것을 모으니, 12 바구니에 가득 찼지.
맙소사, 말도 안 돼!
어떻게 이런 일이…!

※건너편 : 가버나움 동쪽 헤롯 빌립 2세가 다스리던 ‘벳새다’. Link 누가복음 9:10

※기적 : 사도 요한은 사람들이 예수님을 따른 것은 기적 때문이라고 반복해서 말한다. Link 요한복음 2:23, 4:45

※데나리온(Denarius) : 로마의 은전. 1데나리온은 당시 노동자의 하루 품삯.

※보리빵과 물고기 : 서민들이 먹던 빵과 작은 민물정어리. 빵 5개와 물고기 2마리는 한 사람의 한 끼 정도 양이다.

※5000명 : 마태는 여자들, 아이들을 제외한 성인 남자의 수라고 했다. Link 마태복음 14:21

14 그러자 사람들이 억지로 자기를 왕으로 삼으려는 것을 예수께서 아시고,
누가 이런 기적을 보인단 말이냐?
이분은 참으로 세상에 오시기로 한 그 예언자다!
다윗의 자손이신 유대 왕이시다!

※그 예언자 : 하나님께서 보내기로 약속하신 모세와 같은 예언자. Link 신명기 18:18

혼자서 산으로 가셨어.

▶Link 1권 85p tip '오병이어의 의미'를 보라.

tip 억지로 왕으로 삼으려고

사람들은 예수님의 기적을 보고 하나님이 보내기로 약속하신 모세와 같은 예언자이자 메시아라는 것을 알아봤다. 그런데 예수님을 그들이 원하는 메시아, 즉 모세가 이집트에서 이스라엘을 해방시켜준 것처럼, 로마로부터 자신들을 해방시켜줄 정치적인 메시아로 봤다는 것이 문제였다. 그들은 메시아에 대한 잘못된 이해와 믿음으로 예수님을 왕으로 삼으려고 한 것이다.

※약속하신 : Link 신명기 18:18

기적5 물 위를 걸으시다 마태14:22, 마가6:45

16 저녁이 되자 예수의 제자들은 배를 타고 바다를 건너 가버나움으로 향했지.

※가버나움(Capernaum) : 예수님은 게네사렛을 거쳐 가버나움으로 가신다. Link 마태복음 14:34

그러나 이미 날이 저물었는데도 예수께서는 그들에게 오시지 않았어.
왜 안 오시지?
어째 바람이?
휘 이 이 잉

18 그때 큰 바람이 불어 파도가 사나워졌고 제자들은 노를 저어 4㎞쯤 갔지.
꺄오오오오오!
쏴아아아아아
사람 살려!

그때 제자들은 예수께서 바다 위를 걸어서 오시는 것을 보고 두려워졌어.
아니, 저…저기?!
헉!!
나다. 두려워하지 마라.
쏴아아아아아

21 그러자 그들은 기꺼이 예수를 배 안으로 모셨고,
바… 바람이?
갑자기 그쳤어.
휘 이 이 이

배는 곧 그들이 가려던 곳에 이르렀지.
휴, 살았다.

※가려던 곳 : 게네사렛(Gennesaret).

tip 나다. 두려워하지 마라

바다는 유대인들에게 공포, 혼돈을 상징한다. 예수님께서 바다 위를 걸어오신 것은 자기 백성을 구원하기 위해 파도를 짓밟으시는 하나님을 연상시키며, 예수님이 하나님과 같은 분임을 나타낸다. 그런 창조주이자 구원자이신 예수님은 거친 바다에서 두려움에 빠져있는 제자들에게 자신을 드러내시며 구원의 확신을 주신다. 그것은 이스라엘을 구원하기 위해 모세에게 나타난 하나님께서 '나는 스스로 있는 자다'라고 말씀하신 것과 같다. Link 출애굽기 3:14

※하나님을 연상 : Link 욥기 9:8 Link 하박국 3:15

자기 선언1 '나는 생명의 떡이다'

22 다음 날, 벳새다에 있던 사람들은 배가 한 척만 있는 것을 봤는데, 그때 디베랴에서 온 배 몇 척이 가까이 왔어.

예수는 어디 계시오?
모르오, 제자들만 떠났소!
예수께서는 제자들과 함께 배를 타지 않으셨소!

※벳새다(Bethsaida) : 갈릴리 바다 북쪽에 있는 성읍. 헤롯 빌립 2세가 다스리던 곳이다.
※디베랴(Tiberias) : 갈릴리 바다 서남쪽에 위치한 성읍.

24 그러자 그들은 다시 배를 타고 예수를 찾아 가버나움으로 갔지.
돌아가자!
게네사렛에서 가버나움으로 가셨다고요?
25 그들은 바다 건너 가버나움에서 예수를 만났어.
선생님, 언제 여기로 오셨습니까?
너희가 나를 찾는 것은 기적을 보아서가 아니라, 빵을 먹고 배가 불렀기 때문이다.
27 너희는 썩어 없어질 양식을 위해 일하지 말고, 영원한 생명에 이를 양식을 위해 일하라. 그러면 인자가 그 양식을 너희에게 줄 것이니, 이는 아버지 하나님께서 인자에게 그 권한을 주셨기 때문이다.

※보아서 : 기적을 보고도 그 기적을 일으킨 예수님이 누구신지 관심이 없다는 뜻이다.

28 우리가 어떻게 해야 하나님의 일을 하는 것입니까?
하나님께서 보내신 이를 믿는 것이 곧 하나님의 일이다.
30 그러면 어떤 기적으로 당신을 믿게 하겠습니까? 당신은 어떤 일을 할 수 있죠?
'하늘로부터 내려온 빵을 먹게 하겠다'라고 한 성경의 기록대로 우리 조상은 광야에서 만나를 먹었습니다.
저희가 믿을 수 있는 기적을 보여줘요. 빵보다 더 센 걸로.
하늘로부터 온 그런 일을 할 수 있어요?
하늘로부터 내린 빵은 모세가 준 것이 아니다. 그 참된 빵을 주신 분은 내 아버지시다.

※기록 : 유대인들은 오실 메시아가 만나를 내려주신다고 믿었다. Link 출애굽기 16:15

33 하나님의 빵은 하늘에서 내려와 세상에 생명을 준다.
난 배부른 게 좋아.
주여, 그 빵을 항상 우리에게 주십시오.
난 짬뽕.
킥킥
35 '나는 생명의 빵이다. 내게 오는 자는 결코 주리지 않을 것이요, 나를 믿는 자는 다시는 목마르지 않을 것이다.'
하늘나라
나를 통해서만 하늘나라에 갈 수 있어.
일단정지
36 '그러나 내가 이미 말한 대로, 너희는 나를 보고도 믿지 않는다.'
우리가 원하는 메시아가 아냐.
저자는 우리 밥그릇을 뺏으려고 해.

※빵 : 유대인들은 여전히 빵을 중요하게 생각하고 있다.
※생명의 빵 : 영적인 배고픔과 갈증을 해소할 수 있는 '예수님을 통한 믿음'을 가리킨다.

37 '아버지께서 내게 주시는 자는 다 내게 올 것이요, 내게 오는 자는 내가 결코 내쫓지 않을 것이다.'
하나님의 초대장을 받은 사람은 무조건 환영이야.
초대장
초대장
38 '내가 하늘로부터 내려온 것은 내 뜻을 이루려는 게 아니라, 나를 보내신 분의 뜻을 이루려는 것이기 때문이다.'
누굴 초대하느냐는 하나님이 정하시는 거야.
우린 당첨!
39 '나를 보내신 분의 뜻은, 내게 주신 사람을 하나도 잃지 않고, 마지막 날에 다시 살리는 것이다.'
모두 기록 해놔야지.

※마지막 날 : 세상의 마지막 날, 곧 예수님의 재림과 심판의 날을 말한다.

40 '또 아들을 보고 믿는 자마다 영원한 생명을 얻게 하시려는 것이니 내가 마지막 날에 그들을 살릴 것이다.'
흠, 빠진 사람이 있나?
41 저자가 하늘로부터 내려온 빵이라고?
저자는 요셉의 아들 예수잖아. 그의 부모도 우리가 아는데 어떻게 하늘에서 왔다는 거지?
수군대지 마라.
44 '나를 보내신 아버지께서 이끌어주지 않으면 아무도 내게 올 수 없다. 나는 내게 온 그들을 마지막 날에 살릴 것이다.'
하나님께 받은 초대장이 있어?
없는데요.
45 '예언자의 글에서 '너희가 모두 하나님의 가르침을 받을 것이다'라는 것처럼 아버지께 듣고 배운 사람은 모두 내게로 올 것이다.'
듣고 배우라고.
어떻게 배워요?
하나님이 어디에 계신다고?
46 '아버지를 본 사람이 있다는 것은 아니다. 오직 하나님께로부터 온 자만 아버지를 볼 수 있다.'
나를 통해서만 하나님의 가르침을 배울 수 있지.
정말요?
증거는?
47 '나를 믿는 자는 영원한 생명을 얻는다. 나는 생명의 빵이다.'
너희는 이미 수많은 증거를 봤잖아.
봤어?
아니 전혀.
※글: Link 이사야54:13
49 '너희 조상은 광야에서 만나를 먹었지만 죽었다. 그러나 하늘로부터 내려오는 이 빵은 먹어도 죽지 않는다.'
부럽다.
나도 예수님을 먹고 싶어.
조상님들
51 '나는 하늘로부터 내려온 살아있는 빵이다. 이 빵을 먹는 자는 영원히 살 것이다.'
거참.
근데 어떻게 이 빵을 먹지?
'내가 줄 빵은 나의 살이다. 그것으로 세상은 생명을 얻을 것이다.'
이렇게?
크르릉!
52 유대인들이 소란스럽게 말했어.
자기 살을 어떻게 먹으라고 줄 수 있지?
아플 텐데?
우리가 식인종인가?
53 '인자의 살을 먹지 않고, 인자의 피를 마시지 않으면 너희 속에 생명은 없다.'
이…이제 피까지?
싸~해지는데?
딸꾹
54 '내 살을 먹고, 내 피를 마시는 자는 영원한 생명을 얻어 내가 마지막 날에 그를 살릴 것이다.'
살려면 어떻게든 먹어야겠는데.
난 짬뽕이 더 좋은데.

55 '내 살은 참된 양식이요, 내 피는 참된 음료다. 내 살을 먹고, 내 피를 마시는 자는 내 안에 있고, 나도 그 안에 있다.'
끄응, 예수님 요리법을 찾아보자.
오늘 요리
주간 요리
57 '살아 계신 아버지께서 나를 보내셔서 내가 아버지 때문에 사는 것처럼, 나를 먹는 사람도 나 때문에 살 것이다.'
오, [마태복음 26:26]에 힌트가 있어.
와우!
THE BIBLE
58 이것은 예수께서 가버나움 회당에서 가르치실 때 하신 말씀이야.
나는 하늘로부터 내려온 빵이니 너희 조상이 먹고 죽은 만나와는 다르다. 이 빵을 먹는 자는 영원히 살 것이다.

▶ Link 1권 131p tip '성만찬'을 보라.

tip 내 살과 내 피

살과 피는 예수님의 십자가의 죽음을 의미한다. 즉 '내 살을 먹고, 내 피를 마시는 자'란 예수님의 십자가를 바라보며, 세상의 죄를 대신하고 세상을 구원하기 위한 죽음의 의미를 깨닫고, 하나님의 사랑과 은혜에 감사하며 예수 그리스도를 믿는 사람을 가리킨다. '내 안에 있고, 나도 그 안에 있다'라는 것은 그들이 예수 그리스도 안에서 하나님과 새로운 관계를 시작한다는 것이다. 한편 사도 요한은 여기서 예수님의 죽음이 생명을 위한 죽음이라는 점을 강조하고 있다.

믿지 않는 제자들

60 제자들 중에 여럿이 이 말씀을 듣고,
말씀이 이렇게 어려우니 누가 알아들을 수 있을까?
그러게.

61 내 말을 이해 못하겠느냐? 그러다가 인자가 전에 있던 곳으로 올라가는 것을 보면 어떻게 할 것이냐?
주님의 피와 살이 곧 영원한 생명이라는 거잖아요.

※올라가는 : 예수님은 십자가에서 죽으시고 부활하신 후 하늘로 올라가셨다. Link 누가복음 24:51

63 생명을 주는 것은 성령이시다. 이 육체는 아무 소용이 없다.
피와 살이 아니라 성령이라고?
지금까지 피와 살이라고 해놓고.
내가 한 말은 성령의 말씀이요, 생명의 말씀이다. 그런데도 너희 중에는 믿지 않는 사람들이 있다.
우리 중에?
누구지?
예수께서는 처음부터 믿지 않는 자들이 누구이며, 자기를 팔 자가 누구인지 알고 계셨어.
그래서 내가 아버지께서 허락하지 않으면 아무도 내게 올 수 없다고 한 것이다.

※성령 : 예수님이 하시는 모든 일은 성령에 의해서 이루어진다는 말씀이다.

※허락 : 믿지 않는 자는 예수님의 말씀에 문제가 있거나 증거가 부족해서가 아니라 하나님께서 허락하지 않으신 것이다.

66 그러자 제자 중에 많은 사람이 떠났고, 더 이상 함께 다니지 않았지.
배불리 먹여줄 왕인 줄 알았더니.
참 내, 자기가 빵이라나, 음료수라나.
이상한 사람이야.

베드로와 가룟 유다

67 예수께서 12사도에게 물으셨어.
너희도 떠날 거냐?
주여, 영원한 생명이 주께 있는데 저희가 어디로 갑니까? 저희는 주님이 하나님의 거룩한 아들임을 확신합니다.

70 예수께서 가룟 시몬의 아들 유다를 가리켜 말씀하셨는데 그는 12사도 중에 하나로 예수를 팔 사람이었지.
내가 너희 열둘을 택했지만 너희 중에 하나는 마귀다.
뭐?
마귀?

▶ Link 1권 129p tip '가룟 유다'를 보라.

7장 믿지 않는 형제들

1 그 후, 예수께서는 갈릴리 지방을 두루 다니셨어.
유대 지도자들이 자기를 죽이려 하니 유대 땅에는 가지 않으셨지.
오기만 해라.
필살기를 보여주마.
2 그런데 유대인의 명절인 초막절이 가까워지자 예수의 동생들이 말했어.
유대로 가서 그곳의 제자들도 형님이 하는 일을 보게 하세요. 알려지기를 바라면서 숨어서 일하는 사람은 없어요.
이런 일을 하시려면 자신을 세상에 드러내십시오.
그래야 출세하죠.

※초막절(장막절): 유월절과 오순절과 함께 유대인의 3대 절기. 출애굽 당시 조상들이 광야에서 지낸 것을 기념해서 임시로 초막(장막)을 치고 지낸다.
※동생들: 예수님의 친동생들인 야고보, 요셉, 시몬, 유다.

5 이는 동생들까지도 예수를 믿지 않았기 때문이야.
너희는 아직도 내가 누구인지 모르는구나.
나의 때는 아직 오지 않았지만, 너희 때는 항상 준비되어 있다.
7 세상이 너희를 미워하지 않지만 나는 미워한다.
너희는 세상에 속하기 때문이고,
난 이 세상의 일을 악하다고 증언하기 때문이다.
8 예수께서는 그렇게 갈릴리 지방에 머물러 계셨어.
너희는 명절을 지키러 올라가라. 나는 내 때가 되지 않았으니 올라가지 않겠다.

※때: 예수님의 때는 하나님이 정해주시고, 믿지 않는 자들의 때는 언제든 그들 스스로 정한다.

※증언: Link 요한복음 3:19, 15:19

tip 나의 때, 너희 때

예수의 동생들은 예수님에게 많은 사람이 모이는 명절에 예루살렘으로 가서 공개적으로 더 큰 기적을 보이라고 말한다. 그들은 예수님의 능력은 믿었지만 예수님이 누구인지, 왜 이 땅에 오셨고, 어디로 가시는지 모르고 세속적인 성공만 원했다. 이에 예수님은 세상을 구원하기 위한 메시아의 사명, 곧 유월절에 예루살렘에 올라가 십자가에서 죽을 '나의 때'가 아니라고 말씀하신다.

초막절에 예루살렘으로

10 그러나 동생들이 올라간 뒤에, 예수께서는 아무도 모르게 올라가셨지.
조심할 건 조심하면서 내가 해야 할 일은 해야지.
11 명절 중에 유대 지도자들이 예수를 찾았어.
그 사람이 어디에 있소?
예수를 본 사람 없소?

12 사람들 사이에서는 예수에 대해 말들이 많았지.
그는 좋은 사람이야.
아냐, 사람들을 속이고 있다고.
13 그러나 사람들은 유대 지도자들이 무서워 드러내 놓고 말하지 않았어.
쉿!
조심해.
14 명절이 중간쯤 지났을 때, 예수께서 성전에 올라가 가르치셨지.
저자는 배우지도 않고 어떻게 저런 지식을 가졌지?
무슨 자격으로 설교를 해?

※사람들: 예루살렘 주민들뿐만 아니라 명절을 맞이해서 온 순례자들도 포함한다.
※속이고: 백성을 미혹하게 한다는 의미로, 중대한 범죄였다. Link 신명기 13:5

※무서워: 당시 예수님을 그리스도로 믿는 사람을 회당에서 내쫓았다. Link 요한복음 9:22

16

나의 가르침은 내 것이 아니라,
나를 보내신 분의 것이다. 하나님의 뜻을 따르는 사람이라면 이 가르침이 하나님에게서 온 것인지, 내 마음대로 말하는 것인지를 알 것이다.
난 모르겠는데?
넌 하나님의 뜻을 따르지 않는 건가?

18

자기 마음대로 말하는 자는 자기의 영광만 구하지만, 자기를 보내신 분의 영광을 구하는 사람은 진실하며, 그 속에 불의가 없다.
마음대로 말하는 자가 우리라는 말이오?
에이, 설마.

19

모세가 너희에게 율법을 주었다. 그런데 너희 중에 율법을 지키는 자는 아무도 없다. 어째서 너희가 나를 죽이려고 하느냐?
당신은 귀신이 들렸소. 누가 당신을 죽이려고 한단 말이오?
미쳐서 헛것이 보이는 거요?

※율법 : 살인하지 말고, 동족을 미워하거나 원수를 갚지 말며, 이웃을 네 몸처럼 사랑하라고 했다. Link 출애굽기 20:12 Link 레위기 19:17, 18

21

내가 한 가지 일을 했는데 너희가 모두 놀라고 있다.
그럼 안식일에 그런 짓을 한 것이 옳단 말이오?

※한 가지 일 : 안식일에 베데스다 연못에서 38년 된 병자를 고친 일을 가리킨다. Link 요한복음 5:9

22

모세가 너희에게 할례의 율법을 주었다. 그래서 너희는 안식일에도 할례를 해준다.
할례는 하나님의 뜻이고, 할례를 통해서 아기가 온전해지니까.

※모세 : 하나님은 아브라함에게 할례 언약을 처음으로 말씀하셨다. Link 창세기 17:11

23

너희는 모세의 율법을 어기지 않으려고 안식일에도 할례를 해주면서 내가 안식일에 한 사람을 온전하게 해준 것에 왜 분개하느냐? 겉만 보지 말고, 공정한 심판을 해라.
너희가 마음대로 심판하지 말고 하나님의 뜻에 따라 심판하라는 말이다.
마…말이 되는데?
말로는 못 이겨.

tip 안식일 할례

유대인들은 모세의 율법(할례)을 지키려고 모세의 율법(안식일)을 어겼다. 왜냐하면 할례가 안식일보다 상위법이라고 여겼고, 할례를 통해 그 아기가 온전해진다고 믿었기 때문이다. 예수님은 하나님의 뜻에 따라 그 아기를 온전하게 하기 위해 안식일을 어기는 할례가 마땅한 것이라면, 하나님의 뜻에 따라 38년 된 병자를 온전하게 하기 위해 안식일을 어긴 것이 무슨 문제가 되냐고 반문한 것이다.

예수님을 잡으려고 하는 자들

25 그때 예루살렘 사람 중에 몇 사람이,

저자가 지도자들이 죽이려고 하는 그 사람이 아니오?
그가 대놓고 말하는데 왜 사람들은 아무 말도 못하죠?

※예루살렘 사람 : 예루살렘에 거주하는 주민으로, 대부분 예수님께 적대적이다.

지도자들은 정말 저자를 그리스도로 알고 있나?
그럴 리가 없지 않소.
우리가, 저자는 어디에서 왔는지 알지만 그리스도는 어디서 오시는지 모르오.
저자는 갈릴리 나사렛 출신이오.

28 너희는 나를 알고, 내가 어디에서 온 지도 안다. 그런데 나는 내 마음대로 온 것이 아니다. 나를 보내신 분은 참되시지만 너희는 그분을 알지 못한다!
하지만 나는 그분을 안다. 나는 그분에게서 왔고, 그분이 나를 보내셨기 때문이다!
하나님이 니 아빠냐?
집어 치워라!
우우우우

30 사람들이 예수를 잡으려고 했지만 손을 대는 사람이 없었어. 왜냐하면 그의 때가 아직 오지 않았기 때문이야.
빨리 저자를 잡아!
니가 잡아!
괜히 나섰다가 무슨 꼴을 보려고.

tip 때가 오지 않았다

요한복음은 크게 때가 오기 전[1장~12장]과 때가 온 후[13장~21장]로 나뉜다. 여기서 '때'란 예수님이 십자가에서 죽으시는 때, 어둠과 죽음을 이기시고 부활하신 때, 하늘에서 오신 그대로 올라가시는 때를 말한다. 사도 요한이 때가 오지 않았다고 하는 것은 예수님의 죽음과 부활 그리고 하늘로 올라가시는 모든 일이 하나님의 주권과 시간표 안에서 이루어지는 일이라는 것을 말하고 있다.

31 그중에 많은 사람이 예수를 믿었어.
그리스도가 오신다고 해도 이분보다 더 많은 기적을 보여줄 수 있을까?
그리스도가 분명해.

32 사람들이 예수를 두고 수군거리는 것을 바리새인들이 들었지.
틀린 말씀도 없잖아.
지도자들이 억지를 쓰고 있어.

그래서 대제사장들과 바리새인들은 예수를 잡으려고 성전 경비병들을 보냈어.
조용히 잡아와라.
백성들이 눈치 채지 못하게.

33 나는 잠시 동안 너희와 함께 있다가 나를 보내신 분께 돌아간다. 그러면 너희가 나를 찾아도 만나지 못할 것이요, 내가 있는 곳에 오지도 못할 것이다.
저자가 어디로 가기에 찾지 못한다고 하지?
그리스인들 사이에 흩어져 사는 유대인들에게 가서 그리스인이나 가르칠 건가?
도대체 무슨 말이지?

▶ Link 1권 88p tip '예루살렘에서 온 사람들'을 보라. ※돌아간다 : 예수님이 부활 후 하나님이 계시는 하늘로 돌아가신다는 말이다. Link 누가복음 24:51

목마른 자는 내게로 오라

37 명절의 가장 중요한 마지막 날에 예수께서 외치셨어.
목마른 자는 다 내게로 와서 마셔라!
나를 믿는 자는, 성경의 말씀처럼 그 속에서 생수가 강물처럼 흘러나올 것이다!

※마지막 날 : 초막절의 7일째인지 8일째인지 정확하지 않다.
※성경의 말씀 : 마지막 때에 물을 주시는 메시아에 대한 구약의 예언.
Link 이사야 12:3, 44:3, 에스겔 47:12, 요엘 3:18, 스가랴 13:1, 14:8

39 이것은 예수를 믿은 자가 받게 될 성령을 가리킨 말씀이지만 예수께서 아직 영광을 받지 않으셨기에 성령이 아직 사람들에게 오시지는 않았지.
언제는 빵과 음료수라더니 이젠 생수야?
흥!

※영광 : 예수님의 죽음과 부활 그리고 하늘로 올라가심을 가리킨다.
※성령 : 예수님의 영광이 있은 후에 사람들에게 성령이 내려오신다고 했다.
Link 요한복음 16:7

tip 목마른 자는 내게로

장막절은 유월절과 오순절(칠칠절)과 함께 유대인의 3대 절기로, 출애굽 때 조상들이 광야에서 지낸 것을 8일 동안 기념했다. 이때 유대인들은 임시 거처로 초막(장막)을 지어서 생활하고, 광야에서 물을 주시고, 풍성한 수확을 위해 비를 주신 하나님께 감사하며 물을 부었다. 또 풍성하게 수확하도록 햇빛을 주신 하나님께 감사하며 촛불을 켰다. 이에 예수님께서는 당시 유대인들의 물 붓기 의식과 연결해서 외치시고, 자신이 바로 생수를 주시는 분, 곧 메시아라고 말씀하신다. 한편 [38절]의 '그 속'이란, 출애굽 때 광야의 반석에서 흘러나온 물로 백성들의 갈증을 씻어준 사건처럼, 예수님에게서 흘러나온 생수(성령)가 목마른 자의 갈증을 씻어준다는 것이다.

※씻어준 사건: Link 민수기 20:11

유대인들의 분열1

43 그리하여 사람들 사이에 분쟁이 일어났어.

저 사람은 그 예언자다!
그리스도가 갈릴리에서 나온다고?
저 사람은 그리스도야!
성경에서 그리스도는 다윗의 후손으로, 다윗의 마을 베들레헴에서 나온다고 했지!

※그 예언자: 하나님이 약속하신 모세와 같은 예언자. Link 신명기 18:18
※성경: Link 이사야 9:7, 11:1 Link 미가 5:2
※갈릴리: 유대인들은 예수님을 갈릴리 지방 나사렛 출신으로 알고 있었다. Link 누가복음 2:4

44 그중에는 예수를 잡으려는 자들도 있었지만 아무도 손을 대지는 못했지.

지금 잡을까요?
흥분한 군중이 안 보여? 잘못하면 우린 맞아 죽어.

믿지 않는 지도자들

45 성전 경비병들이 대제사장들과 바리새인들에게 돌아왔어.

왜 그를 잡아오지 않았느냐?
그 사람처럼 말하는 사람은 지금까지 아무도 없었습니다.

47 설마, 너희도 속아 넘어간 거냐?
지도자들이나 바리새인들 중에 그를 믿은 자가 어디 있더냐?
율법도 알지 못하는 그들은 저주받을 것이다!

50 그들 중에서 예전에 예수를 찾아갔던 니고데모가 말했지.

우리의 율법에는 판결하기 전에, 먼저 그의 말을 들어보거나, 그가 하는 일을 알아보라고 했소?
당신들이 율법을 어기고 있구만.
뭐야?
이것이?

※예전: Link 요한복음 3:2
※율법: Link 신명기 1:16, 17:6

52 당신도 갈릴리 사람이야?
성경을 살펴보셔! 그러면 갈릴리에서는 예언자가 나올 수 없다는 것을 알 거요!
무모한 도전이냐? 철없는 반항이냐?

※갈릴리 사람: 변방인 갈릴리 사람들은 율법을 철저히 지키지 않는다고 생각했다.
※예언자: 예언자 요나는 갈릴리 가드헤벨 출신이었다. Link 열왕기하 14:25

53 그들은 각기 집으로 돌아가고,

괜히 성질은….

8:1 예수께서는 감람 산으로 가셨어.

기도가 필요해.

※감람 산(Mount of Olives): 예루살렘 동쪽 약 1㎞에 위치, 메시아가 오시기로 약속된 장소. Link 스가랴 14:4

tip 무지한 지도자들

유대 지도자들은 예수님을 믿는 사람들에게 저주를 선언했다. 사도 요한은 이를 통해 당시 유대 지도자들이 얼마나 율법에 무지했고, 하나님도 모르고 교만했는지 드러내고 있다. 그들이 율법을 알지 못한다고 저주를 했지만 정작 율법을 알지 못하는 자들은 자신들이며, 역설적으로 스스로의 입으로 자신들이 하나님의 저주 아래에 있다고 말하고 있다. 또 그들은 지도자들 중에서 예수님을 믿는 자가 어디 있냐고 소리친다. 하지만 사도 요한은 이미 지도자 중 니고데모가 예수님을 하나님으로부터 오신 선생이라고 했으며, 그 외 많은 지도자들이 예수님을 믿었다고 기록하고 있다. Link 요한복음 3:2 Link 요한복음 12:42

8장 간음한 여인

2 새벽에 예수께서 다시 성전에 가셔서 많은 백성을 가르치시는데,
3 율법교사와 바리새인들이 간음죄를 지은 한 여자를 끌고 와서 세웠어.
선생님, 이 여자가 간음하다 현장에서 잡혔습니다.
모세는 율법에서 이런 여자는 돌로 쳐 죽이라고 했는데 선생님은 어쩌겠습니까?
6 그들은 고발할 구실을 찾으려고 예수를 시험하고 있었지.
돌로 치라고 하면 로마법을 어기는 거야. 우린 사형 권한이 없으니.
여자를 놓아주라고 하면 율법을 어기는 거고.
킥 킥

※율법: Link 레위기 20:10 Link 신명기 22:24

그러자 예수께서는 몸을 굽혀 손가락으로 땅에 무엇인가를 쓰셨어.
뭘 하시는 겁니까?
어떻게 할까요?
7 그들이 다그쳐 물자 예수께서 몸을 일으켜 말씀하셨지.
너희 중에서 죄가 없는 자가 먼저 이 여자를 돌로 쳐라.
8 그리고 다시 몸을 굽혀 땅에 무엇인가를 쓰셨어.
죄가 없는 자?

※쓰셨어: 무엇을 쓰셨는지 알려지지 않았고, 많은 추정만 있을 뿐이다.

9 그러자 사람들은 양심의 가책을 받아 나이든 자부터 하나둘씩 떠났고,
하나님이 모든 인간은 죄인이라고 했는데?
여자를 돌로 치는 건 하나님의 말씀을 부정하는 거야.
마침내 예수와 그 여자만 남았지.
10 여인아, 너를 고발했던 자들은 어디에 있느냐? 너를 정죄한 자가 없느냐?
주여, 없습니다.

나도 너를 정죄하지 않을 것이니 다시는 죄를 짓지 마라.
흑흑, 주여…!

tip 죄 없는 자가 먼저 쳐라

율법대로라면 증인이 먼저 돌로 치고 그다음 백성들이 돌로 쳐야 한다. 그렇다면 여인을 끌고 온 지도자들이 먼저 돌로 쳐야 하지만 그들은 돌을 들 수 없었다. 돌을 든다는 것은 스스로 죄가 없다는 것이고, 그것은 하나님의 말씀을 부정하는 위험한 결과를 가져오기 때문이다. 사람들이 흩어지자 예수님도 여인을 정죄하지 않으신다. 이는 여인에게 죄가 없다는 것이 아니라, 예수님은 세상을 구원하러 오셨기 때문에 심판하지 않으시고 단지 회개를 권하신 것이다. 한편 '죄 없는 자가 돌로 쳐라'는 것은 누구나 죄인이므로 다른 이를 정죄하지 말라는 것이 아니다. 이것은 남의 죄보다 자신의 죄를 먼저 돌아보라는 의미다.

난 이 사건을 통해 앞서 [7장]에서 말한 생수가 되시는 메시아가 예수님이라는 것을 밝히고 있어.

※율법: Link 신명기 13:9, 17:7 ※구원하러: Link 요한복음 3:17
※자신의 죄를: Link 마태복음 7:5

자기 선언 2 '나는 세상의 빛이다'

12
나는 세상의 빛이니, 나를 따르는 자는 어둠 속에 다니지 않고, 생명의 빛을 얻을 것이다.
당신이 스스로 자신을 위해 증언하니 그 증언은 참되지 못하오!
앞서 자신을 위해 증언한다면 참되지 못하다고 했지 않소!
14 '내가 나를 증언하더라도 내 증언은 참되다. 나는 내가 어디서 와서 어디로 가는지 알기 때문이다.'
그러나 너희는 내가 어디서 와서 어디로 가는지 모른다.
우릴 우습게 보는데?
백성들은 우릴 존경한다고.

※세상의 빛: 빛은 이스라엘의 구원과 메시아를 상징한다. Link 시편 27:1 Link 이사야 9:2, 42:6, 49:6, 60:19
※빛: 초막절에 하나님께 감사하며 촛불을 들었던 의식에 빗대어 말씀하신 것으로 보인다. ※앞서: Link 요한복음 5:31

15 '너희는 사람이 정한 기준으로 심판하지만 나는 아무도 심판하지 않는다.'
난 모두 죄인인 너희를 구원하러 왔을 뿐이다.
자기가 메시아인 줄 아나?
16 '그러나 내가 심판한다면 내 심판은 참되다. 난 혼자가 아니라 나를 보내신 아버지가 함께 계시기 때문이다.'
그래서 나의 심판은 곧 아버지의 심판이다.
증거는?
17 '율법에도 '두 사람이 증언하면 참되다'라고 했다. 그처럼 내가 날 위해 증언하고, 날 보내신 아버지도 나를 증언하신다.'
증거는 명백하지.
내가 직접 물어볼게.
당신 아버지는 어디 있소?

※율법: Link 신명기 17:6, 19:15
※증언: Link 요한복음 5:32, 39

너희는 나도 모르고, 내 아버지도 모른다. 너희가 나를 알았다면 내 아버지도 알았을 것이다.
모르긴 뭘 몰라?
주소나 불러 주셔.
20 이것은 예수께서 성전의 헌금함 앞에서 가르치며 하신 말씀이야.
너희가 나를 믿지 않으니 그런 어리석은 질문을 하는 것이다.
이 사람이 정말!
해보자는 거야?
그러나 예수를 잡는 사람은 없었어. 그것은 아직 때가 오지 않았기 때문이야.
으그그, 끌고 갈 수도 없고!
보는 눈이 많아.

※성전: 여인들의 뜰.

예수님이 가시는 길

21
나는 가고, 너희는 나를 찾다가 너희 죄로 죽겠지만 너희는 내가 가는 곳에 올 수 없다.
자살하겠다는 건가?
자살은 죄악인데.
23
너희는 아래에서 왔고 나는 위에서 왔다. 너희는 이 세상에 속하지만 나는 이 세상에 속하지 않는다.
그래서 나는, 너희가 너희 죄로 죽을 것이라고 말했다. 너희가 '내가 그'라는 걸 믿지 않으면 너희 죄로 죽을 것이다.
북쪽에서 내려왔다는 건가?
당신이 누군데?

※올 수 없다: 예수님을 믿지 않기 때문에 예수님이 계신 곳으로 갈 수 없다는 말씀이다.
※죄: 하나님의 뜻에 따라 살지 못한 죄와 예수님을 믿지 않은 죄.
※그: 하나님이 백성을 구원하기 위해 보내신 메시아.

나는 처음부터 너희에게 말했던 바로 '그'다. 나도 너희에 대해 말하고 심판할 것이 많다.
하지만 나를 보내신 분은 참되시니 나는 그분에게 들은 대로만 세상에 말하는 것이다.
북쪽의 어떤 왕이 보낸 특사야?
그런 것 같기도?
27 그들은 예수께서 아버지를 가리켜 말씀하신 것을 깨닫지 못했어.
너희는 인자가 높이 들린 후에야 비로소 '내가 그'라는 것과 내가 무엇이든 내 마음대로 하지 않고 아버지께서 가르쳐 주신 대로 말했다는 것을 알게 될 것이다.
높이?
북쪽으로 돌아간다는 건가?

※처음부터: 구약에서부터 계시된 메시아 또는 예수님이 사역 초기부터 하나님의 아들이라고 말씀하신 걸 가리킨다.

※높이: 예수님이 십자가에 매달리는 것을 가리킨다.
※알게: 예수님이 떠나신 후 믿게 된 사람들. Link 사도행전 2:41

29 나를 보내신 분이 나와 함께하신다. 내가 항상 그분이 기뻐하시는 일을 하기 때문에 그분은 나를 혼자 두지 않으신다.
너희가 날 믿건 말건.
30 이 말씀을 듣고, 많은 사람이 예수를 믿게 되었지.
음, 메시아가 맞는 것 같아.
말씀에 권위가 있으시잖아.
그치? 뭔가 특별해.
그래도 찜찜한데?

진리가 너희를 자유롭게 하리라

31 예수께서 믿는 유대인들에게 말씀하셨어.
너희가 나의 말에 따라 산다면 나의 참된 제자가 되고, 진리를 알 것이며, 진리가 너희를 자유롭게 할 것이다.

※제자: '따르는 자'를 뜻하며, 예수 그리스도의 가르침을 따라 살아가는 자를 말한다.
※진리: 예수 그리스도를 통해 죄를 용서하시고 구원을 베푸시는 하나님.

33 우리는 아브라함의 자손이라 남의 종이 된 적이 없는데 왜 우리가 자유롭게 될 거라고 합니까?
우린 선택받은 아브라함의 자손입니다.
죄를 짓는 사람은 모두 죄의 종이다.
아브라함의 자손이라도 예외는 없다.
35 '종은 항상 주인집에 있지 못하지만, 아들은 언제까지나 머물러 있다. 그러니 아들이 너희를 자유롭게 해주면, 너희는 참된 자유를 얻을 것이다.'
그만이 죄와 죽음과 심판에서 자유롭게 해줄 수 있고, 그것은 그를 믿고 따르는 자에게만 주어지는 것이다.
음!
흠!
끙!

※남의 종: 이스라엘은 이집트, 바벨론 등의 지배를 받았고, 지금은 로마의 지배하에 있다. 여기서는 영적으로 구속된 상태를 말한다.

※주인집: 하나님의 집, 하나님의 나라.
※아들: 예수 그리스도.

아브라함의 자손과 사탄의 자손

37 너희가 아브라함의 자손인 줄 안다. 그런데 너희는 나를 죽이려 한다. 내 말이 너희 속에 있을 곳이 없기 때문이다.
나는 내 아버지에게서 본 것을 말하고, 너희는 너희 아비에게서 본 대로 한다.
우리 아비는 아브라함이오!

'너희가 아브라함의 자손이라면 아브라함이 한 대로 했을 것이다.'
아브라함은 하나님께 철저히 순종했지만 너희는 그렇지 않다.
무슨 소리요? 우린 철저히 율법을 지켰소!

※자손: 유전적으로 혈통만 아브라함의 자손이라는 뜻.
※아비: 하나님과 예수 그리스도에 대적하는 사탄을 가리킨다.

40 '그런데 지금 너희는 하나님께 들은 진리를 말하는 나를 죽이려 한다. 아브라함은 그렇게 하지 않을 것이다. 너희는 너희 아비가 한 일을 하고 있다.'
그것이 너희가 아브라함의 자손이 아니라는 증거다.
우리는 사생아가 아니오!
우리 아버지는 하나님 한 분뿐입니다!
42 '하나님이 너희의 아버지라면 너희가 나를 사랑했을 것이다. 그것은 내가 하나님에게서 왔기 때문이다. 나는 내 마음대로 온 것이 아니라 아버지께서 보내신 것이다.'
너희는 혈통만 아브라함의 자손일 뿐 영적으로는 아니다.
무슨 헛소리를?!
그건 억지 주장일 뿐이오!

※사생아: 구약의 호세아는 우상을 숭배하는 이스라엘을 사생아라는 의미로 음란의 자식이라고 했다. Link 호세아 1:2

※한 분: 구약 성경을 인용한 말이다. Link 출애굽기 4:22 Link 신명기 6:4

43 '너희가 내 말을 깨닫지 못하는 것은 내 말을 들을 수 없기 때문이다.'
흥, 말이 말 같아야지.
진리를 거부하는 건 당신이야.
44 '너희는 너희 아비인 사탄에게서 났으며, 그 아비의 욕심대로 하려고 한다. 그는 처음부터 살인자였다. 그는 그 속에 진리가 없으므로 진리 앞에 서지 못한다. 거짓말은 그의 본성이니, 그는 거짓말쟁이이며, 거짓의 아비다.'
크크, 나의 귀염둥이들.

※들을 수 없다: 예수님 말씀을 믿음으로 받아들이지 않는다는 뜻.

※사탄에게서 났다: 그들의 본질이 사탄과 같다는 뜻.

45 '그렇기 때문에 내가 진리를 말해도 너희는 나를 믿지 않는 것이다.'
아빠가 좋아? 예수가 좋아?
아빠.
아빠.
46 '너희 중에 누가 나의 죄를 증명할 수 있느냐? 내가 진리를 말하는데, 어째서 나를 믿지 않느냐?'
그것도 몰라? 우린 사탄의 자식이니까.
크크, 귀여운 것들.
47 '하나님께 속한 자는 하나님의 말씀을 듣는다. 그러니 너희가 듣지 않는 것은 하나님께 속하지 않기 때문이다.'
당연한 거 아냐? 내 자식들인데.

예수님과 아브라함

48 우리가 당신을 사마리아 사람, 또는 귀신이 들렸다고 하는데 틀렸소?
사마리아 것들처럼 당신에게 무슨 제대로 된 신앙이 있겠소.
난 귀신이 들린 게 아니라 내 아버지를 공경하는 것인데 너희는 나를 멸시한다.

50 나는 내 영광을 구하지 않지만, 내 영광을 구해 주시고, 판단하시는 분은 따로 계신다.
너희가 날 멸시해도 진실은 바뀌지 않는다.

※사마리아: 유대인들은 사마리아 사람을 경멸했으며, 사람들을 속이는 마술사로 생각하기도 했다.

※따로: 예수님이 하나님의 영광을 구하시기 때문에 결국 하나님께서 예수님을 높여 주실 것이라는 뜻.

51 내가 진실로 너희에게 말한다. 내 말을 지키는 사람은 영원히 죽지 않을 것이다.
이제 당신이 귀신 들렸다는 것을 확실히 알겠소. 아브라함도 죽고, 예언자들도 죽었는데 당신의 말을 지키는 사람은 영원히 죽지 않을 것이라니 말이오.
당신이 이미 죽은 우리 조상 아브라함보다 위대하다는 거요?
예언자들도 다 죽었는데, 당신은 자신을 누구라고 생각하오?
54 '내가 나를 영광되게 한다면, 내 영광은 헛된 것이다. 그러나 나를 영광되게 하시는 분은 내 아버지, 곧 너희가 하나님이라고 부르는 그분이시다.'
내가 그분의 말씀에 순종하고 그대로 전하기 때문이다.
우리도 그분의 말씀을 그대로 따르고 있소.
우린 율법에 살고 율법에 죽어요.
55 '너희는 그분을 모르지만 나는 안다. 내가 그분을 모른다고 하면 나도 너희처럼 거짓말쟁이가 될 것이다. 나는 그분을 알고 그 말씀을 지킨다.'
너희는 하나님의 뜻도 모르고 형식적일 뿐이다.
당신만 하나님을 알고 우린 엉터리라고?
아브라함이 웃겠소.

※죽지 않을 : 육체적인 죽음이 아니라 영적인 영원한 생명을 얻을 것이라는 뜻.
※누구라고 : 아브라함도, 예언자들도 죽었는데 당신이 누구이기에 죽지 않는다고 주장하느냐는 뜻.

56 너희의 조상 아브라함은 나의 때를 보려고 기대하다가, 마침내 보고 기뻐했다.
당신은 아직 50세도 안 되어 보이는데 정말 아브라함을 봤다고?
지금 장난쳐?
58 내가 진실로 너희에게 말한다. 아브라함이 태어나기 전부터 내가 있었다.
뭐?!
네가 하나님이냐?
59 그들이 돌을 들어 치려고 하자 예수께서 그들을 피해 성전 밖으로 나가셨어.
돌로 쳐 죽여야 해!
너 이리 와!
튀자~♬

※돌 : 하나님을 모독하는 자는 돌로 쳐 죽이라고 했다. Link 레위기 24:16

tip 아브라함은 나의 때를 보려고

하나님은 아브라함에게 아들 이삭을 모리아 산으로 데려가서 제물로 바치라고 하셨다. 아브라함은 이에 순종했고, 하나님은 준비해둔 어린 양을 이삭 대신 제물로 바치게 하셨다. 그리고 하나님은 아브라함에게 '네 자손이 크게 번성해서 원수의 성을 정복하며, 이 땅의 모든 민족이 네 자손으로 인해 복을 받을 것이다'라고 약속하셨다. 이에 아브라함은 하나님께서 약속하신 자손이 메시아라는 것을 알고 그때가 이루어지길 기대했다는 것이다. '보고 기뻐했다'라는 것은 아브라함이 예수님을 보고 그 약속이 이루어진 것을 기뻐했다는 말이다. 이것은 아브라함이 하나님 앞에 여전히 살아있다는 것을 나타내고 있다.

※약속 : Link 창세기 22:17, 18

9장 실로암의 눈먼 사람 치유

1 예수께서 날 때부터 눈먼 사람을 길에서 보셨지.
선생님, 이 사람이 눈이 멀어서 태어난 것은 누구의 죄 때문입니까? 이 사람의 죄입니까? 부모의 죄입니까?
그 누구의 죄도 아니라 하나님께서 하시는 일들을 드러내시려는 것이다.

※죄 : 유대인들은 모든 질병의 원인을 죄 때문이라고 생각했는데 태어날 때부터 병이 있었으니 그 죄가 부모에게 있는 것이 아니냐는 질문이다.
※드러내시려는 : 하나님의 뜻을 이루려고 눈을 멀게 한 것이 아니라 날 때부터 어둠 속에 있는 사람에게도 하나님의 은혜를 드러내신다는 말이다.

4 그러니 우리는 낮 동안에 나를 보내신 분의 일을 해야 한다. 곧 밤이 오면 그때는 아무 일도 할 수 없을 것이다.
너희도 하나님 일은 미루지 말고 지금 해야 한다는 말이다.
5 내가 세상에 있는 동안 나는 세상의 빛이다.
왜 그런지 보라.
뭘 보여 주시려고?
6 그런 후, 예수께서는 땅에 침을 뱉어 진흙으로 개어 그의 눈에 바르시고,
실로암 연못으로 가서 씻어라.

※낮 : 예수님이 세상에 계실 때. 사람들이 이 세상에 있을 때.

※실로암(Siloam) : '보냄을 받았다'라는 뜻. 예루살렘 성 남쪽에 위치했다.

그는 연못으로 가서 씻고 눈이 밝아졌어.
이럴 수가?!
??
8 그러자 이웃 사람들과 그가 전에 눈먼 것을 봤던 사람들이 말했지.
그자는 앉아서 구걸하던 사람?
맞아, 그 사람이다.
그와 닮았는데?
내가 바로 그 사람이오!
10 어떻게 눈을 떴소?
예수라는 사람이 진흙을 개어 내 눈에 바르고, 실로암 연못에 씻으라고 했는데 보게 되었소.

12 그 사람이 어디에 있소?
모르겠소.
그분을 만날 때 난 눈이 보이지 않았소.

tip 세상의 빛

이 사건은 예수님의 능력이 얼마나 대단하지 보여주는 것이 아니라 하나님으로부터 세상의 빛으로 보내진 메시아가 바로 예수님이라는 것을 보여준다. 이는 하나님의 아들이 누구인지 모르는 사람들, 곧 죄의 종이 되어 어둠 속에 사는 영적으로 눈먼 사람들에게 하나님의 아들이 누구인지, 메시아가 누구인지 보게 해서 구원과 영생을 얻도록 하는 구원의 빛이자 생명의 빛이라는 것을 알려주려는 것이다.

눈먼 사람의 증언

13 사람들은 그를 바리새인들에게 데리고 갔어.
이게 무슨 일이지?
지도자들에게 물어보자.

14 그런데 예수께서 그의 눈을 뜨게 하신 날은 안식일이었지.
안식일에 그런 일을 하다니.
15 바리새인들은 다시 그에게 어떻게 보게 되었는지 물었어.
앞에서 설명했으니 그걸 보셔.
이놈이?
16 그러자 바리새인 사이에서 의견이 갈렸지.
안식일을 지키지 않았으니 하나님에게서 온 사람은 아니오.
죄인이 어떻게 이런 기적을 보일 수 있겠소.
그럼, 하나님에게서 온 죄인?

17 바리새인들이 눈이 멀었던 그에게 다시 물었어.
넌 네 눈을 뜨게 한 그가 누구라고 생각하느냐?
그분은 예언자죠.
18 난 이자가 눈이 멀었다가 보게 되었다는 걸 믿을 수 없소.
이 인간들이 속고만 살았나?
맞아, 사기꾼처럼 생겼잖아.
마침내 바리새인들은 그의 부모를 불렀지.
이자가 날 때부터 눈이 멀었던 너희 아들이냐? 그런데 지금은 어떻게 보게 된 거냐?
어떻게 보게 됐지?
어라? 정말?

※예언자 : 하나님이 보내신 예언자지만 메시아를 뜻하는 모세와 같은 예언자는 아니다.

20 얘가 우리 아들인 것과 날 때부터 눈이 멀었다는 것은 사실입니다.
우리는 어떻게 보게 됐는지도 모르고, 누가 눈을 뜨게 했는지도 모릅니다. 다 큰 사람이니 얘한테 물어 보세요. 얘가 자기 일을 말할 겁니다.
22 그 부모는 유대인들이 무서워서 그렇게 말했어. 유대인들은 이미 예수를 그리스도라고 고백하면 누구든 회당에서 내쫓기로 결의해 놓았기 때문이야.
아들아!
하나님의 은혜구나.
니나노~
아주 신났군.
자리를 깔아줘?

※다 큰 사람 : 당시 유대 남자는 13세가 되면 법적으로 증언을 할 수 있었다.

※내쫓기로 : 유대 공동체에서 추방당하고 사람들과 관계가 단절되며 모든 권리를 포기해야 했다.

24 너는 하나님께 영광을 돌려라! 우리가 알기로 그는 죄인이다!
죄인은 그런 기적을 베풀 수 없다!
네가 우릴 속인 것을 자백해라!
그분이 죄인인지 아닌지 모르겠고, 한 가지 분명한 것은 제가 눈이 멀었다가 보게 되었다는 겁니다.
아이고, 우리 똑똑이.
26 그가 네게 무엇을 했고, 어떻게 네 눈을 뜨게 했느냐?
제가 이미 말했는데 제대로 듣지 않고 왜 다시 들으려고 해요? 당신들도 그분의 제자가 되고 싶어요?
날 닮았어.
날 닮았다고.

28 너는 그의 제자이지만, 우린 모세의 제자다!
우리는 하나님께서 모세에게 말씀하셨다는 건 알고 있지만, 그자는 어디서 왔는지 모른다!
그분이 이 눈을 뜨게 하셨는데도 어디서 왔는지 모르다니, 참 이상하네요.
31 우리가 알기로 하나님은 죄인들의 말은 듣지 않으시지만, 누구든 하나님을 공경하고 그 뜻을 따르면 들어주십니다.
그런데?
그게 뭐 어쨌다고?

32
창세 이후 지금까지, 날 때부터 눈먼 자의 눈을 뜨게 했다는 말은 듣지 못했습니다. 그가 하나님께로부터 오시지 않았다면 아무 일도 하지 못했을 겁니다.
날 때부터 죄인인 네가 우리를 가르치려는 거냐?
34 그리고 바리새인들은 그를 밖으로 내쫓았지.
썩 꺼져라!
이것은 유대인들이 분명한 증거 앞에서도 빛으로 오신 메시아를 거절하는 모습을 잘 보여줘. 그들은 빛을 거부하고 어둠 속으로 들어간 거야.

※창세 이후 : 구약 성경에서는 눈먼 자를 고친 일이 없다. 다만 메시아가 오시면 눈먼 자를 뜨게 한다고 예언하고 있다. **Link** 이사야 29:18, 35:5, 42:7

영적으로 눈먼 사람들

35 예수께서 바리새인들이 그를 내쫓았다는 말을 들으시고 그를 만나셨어.
네가 인자를 믿느냐?
주여, 그분이 누구십니까? 제가 그분을 믿겠습니다.
37 너는 이미 그를 보았다. 너와 말하는 사람이 바로 그다.
주여, 제가 믿습니다!
39 나는 이 세상을 심판하러 왔다. 못 보는 자는 보게 하고, 보는 자는 못 보게 하려는 것이다.
??

※심판 : 예수님을 믿지 않는 자들에게 내려지는 결과를 말한다. 예수님은 이 세상을 구원하러 오셨다. **Link** 요한복음 3:16,17 ※보는 자 : 예수님을 보면서도 인정하지 않는 사람들.

40 이때 함께 있던 바리새인들이 말했지.
설마 우리도 눈이 멀었다는 건 아니겠지?
난 정확하게 하나님을 보고 있다고.
난 독수리 눈깔이야.
41 너희가 눈이 멀었더라면 오히려 죄가 없을 것이다. 그러나 너희가 지금 본다고 하니 죄가 그대로 있다.
맨날 우리만 미워하셔.
크흐흑

tip 눈먼 사람이 예수님을 인식하는 과정

1. 예수라는 사람 [11절]
2. 그는 예언자 [17절]
3. 하나님을 공경하는 분 [31절]
4. 하나님으로부터 오신 분 [33절]
5. 주님 [38절]

※본다고 : 무지해서 예수님을 못 봤다면 죄가 없겠지만, 보고도 인정하지 않고 거절하니 죄가 그대로 있다는 것이다.

10장 양의 목자 비유

1 '양 우리에 들어갈 때 문으로 들어가지 않고 다른 곳으로 넘어가는 자는 도둑이요 강도이다.'
안녕, 난 친구야.
2 '그러나 문으로 들어가는 자는 양들의 목자이다.'
3 '문지기는 목자에게 문을 열어 주고, 양들은 그 목소리를 알아듣고, 목자는 자기 양의 이름을 하나하나 불러 이끌어낸다.'

4 '자기 양들을 다 불러낸 목자가 앞서가면 양들은 따라간다. 양들은 목자의 목소리를 알고 있기 때문이다.'
5 '양들은 낯선 사람을 따라가지 않고 달아난다. 양들은 낯선 사람의 목소리를 알지 못하기 때문이다.'
애들아, 이리 와.
쿵!
6 예수께서 비유를 말씀하셨으나, 그들은 무슨 뜻인지 깨닫지 못했어.
너희가 내 목소리를 듣고도 거절한 것은 너희가 내 양이 아니기 때문이다.
뭐래?
양이 어쨌다고?

※목소리를 알고 : 실제로 여러 무리의 양들이 섞이더라도 양들은 자기 목자의 소리를 듣고 따라간다.

자기 선언 3 '나는 양의 문이다'

7 나는 양이 드나드는 문이다.
뭐래?
문이 어쨌다고?
8 '나보다 먼저 온 자는 다 도둑이고 강도다. 그래서 양들이 그들의 말을 듣지 않는다.'
내가 버림받은 거야?
9 '나는 문이니 누구든지 나를 통해 들어가면 구원을 얻고, 드나들며 좋은 풀밭을 얻을 것이다.'

※문 : 하나님에게로 가는 구원의 문.

※먼저 온 자 : 거짓으로 백성의 눈을 막고 속이며, 예수님을 부정하는 바리새인들.

자기 선언 4 '나는 선한 목자다'

10 '도둑이 오는 것은 훔치고, 죽이고, 멸망시키려는 것뿐이지만,'
어차피 말도 안 듣는 것들!
다 죽여 버리자!
'내가 온 것은 양들이 생명을 얻고, 더 풍성하게 얻게 하려는 것이다.'
11 '나는 선한 목자다. 선한 목자는 양들을 위해 자기 목숨을 버리지만,'

※선한 목자 : 백성을 구원할 참 목자에 대한 예언이 이루어졌음을 뜻한다. Link 예레미야 23:4

12 '일꾼은 목자가 아니고, 양들도 자기의 것이 아니라 늑대가 오면 양들을 버리고 달아난다.'
'그러면 늑대가 양들을 잡아가고 흩어 버린다. 그것은 그가 일꾼이라 양들을 생각하지 않기 때문이다.'
14 '나는 선한 목자라, 나는 내 양들을 알고, 내 양들도 나를 안다.'

※일꾼 : 바리새인들을 비롯한 유대 종교 지도자들을 가리킨다.

15 '그것은 마치 아버지께서 나를 아시고, 내가 아버지를 아는 것과 같다. 나는 양들을 위해 내 목숨을 버린다.'
헉! 헉!

16 '내게는 이 우리에 있지 않은 다른 양들도 이끌고 와야 한다. 그들도 내 목소리를 듣고 하나가 되어 목자에게 올 것이다.'
뿌우우우우우우

17 '아버지께서 나를 사랑하신다. 그것은 내가 생명을 다시 얻으려고 목숨을 내놓기 때문이다.'

※목숨 : 예수님은 곧 자기 백성들을 위해 십자가에서 목숨을 버리신다.

※이 우리 : 이스라엘.
※다른 양들 : 온 세상 사람들.

※생명 : 부활을 의미한다.

18 '누군가 내게서 생명을 빼앗는 것이 아니라 나 스스로 내놓는 것이다. 나는 생명을 버릴 권한도 있고, 다시 얻을 권한도 있다. 그것은 내가 아버지께로부터 받은 명령이다.'

유대인들의 분열2

19 그러자 유대인들 사이에 다시 논쟁이 일어났어.
귀신 들려 미친 자의 말을 왜 듣냐?
귀신이 들린 게 아니다. 귀신은 눈먼 자의 눈을 뜨게 할 수 없어!

수전절에 배척 당하시다

22 수전절이 다가오는 겨울, 예수께서 성전 안 솔로몬 행각을 걷고 계셨지.

※솔로몬 행각(Solomon's Colonnade) : 성전 동편, 벽이 없이 지붕과 기둥으로 된 복도.
▶ Link 1권 22p tip '수전절'을 보라.

24 그때, 유대인들이 예수께 말했어.
당신은 언제까지 우리 마음을 졸이게 할 겁니까?
당신이 그리스도면 그렇다고 분명히 말해 주시오.
난 이미 말했지만 너희가 믿지 않는 거다. 내가 내 아버지의 이름으로 하는 일들이 나를 증언하는데 말이다.
너희가 믿지 않는 건, 너희가 내 양이 아니기 때문이다.

27 '내 양들은 내 목소리를 안다. 나는 내 양들을 알고, 내 양들은 나를 따른다.'

28 '나는 그들에게 영원한 생명을 준다. 그들은 영원히 멸망하지 않을 것이요, 아무도 그들을 내 손에서 빼앗지 못한다.'
하나님께 가거라.

29 '또, 그들을 내게 주신 내 아버지는 세상의 모든 것보다 위대하시니 아무도 그들을 내 아버지의 손에서 빼앗지 못한다.'
하나님과 내가 함께 지켜줄게.

30
고로 나와 아버지는 하나다.
뭐야?
이것이 정말!
31
그러자 유대인들이 다시 돌을 들어 예수를 치려고 했지.
내가 아버지로부터 온 선한 일을 많이 보였는데, 그중에 어떤 일이 못마땅해서 돌로 치려고 하느냐?
네가 보인 선한 일 때문이 아니라 하나님을 모독했기 때문이다!
너는 사람인 주제에 스스로를 하나님이라고 했다!
34
너희 율법의 기록에 '내가 너희를 신들이라고 했다'라고 하지 않았느냐?
하나님께서는 하나님의 말씀을 받은 사람들을 신이라고 하셨다. 성경의 말씀은 없어지지 않는다.
여기 그렇게 말씀하셨네.
그런데 왜 트집이시오?
정말?
그…그렇네.
36
또 아버지께서 거룩하게 세상에 보낸 자가 자신은 하나님의 아들이라고 한 것이 왜 하나님을 모독한 것이냐?
이것도 맞네. 당신들은 성경을 읽기는 하시오?
으음!
끄응!

※기록: Link 시편 82:6

※하나님의 아들: Link 시편 82:6 에서 '너희는 가장 높으신 분의 아들'이라고 했다.

37
만약, 내가 내 아버지의 일을 하지 않는다면 나를 믿지 마라. 그러나 나를 믿지 않더라도 내가 한 일은 믿어라.
그러면 아버지께서 내 안에 계시고, 내가 아버지 안에 있다는 것을 알고 믿을 것이다.
알겠냐? 좀 믿으라고.
공부도 좀 하고.
무식이 자랑이냐?
끄응!
39
유대인들이 다시 잡으려 했으나 예수께서는 그들의 손을 벗어나 피하셨어.
한심한 것들, 끌끌.
두고 보자.

베다니로 가시다

40 예수께서는 다시 요단 강을 건너, 요한이 처음 세례를 주던 곳으로 가서 머무셨지.

또 라면?
달걀은?
41
그러자 많은 사람이 예수께 왔고, 많은 사람이 그곳에서 예수를 믿었어.
세례 요한은 아무 기적도 보이지 않았지만 그 사람에 대해 한 말은 모두 사실이야.
그러게.
그분은 놀라운 기적으로 요한의 말이 사실임을 보여줬어.
맞아.
웅성
웅성

※세례를 주던 곳: 요단 강 동쪽에 있는 베다니를 가리킨다. Link 요한복음 1:28

※기적: 당시 기적은 예언자로 인정받기 위한 중요한 기준이었다.

11장 나사로의 죽음
1 마리아와 그녀의 언니 마르다의 마을 베다니에는 나사로라는 병자가 있었지.
2 마리아는 주께 향유를 붓고 머리털로 주의 발을 씻은 여자로, 병든 나사로가 그녀의 오빠였어.
3 누이들이 예수께 사람을 보냈어.
주여, 주께서 사랑하시는 자가 병들었습니다.
이 병은 죽을 병이 아니다.
예수께서는 마르다와 그녀의 동생 마리아와 나사로를 사랑하셨지.
아, 다행이네요.
이 병으로 하나님의 영광을 드러내고, 그분의 아들이 영광을 받게 하려는 것이다.
6 그런데 예수께서는 병든 나사로의 소식을 들으시고도 계시던 곳에 이틀을 더 머무셨어.
아자, 만점!
오옷!
뿅뿅뿅
7 그런 후,
다시 유대 지방으로 가자.
선생님, 얼마 전에 유대인들이 돌로 치려고 했던 곳에 왜 다시 가시는 겁니까?
나사로도 죽을병이 아니라면서요?
9 낮은 12시간이지 않느냐? 낮에 다니면 햇빛이 있어서 걸려 넘어지지 않지만 밤에 다니면 빛이 없어서 걸려 넘어진다.
그들이 하나님의 일을 막을 순 없다.
11 우리 친구 나사로가 잠들었으니 내가 가서 그를 깨우겠다.
주여, 그가 잠들었으니 곧 나을 겁니다.
잠이 보약이니까.
13 예수께서는 나사로가 죽었다고 하셨지만 제자들은 잠들어 쉰다고 생각했어.
나사로는 죽었다고.
네?!
주… 죽어요?
15 내가 거기에 있지 않은 것이 너희를 위해서는 잘된 일이니 기쁘구나. 그것은 이 일로 너희가 믿게 하려는 것이다. 가자.
뭐가 뭔지?
그러게.
16 그러자 디두모라고도 하는 도마가 다른 제자들에게 말했지.
우리도 주와 함께 죽으러 가자!
결의는 좋다만 주님이 말씀하실 때 졸았나?
낮에는 넘어지지 않는다고 하셨구먼.
뜬금없는 도마의 외침은 내가 당시 교회와 그리스도인들에게 하고 싶은 말이라는 해석도 있어.

※베다니(Bethany): 예루살렘의 동쪽 약 3㎞, 감람 산 아래에 위치. 세례 요한이 세례를 베풀었던 베다니와는 다른 곳이다.

※마리아: 사도 요한이 이 글을 쓸 A.D.90년 전후 마리아의 이야기는 누구나 알고 있을 만큼 유명했다. Link 요한복음 12:3

※이 병으로: 나사로의 죽음과 부활의 목적과 예수님의 죽음과 부활의 목적은 같다는 뜻이다.

※낮: 하나님의 일을 할 때. Link 요한복음 9:4

※햇빛: 하나님.

※도마(Thomas): 12사도 중 한 명. 요한복음은 다른 복음서와 달리 도마의 이야기를 4번에 걸쳐 전하고 있다. Link 요한복음 11:16, 14:5, 20:25, 21:2

tip 이틀을 더 머무셨다

예수님은 나사로의 소식을 듣고 2일을 더 요단 강 동쪽의 베다니에서 머무셨다. 2일 후 예수님은 나사로의 죽음을 알려주신다. 그리고 4일 후 나사로가 있던 베다니에 도착하신다. 요단 강 동쪽의 베다니와 나사로가 있던 베다니와의 거리는 약 30~35㎞로 추정된다. 예수님은 이 거리를 4일에 걸쳐 천천히 이동하셨다. 예수님이 이렇게 의도적으로 시간을 지체하신 이유는 뭘까? 당시 유대인들은 사람이 죽으면 영혼이 그 사람을 살리기 위해 3일 동안 주위를 맴돌다가 4일째 완전히 떠난다고 믿었다. 즉, 예수님은 유대인들이 나사로가 완전히 죽었다는 것을 인정할 시간을 두신 것이다. 또 그로 인해 부활한 나사로를 보고 유대인들이 하나님께 영광을 돌리고 자신을 하나님의 아들 그리스도라는 것을 온전히 믿게 하려는 것으로 보인다.

자기 선언 5 '나는 부활이요 생명이다'

18 베다니는 예루살렘 동쪽으로 약 3㎞ 거리에 있었는데, 많은 사람이 나사로의 죽음을 슬퍼하는 마르다와 마리아를 위로하러 와 있었어.

※많은 사람 : 나사로가 꽤 알려진 사람이라는 것이며 이들은 이 사건의 목격자가 된다.

17 예수께서 가 보시니, 나사로가 무덤 속에 있은 지 벌써 4일이나 지났지.
너무 늦은 게 아닐까요?

20 마르다는 예수께서 오신다는 말을 듣고 맞으러 나왔고 마리아는 집에 있었어.
주여, 주께서 여기 계셨더라면 제 오빠는 죽지 않았을 것입니다.

22 그러나 이제라도 주께서 구하시기만 하면 무엇이든 하나님께서 주신다는 것을 압니다.
나사로는 다시 살아날 것이다.

24 마지막 날 부활 때에 오빠가 다시 살아날 것을 제가 압니다.
나는 부활이요 생명이니, 나를 믿는 자는 죽어도 살 것이요, 살아서 나를 믿는 자는 영원히 죽지 않을 것이다. 네가 이것을 믿느냐?

27 주여! 주님은 그리스도며, 세상에 오실 하나님의 아들이신 줄 믿습니다.

tip 믿는 자는 영원히 죽지 않을 것이다.

이것은 육체적으로 죽지 않는다는 것이 아니라 예수님을 믿음으로 시작된 하나님과의 관계가 영원토록 지속된다는 의미이다. 즉, 육체적인 죽음으로 하나님과의 관계를 갈라놓을 수 없다는 말로, 궁극적으로 예수님이 모든 죽은 자들을 다시 살리실뿐만 아니라 예수님을 믿는 모든 자들에게 영원한 생명을 주실 것이라는 말이다. 그리고 이것이 사도 요한이 요한복음에서 강조하고 있는 것이다.

죽은 나사로를 살리시다

28 그런 뒤, 마르다는 동생 마리아를 조용히 불렀어.
선생님께서 오셨는데 너를 부르신다.

29 마리아는 급히 일어나 예수께로 갔고, 위로하러 왔던 사람들도 따라갔지.
무덤에 가서 울려고 하시나?
우리도 가보자.

30 예수께서는 아직 마을에 들어가지 않으시고 마르다를 만났던 곳에 계셨어.
아, 저기 계시네.

32 마리아는 예수를 뵙고 엎드렸지.
주여, 주께서 여기에 계셨더라면 제 오빠는 죽지 않았을 것입니다.
33 예수께서는 마리아와 그녀와 함께 온 사람들도 울자 비통하고 괴로우셨어.
그를 어디에 두었냐?
주여, 와 보세요.
35 예수께서 눈물을 흘리시자,
보시오, 이분이 나사로를 얼마나 사랑하셨는지!
눈먼 자의 눈을 뜨게 하신 분이 나사로를 죽지 않게 하실 수는 없었소?
저분이 하나님은 아니잖아.
38 예수께서 슬퍼하시면서 가셨고, 무덤의 동굴 입구는 돌로 막아놓았어.
돌을 옮겨라.
주여, 죽은 지 4일이 되어서 벌써 냄새가 납니다.
40 네가 믿으면 하나님의 영광을 볼 것이라고 내가 말하지 않았느냐?
41 사람들이 돌을 옮겨놓자 예수께서 하늘을 우러러보시고 말씀하셨지.
아버지, 제 말을 들어주시니 감사드립니다. 아버지께서 늘 제 말을 들어주시는 줄 알지만, 둘러선 이들에게 아버지께서 저를 보내셨다는 것을 믿게 하려고 이 말씀을 드립니다.
※들어주시니 : 예수님이 이곳에 오시기 전에 이미 나사로를 위해 기도하셨다는 뜻이다.
43 나사로야, 나오너라!
??
뭐하시는 거지?
헉!!
저, 저!!
44 그러자 손발은 천으로 감겨 있고, 얼굴은 수건으로 싸맨 죽었던 자가 나왔어.
우아아악!
죽었던 사람이?!
맙소사!

그를 풀어주고
가게 해라.
45 이 일로 마리아에게 온 유대인들 중에 많은 사람이 예수를 믿게 되었지.
이건 하나님만
할 수 있는 일이다!
우린 엄청난 일의
증인들이야!
분명히
메시아시다!
으음.

tip 예수님의 눈물

죄로 인해 죽을 수밖에 없는 사람들과 그들을 구원하기 위해 오신 메시아를 믿지 않는 사람들에 대한 예수님의 마음을 표현한 것이다. 즉, 예수님은 죄로 인한 죽음에 분노하시고, 부활이요 생명인 하나님의 아들과 함께 하면서도 절망에 빠져 우는 사람들에 대한 연민의 눈물을 흘리신 것이다. 한편, 나사로의 부활은 예수님이 메시아라는 것을 드러낸 것이며, 예수님의 재림 때 있을 부활을 미리 보여주는 것이다.

Link 이사야 26:19 Link 요한복음 5:25

예수님을 죽이려는 공회

46 그러나 그중에 몇몇은 바리새인들에게
그 일을 알렸고,

※몇몇 : 예수님을 부정하는 자들.

47 대제사장들과 바리새인들은 공회를 소
집했어.
그자가 많은
기적을 벌이니
어떻게 할까요?

※공회(Sanhedrin) : 유대인의 최고 의결기구인 산헤드린 공회. Link 1권 29p

48
그냥 두면 모두 그를
믿게 될 거요. 그러면
로마인들이 와서 우리 땅과
민족을 빼앗아갈 겁니다.
49 그해의 대제사장인 가야바가 말했지.
당신들은 쓸데없는 걱정을
하는군요. 민족 전체가 망하는
것보다 한 사람이 백성을 위해
죽는 것이 더 낫지 않겠소?
아!
그 말씀은?
51 이 말은 가야바 스스로 한 말이 아니라,
그해의 대제사장으로서 예언한 것인데,
그자만 없애면
되는데 뭘 그리
걱정하시오?
그렇지요.
간단하네.

※가야바(Caiaphas) : 당시 대제사장은 안나스 가문(6~36년)이 맡았으며, 가야바는 안나스의 사위이자 현직 대제사장(18~36년)이었다.

예수가 유대 민족을 대신해 죽으실 것과 흩어진 하나님의
자녀를 하나가 되게 하려고 죽으실 것을 예언한 거야.
역시 대제사장님은
우리의 자랑입니다요.
완전 예언자
같아요.
53 그들은 그날부터 예수를 죽이려고 모의했어.
그자 때문에
모든 걸
잃을 순 없지.
어떻게
죽이지?
독살?
암살?
총살?
그를 영웅으로
만들어선 안 돼.

※자녀 : 세상에 흩어져 있는 모든 사람.

tip 로마인들이 와서

당시 유대인들은 자신들을 로마의 지배에서 해방시켜 줄 군사적 영웅, 즉 정치적인 메시아를 기다렸다. 이에 유대 지도자들은 백성들이 예수님을 믿어서 생길 수 있는 결과를 염려했다. 로마는 정치적 반란을 단호하고 엄격하게 대처했다. 그에 따라 로마 군대가 예루살렘으로 진군해서 백성들을 학살하고, 성전을 파괴하고, 가혹한 탄압을 가할 것이라고 생각했다. 그러나 이들은 실제로 그 과정에서 자신들이 누리고 있는 특권과 지위를 빼앗길 수 있다는 것을 염려했다. 그들은 자신들의 기득권을 위해서 예수님이 메시아라는 것을 보여주는 많은 기적과 말씀까지 무시한 것이다.

에브라임으로 가시다

54 그래서 예수께서는 유대인들 사이에서는 드러나지 않게 다니시고, 유대 광야와 가까운 에브라임이라는 마을로 가서 제자들과 함께 지내셨지.

당분간
이곳에 있자.

※에브라임(Ephraim) : 예루살렘 북쪽 약 25㎞에 위치. 에브론, '오브라'라고도 한다.

55 유대인들의 유월절이 다가오자 많은 사람이 그 전에 몸을 깨끗하게 하려고 시골에서 예루살렘으로 올라왔고,

예수라는 자가 죽은 사람을 살렸다던데?
에이, 말이 되는 소릴 해라.

※유월절 : 요한복음에서 다뤄지는 세 번째 유월절이다. Link 요한복음 2:13, 6:4
※깨끗하게 : 부정한 사람은 유월절 전에 정결 예식으로 깨끗하게 했다. Link 역대하 30:17

56 그들은 예수를 찾다가 성전 뜰에서 서로 말했어.

당신들 생각은 어떻소? 그가 분명히 명절을 지키러 오지 않겠소?
위험한데 올까?
죽은 사람도 살리는 분인데 뭐가 무서워서?
그거 진짜야?

57 이것은 대제사장들과 바리새인들이 누구든 예수가 있는 곳을 알면 신고해서 잡으라는 명령을 내렸기 때문이야.

그자를 보면 신고하시오!
이자는 백성을 선동하는 거짓예언자요!
숨겨주다가 걸리면 재미없소!

12장 마리아의 헌신 마태26:6, 마가14:3

1 유월절 6일 전, 예수께서 베다니로 가셨어. 그곳은 예수께서 죽었던 나사로를 살리신 곳이야.

※6일 전 : 유월절은 다음 주 목요일 해질 때~금요일 해질 때이며, 이때는 안식일인 금요일 해질 때부터 토요일 해질 때가 지난 토요일 저녁이다.

2 거기서 예수를 위해 저녁을 준비했는데 마르다는 시중을 들고, 나사로는 여러 사람과 함께 앉아있었지.

※거기서 : 베다니의 나병환자 시몬의 집이다.
Link 마태복음 26:6 Link 마가복음 14:3

3 그때 마리아가 매우 값지고 순수한 나드 향유 300g을 예수의 발에 붓고 자기 머리털로 닦자 집 안에 향이 가득 찼어.
!!

4 예수의 제자 중 하나로, 장차 예수를 배신할 가룟 유다가 말했지.
향유를 300데나리온에 팔아 가난한 자들에게 줄 수도 있는데.
그러게 아깝게.

※향유: 인도의 나드 식물 뿌리에서 뽑은 기름. 죽은 사람의 몸에 바르는 향료로도 사용됐다.

※데나리온(Denarius): 로마의 은전. 1데나리온은 당시 노동자의 하루 품삯이다.

6 그의 말은 가난한 자를 생각해서가 아니라 도둑이기 때문이야. 그는 돈주머니를 책임졌지만 훔치기도 했거든.
왜 저렇게 낭비하지?

7 그대로 둬라. 그녀는 나의 장례하는 날을 위해 향유를 준비한 것이다.
장례?
무슨 말씀이지?

8 가난한 자들은 항상 너희와 함께 있겠지만, 나는 항상 함께 있는 것이 아니다.

▶ Link 1권 129p tip '여인이 한 일'을 보라.

나사로를 죽이려는 음모

9 많은 유대인이 예수가 그곳에 계신다는 걸 알고 몰려왔어.
예수님! 예수님!
I Love Jesus!

그들은 예수뿐만 아니라, 예수께서 죽은 사람 중에 살리신 나사로를 보려는 것이었지.
오빠!
사랑해요!
나사로
I Love Lazarus

10 그래서 대제사장들은 나사로를 죽이려고 작당했어.
나사로 때문에 많은 유대인이 예수를 믿고 따르고 있소.
싹을 잘라야 돼.

예루살렘 입성 일요일 마태21:1, 마가11:1, 누가19:28

12 다음 날, 유월절을 지키러 온 많은 사람이 예수께서 예루살렘으로 오신다는 말을 들었어.
그분이 오신대.
베다니는 여기서 멀지 않으니까.

17 예수께서 무덤에서 나사로를 불러내 죽은 사람 중에 살릴 때 함께 있던 사람들이 증언했지.
정말이야. 나도 직접 봤어.
그 많은 사람이 다 거짓말을 하겠어?
그럼 정말 메시아께서 오신건가?
이거 정말 대박인데?

13, 18 사람들은 예수께서 그런 기적을 보이셨다는 말을 듣고 종려나무 가지를 들고 맞으러 나갔지.

호산나, 여호와의 이름으로 오시는 분을 찬양하라!
이스라엘의 왕을 찬양하라!
와아아아아아!

14 예수께서는 어린 나귀를 구해 그 위에 타셨는데 그것은 성경에 기록된 거야.

시온의 딸아, 두려워 마라! 보라, 네 왕이 어린 나귀를 타고 오신다!

※기록: Link 스가랴 9:9 ▶Link 1권 106p tip '어린 나귀를 타고'를 보라.
※시온(Zion)의 딸: 예루살렘은 시온 산 위에 세워졌다. 시온은 예루살렘을, 딸은 백성을 가리

16 제자들은 이 말씀을 깨닫지 못했지만 예수께서 영광을 받으신 뒤에야, 이것이 예수에 대한 기록이며, 사람들도 예수께 그렇게 대했다는 것을 깨달았어.

이 성경 말씀이 그때 예수님 이야기였어.
사람들도 예수님을 왕으로 찬양했고.

※종려나무: 유대인의 민족주의와 승리를 상징.
※호산나(Hosanna): '구원하소서.'라는 뜻으로 당시 메시아의 구원을 바라는 찬양으로 쓰였다. Link 시편 118:25

19 바리새인들이 서로 말했지.

이제 다 틀렸소. 보시오. 세상 모두가 그를 따르고 있소.
그렇게 될 것을 예언하는 것 같잖아.

tip 메시아를 환영하는 백성들

많은 백성이 예수님을 메시아로 믿고 크게 환영한다. 그런데 오신 메시아와 그들이 생각하는 메시아에 대한 이해는 달랐다. 하나님은 온 세상 사람들을 죄에서 구원하고 영원한 생명을 얻게 하려고 메시아를 보내신 것인데, 그들은 유대 민족을 로마의 지배에서 해방시켜줄 군사적, 정치적인 메시아로 기대했다. 그들은 예수님을 바르게 바라보고 믿은 것이 아니라 민족적인 열망을 담아서 믿고 환영한 것이다.

자신의 죽음에 대해 말씀하시다

20 유월절에 예배하러 올라온 사람들 중에는 그리스 사람이 몇 명 있었는데,

※그리스 사람: 하나님을 경외하는 이방인들이다.

21 그들은 갈릴리 벳새다 출신 빌립을 찾아갔어.

선생님, 예수를 뵙고 싶습니다.
이젠 그리스 사람들까지?
이방인도 제자로 받아주실지?

22 빌립은 안드레에게 말하고, 안드레와 빌립은 예수께 그 말을 전했지.

인자가 영광을 받을 때가 되었구나.

24 '밀알 하나가 땅에 떨어져 죽지 않으면 한 알이 그대로 있고, 죽으면 많은 열매를 맺는다.'

※죽지 않으면: 필연성을 나타낸 말로 반드시 예수님이 죽어야 새로운 생명의 열매가 맺힌다는 뜻이다.

25 '이 세상에서 자기 목숨을 사랑하는 자는 잃을 것이요, 자기 목숨을 미워하는 자는 영원한 생명으로 보존될 것이다.'
26 '나를 섬기려면 나를 따라라. 그러면 내가 있는 곳에 나를 섬기는 자도 함께 있을 것이다. 누구든 나를 섬기면 내 아버지께서 그를 높일 것이다.'

※미워하는 자 : 자기 목숨보다 예수님을 더 사랑하고 따르는 자를 가리킨다.

27 지금 내 마음이 괴로운데 무슨 말을 할까? '아버지, 저를 구원해서 이때를 벗어나게 하소서.'라고 할까? 그런데 나는 이 일을 위해 지금 여기에 있다.
28 아버지, 아버지의 이름을 영광되게 하십시오!
아버지의 뜻대로 하소서!
그때, 하늘에서 소리가 들렸어.
내가 너를 이미 영광되게 하였고, 앞으로도 영광되게 하겠다!
쿠르르릉!

※이때 : 십자가의 죽음.
※이 일 : 십자가의 죽음으로 세상을 구원하시려는 예수님의 사명.

29 갑자기 웬 천둥소리지?
천사가 저분께 말한 거요.
이 소리는 나를 위한 것이 아니라 너희를 위한 것이다.
31 이제 이 세상이 심판받을 때가 되었으니 이 세상의 통치자는 쫓겨나고, 내가 땅에서 들려 올라갈 때 모든 사람이 나를 따를 것이다.
무슨 때라고?
무…무슨 일이 일어나려고?

※심판받을 때 : 예수님이 십자가에서 죽으실 때부터 예수님을 믿는 자와 믿지 않는 자에 대한 구원과 심판이 시작된다.
※통치자 : 사탄.

33 이 말씀은 예수께서 자신이 어떻게 죽을 것인지 암시하신 거야.
무슨 뜻인지 맞추면 왕사탕을 줄게.
오옷!

34 우리는 율법에서 그리스도는 영원히 살아 계시다고 배웠소. 그런데 당신은 왜 인자가 들려야 한다는 거요?
그런 인자는 누구란 말이오?
그건 내가 들려 올라간 후에 차차 알게 될 것이다. 지금 말해봐야 너희들이 알 수 있는 것도 아니고.
우릴 띄엄띄엄 보잖아.
우리가 그렇지 뭐.

※율법: Link 사무엘하 7:16 Link 이사야 9:7 Link 시편 72:17, 89:37 등이 있다.

35 아직 얼마 동안 빛이 너희와 함께 있으니 그동안에 걸어서 너희에게 어둠이 덮치지 않게 해라. 어둠 속을 걷는 자는 자기가 어디로 가는지 모른다. 너희는 빛이 있는 동안에 그 빛을 믿어 빛의 자녀가 되어라.
띄엄띄엄한 우리가 그걸 알아듣겠어요?
통역이 있어야겠다.

이 말씀을 하신 뒤, 예수께서는 그들을 떠나 몸을 숨기셨지.
머리 나쁜 게 네 잘못은 아니잖아.
크흐흑

※빛: 예수님을 가리킨다. Link 요한복음 1:17, 8:12

tip 영광되게 하였고, 영광되게 하겠다

이것은 하나님의 영광이 예수님을 통해 이미 나타났고, 앞으로도 예수님을 통해 보여질 것이라는 말씀이다. 하나님은 예수님의 말씀과 기적들을 통해 하나님의 살아계심과 예수님이 하나님의 아들 그리스도라는 것을 이미 나타내셨다. 그리고 이제부터 십자가의 죽음과 부활을 통해 이 세상을 향한 하나님의 사랑과 놀라운 능력을 보여주시겠다는 것이다.

여전히 믿지 않는 유대인들

37 예수께서 그렇게 많은 기적을 보여주셨으나 그들은 믿지 않았어.
흥, 그 정도로는 어림도 없다.
우리가 누군데.

38 그리하여 예언자 이사야의 예언이 이루어졌지.
하나님, 우리가 들은 것을 누가 믿었으며, 하나님의 팔이 누구에게 나타났습니까?

※예언: Link 이사야 53:1 많은 사람이 하나님의 말씀을 믿지 않는다는 뜻.
※들은 것: 예수님의 말씀. ※하나님의 팔: 하나님의 능력.

39 그처럼 그들은 예수를 믿지 않았고, 이사야는 또 이렇게 말했어.
주께서 그들의 눈을 멀게 하시고, 그들의 마음을 둔하게 하셨다. 그것은 그들에게 눈으로 보지도, 마음으로 깨닫지도, 죄에서 돌아서지도, 내가 고치지도 못하게 하려는 것이다.
흥, 우린 원래 그래.
우리가 한 고집하지.
하나님은 우리가 돌이키는 걸 원하지 않으시나?
백성들의 고집스러움을 강조하시는 거야.

※이렇게: Link 이사야 6:10

41 이사야의 이 말은, 그가 예수의 영광을 보았기 때문에 그를 가리켜 말한 거야.

※영광: Link 이사야 6:1

42 그런 중에 지도자 중에서도 예수를 믿는 자가 많았지만 바리새인들 때문에 드러내지는 못했어.
예수는 어디 있소?
잡아서 혼내줘야 해.
그들은 회당에서 쫓겨날까 두려워했는데,
당신들은 왜 말이 없소?
다른 생각이 있소?
그럴 리가.
빨리 잡아야….
43 그것은 그들이 하나님의 영광보다 사람의 영광을 더 사랑했다는 거야.
우린 왜 용기를 내지 못할까.
허접한 내 믿음이여.

tip 눈을 멀게, 마음을 둔하게

이것은 '하나님께로 돌아오라'는 이사야의 말을 거부한 이스라엘을 꾸짖는 하나님의 역설적인 표현이다. 문자 그대로 하나님께서 이스라엘의 눈을 멀게 하시고, 마음을 둔하게 해서 돌아오지 못하게 하신 것이 아니라, 하나님의 많은 노력에도 불구하고 이스라엘이 고집스럽게 스스로 하나님께 돌아오기를 거부했다는 의미이다. 예수님이 그 말씀을 하신 것은 자신을 믿지 않는 사람들이 오래전 이사야의 말을 거부한 이스라엘과 똑같다는 것이다.

빛과 어둠, 구원과 심판

44 '나를 믿는 자는 나를 믿는 것이 아니라 나를 보내신 분을 믿는 것이요, 나를 보는 자는 나를 보내신 분을 보는 것이다.'

46 '나는 빛으로 세상에 왔다. 그것은 나를 믿는 자는 어둠 속에 있지 않게 하려는 것이다.'

※어둠 : 죄, 죽음.

47 '누가 내 말을 듣고 지키지 않더라도 나는 그를 심판하지 않는다. 나는 세상을 심판하러 온 것이 아니라 구원하러 왔기 때문이다.'
48 '나를 배척하고, 내 말을 받아들이지 않는 자를 심판하시는 분은 따로 계신다. 내가 한 이 말이 마지막 날에 그를 심판할 것이다.'
따로 계신다고? 그게 누구지?
[44절]을 보면 하나님이 분명해.

※심판 : 예수님의 말씀은 곧 하나님의 말씀이며 이를 거부한 자는 그동안 말씀하신 것을 기준으로 하나님의 심판을 받을 것이라는 뜻이다.

49 '나는 내 마음대로 말한 것이 아니다. 나를 보내신 아버지께서, 내가 말할 것과 전할 것을 직접 명령하신 것이다.'
하나님께서 보내신 공문입니다.
명령서
50 '나는 그분의 명령이 영원한 생명인 줄 안다. 그러므로 나는 아버지께서 내게 말씀하신 그대로 말할 뿐이다.'
와우, 엄청난 내용인데요?
이걸 인간 세상에 전하라고?

tip 그분의 명령이 영원한 생명

여기서 '명령'이란 그동안 예수님이 하신 모든 말씀을 가리킨다. 즉, 그 말씀 안에 영원한 생명이 있으며, 그 말씀을 믿는 자는 하나님의 구원과 영원한 생명을 얻을 것이라는 뜻이다. Link 요한복음 3:16, 11:25 반면 예수님의 말씀을 거부하고 믿지 않는 자는 죽음에 이르러 하나님의 심판을 받게 된다는 뜻이기도 하다.

3. 예수 그리스도의 고별사

13장 유월절과 최후의 만찬 목요일 마태26:17, 마가14:12, 누가22:7, 요한13:1

1 유월절 전에 예수께서는 이 세상을 떠나 아버지께로 돌아가실 때가 된 것을 아시고, 사랑하시던 제자들을 더욱 사랑해 주셨어.

※유월절: 목요일 해질 때부터 금요일 해질 때까지다.

2 저녁 식사 때, 사탄이 이미 시몬의 아들 가룟 유다의 마음에 예수를 팔 생각을 넣었지.
크크크
이놈의 마음에 틈이 있구나.

▶ Link 1권 129p tip '가룟 유다'를 보라.

3 예수께서는 아버지께서 모든 것을 자기에게 맡기셨고, 자기가 하나님에게서 왔다가 하나님께로 돌아가실 것을 아시고,

※모든 것: 하나님의 구원이 필요한 세상.
Link 요한복음 3:35

4 자리에서 일어나 겉옷을 벗고, 수건을 허리에 두르셨어.
??

5 그리고 대야의 물에 제자들의 발을 씻기시고 두른 수건으로 닦아주셨지.

※발을 씻기: 당시 종들 중에서도 가장 천한 이방인 종들이 하는 일이었다.

6 시몬 베드로의 차례가 되자,
주여, 왜 주께서 제 발을 씻기십니까?
네가 지금은 내가 하는 것을 알지 못하지만 나중에는 알 것이다.

8 안 됩니다. 제 발은 절대 씻기지 못하십니다.
내가 너를 씻기지 않으면, 너는 나와 아무 상관 없는 사람이다.

9 주여, 제 발 뿐만 아니라 손과 머리도 씻겨주세요.
이미 목욕한 자는 깨끗하니 발만 씻으면 된다. 너희는 깨끗하다. 그러나 다 그런 것은 아니다.

※깨끗: 예수 그리스도 안에서 하나님과의 관계가 회복되었다는 말이다.

11 예수께서 이렇게 말씀하신 것은 누가 자기를 팔지 알고 계셨기 때문이야.

12 예수께서 제자들의 발을 씻기신 후, 옷을 입으시고 다시 앉아서 말씀하셨어.
내가 너희에게 한 일을 알겠느냐?
너희가 나를 선생이나 주라고 부르는 것은 옳다. 내가 정말 그렇다.

14 '주이며 선생인 내가 너희 발을 씻겼으니, 너희도 서로 남의 발을 씻겨주는 것이 옳다.'
네가 먼저 하면 내가 해줄게.
내가 형이니까 네가 먼저 해.

※한 일 : 위 사람으로서 아래 사람에게 낮은 자세로 겸손하게 봉사하신 일.

15 '내가 너희에게 한 것같이 너희도 그렇게 하라고, 내가 모범을 보인 것이다.'
너희도 사랑과 겸손으로 서로를 섬기며 은혜를 베풀어라.
니가 먼저.
니가 먼저.

16 '종은 주인보다 높지 않고, 보내진 자는 보낸 자보다 높지 않다.'
너희보다 높은 내가 한 것같이 너희도 그렇게 해라.
이게 정말!
어쭈, 해볼래?

17 '너희가 이것을 알고 그대로 하면 복이 있을 것이다.'
복?!
복을 주신다고?

※종, 보내진 자 : 예수님의 제자들.
※주인, 보낸 자 : 예수 그리스도.

18 '이것은 너희 모두를 가리켜 한 말이 아니다. 나는 내가 택한 자들을 안다. 그러나 '나와 함께 빵을 먹는 자가 내게 발을 들었다'라는 성경 말씀도 이루어져야 한다.'
우리 중에 반역자가 있나?
누구지?

※말씀 : 다윗이 자신의 신하였던 아히도벨이 배신해서 압살롬의 반역에 가담한 것을 보고 탄식했던 말이다. Link 시편 41:9

19 '내가 그 일이 있기 전에 너희에게 미리 말하는 것은, 그 일이 일어날 때 너희에게 '내가 그'라는 것을 믿게 하려는 것이다.'

※그 일 : 예수님이 유다에게 배신을 당하고 십자가에 매달려 죽음을 맞이하는 것을 말한다. ※내가 그 : 하나님이 약속하신 메시아.

20 '내가 보낸 자를 맞이하는 자는 나를 맞이하는 것이요, 나를 맞이하는 자는 나를 보내신 분을 맞이하는 것이다.'

tip 제자들의 발을 씻기시다

예수님이 십자가의 죽음을 앞둔 유월절에 제자들의 발을 씻기신 것은 단지 섬기는 모습을 보여주기 위한 것뿐만 아니라 더 큰 의미가 있다. 첫째, 주님이신 예수님이 낮은 모습으로 제자들의 발을 씻기신 것처럼, 더욱 낮은 모습으로 백성들의 죄를 씻기 위한 예수님의 섬김이 십자가의 죽음으로 완성된다는 것이다. 둘째, 예수님이 제자들의 발을 깨끗이 하신 것처럼 예수님의 십자가의 죽음을 통해 백성들의 죄를 깨끗하게 한다는 것이다.

가룟 유다의 배신을 예고하시다 마태26:21, 마가14:18, 누가22:21

21 이 말씀을 하신 후, 예수께서는 마음이 괴로우셔서 드러내고 말씀하셨어.
너희 중 하나가 나를 팔 것이다.
네?

22 제자들은 예수께서 누구를 두고 말씀하시는지 몰라서 서로 쳐다봤지.
주님, 저는 아니죠?
저도 아닐 겁니다.
23 그때, 제자 중에 하나, 곧 예수께서 사랑하시는 제자가 예수의 품에 기대어 앉아 있었어.
24 시몬 베드로가 그에게 고갯짓을 해서 여쭈어보라고 하자 그가 물었지.
주여, 그가 누구입니까?

※사랑하시는 제자: 요한복음의 저자인 사도 요한 자신을 가리킨다. Link 요한복음 19:26, 20:2, 21:7, 21:20

26 예수께서는 빵 조각을 적셔서 시몬의 아들 가룟 유다에게 주셨어.
내가 빵 조각을 적셔서 주는 자가 그 사람이다.
27 그가 빵 조각을 받자 사탄이 그의 속에 들어갔지.
크크크
어서 네가 할 일을 해라.

28 그러나 누구도 예수께서 무슨 뜻으로 그 말씀을 하셨는지 알지 못했어.
유다가 돈을 맡고 있으니 명절에 쓸 물건을 사라고 하신 건가?
아니면 가난한 자들에게 무엇을 주라고?
30 유다는 빵 조각을 받고 바로 나갔지.
아이스크림 사와.
디저트도 먹어야지.
때는 밤이었어.

※밤: 어둠과 함께 사탄의 때가 시작되고 있음을 말한다. Link 누가복음 22:53

새 계명

31 유다가 나간 뒤,
이제 인자가 영광을 받았고, 하나님께서도 인자로 인해 영광을 받으셨다.

※받으셨다: 하나님은 예수님의 순종과 사명의 완성으로 영광을 받으실 것이 정해졌다는 뜻이다.

32 '그렇기 때문에 하나님께서도 직접 인자를 영광되게 하실 것이다. 이제 곧 그렇게 하실 것이다.'
33 '어린 자녀들아, 아직 잠시 동안은 내가 너희와 함께 있겠다.'
이젠 거의 때가 됐다.

※영광: 예수님의 십자가의 죽음 이후 있을 부활과 하늘로 올라가시는 것을 가리킨다.

'내가 떠난 후, 너희는 나를 찾겠지만 내가 일찍이 유대 사람들에게 말한 대로 내가 가는 곳에 너희는 올 수 없다.'
기차로도 못 가요?
못 가.
비행기는?
못 가.
저는 딱 붙어서 안 떨어질랍니다.

34

'이제 너희에게 새 계명을 준다. 서로 사랑하라. 내가 너희를 사랑한 것 같이, 너희도 서로 사랑하라. 너희가 서로 사랑하면 모든 사람이 너희가 내 제자인 줄 알 것이다.'
저들은 예수의 제자들이야.
세상의 짐승들과는 뭔가 달라.
나도 따라갈까?

※말한 대로: Link 요한복음 7:34, 8:21

tip 서로 사랑하라

'서로 사랑하라'는 명령은 새로운 것이 아니다. 그럼에도 불구하고 예수님이 이것을 '새 계명'이라고 하신 것은 사랑의 방법이 달라졌기 때문이다. 즉, 예수님이 너희를 사랑한 것 같이 너희도 서로 사랑하라는 것이다. 그리고 이제 예수님은 그 사랑을 완성하기 위해 십자가를 향해 가신다.

※서로 사랑하라: Link 레위기 19:18

베드로의 부인을 예고하시다 마태26:31, 마가14:27, 누가22:31

36

주여, 어디로 가십니까?
내가 가는 곳은 지금은 네가 따라올 수 없으나, 나중에는 따라올 것이다.

37

주여, 왜 지금은 따라갈 수 없죠? 전 주를 위해 목숨도 버릴 수 있습니다.
목숨을 버린다고? 닭이 울기 전에 넌 세 번 날 모른다고 할 것이다.

※나중에: 예수님이 떠나신 후 베드로는 초대교회를 이끌었고, 후일 로마에서 순교한다.
※세 번: 유대인에게 3은 하늘의 숫자로 철저히 부인할 것을 의미한다.

14장 자기 선언 6 '나는 길이요 진리요 생명이다'

1

주님을 부정한다고?
너희는 근심하지 마라. 하나님을 믿으니 또 나를 믿어라.
베드로가?

2

'내 아버지의 집에는 묵을 곳이 많다. 그렇지 않다면 너희에게 이런 말을 하지 않았을 것이다. 난 너희가 묵을 곳을 마련하러 간다. 너희가 묵을 곳을 마련하면, 다시 와서 너희를 데려가 내가 있는 곳에 너희도 함께 있게 하겠다.'
난 5367호실.
난 2053호실.
조식도 되죠?
헬스장은 어디 있지?
NEW YORK
LONDON
PARIS
SEOUL

※집: 하늘나라. ※간다: 십자가의 죽음과 부활 후 하늘로 올라가시는 것을 말한다.
※다시 와서: 재림.

4

너희는 내가 어디로 가는지 알고, 그 길도 알 것이다.
주여, 우리는 주께서 어디로 가시는지도 모르는데, 어떻게 그 길을 알겠습니까?

6

나는 길이요, 진리요, 생명이니 나를 거치지 않고는 아무도 아버지께로 갈 수 없다.
예수님이 그 길이라고?
도로공사에서 나오셨나?

7

너희가 나를 알았다면 내 아버지도 알았을 것이니, 너희는 이제 내 아버지를 알았고, 이미 그분을 보았다.
우리가 하나님을 보았다고?
언제?

※그 길: 십자가의 죽음을 향한 길, 더 나아가서 예수님은 자신이 하나님께로 가는 길임을 계속 말씀하셨다. Link 요한복음 8:19, 10:7, 9, 38, 12:26, 44, 45, 49

8 주여, 우리에게 아버지를 보여주시길 원합니다!

빌립아, 내가 그렇게 오래 너희와 함께 지냈는데 너는 나를 알지 못하느냐? 나를 본 자는 아버지를 보았다. 그런데 네가 어째서 그런 말을 하느냐?

저도요!
저도!

10 '내가 아버지 안에 있고, 아버지는 내 안에 계신 것을 믿지 않느냐? 내가 너희에게 하는 말은 내 마음대로 하는 것이 아니다. 내 안에 계시는 아버지께서 자기의 일을 하시는 것이다.'

나와 아버지는 하나라고 하지 않았느냐.
여기 분명히 그렇게 말씀하셨어.
어디?

※말씀: Link 요한복음 10:30

11 '내가 아버지 안에 있고, 아버지께서 내 안에 계신다는 것을 믿어라. 믿지 못하겠다면 내가 한 그 일들을 보고 믿어라.'

그동안 하신 일을 보면?
믿을 수밖에 없지.

※그 일들: 예수님께서 보여주신 많은 기적들.

12 '나를 믿는 자는 내가 해온 일을 그도 할 것이요, 더 큰일도 할 것이다. 그것은 내가 아버지께로 가기 때문이다.'

내가 영광으로 하나님께로 가니 그로 인해 너희가 큰일을 할 수 있는 능력을 받을 것이다.
큰일? 세계정복?
지구를 구해야지.

※큰일: 예수님이 하늘로 올라가신 후 내려온 성령을 통해서 제자들이 하게 될 하나님의 일.

13 '너희가 내 이름으로 무엇을 아버지께 구하든지 내가 다 이루어주겠다. 그것은 아들로 인해 아버지께서 영광을 받으시게 하려는 것이다.'

기도는 너희 욕심을 위해서가 아니라 하나님의 뜻에 따라 그분의 영광을 위해서 해야 한다는 말이다.
음, 사리사욕을 좀 채울까 했더니.
늘 내가 하나님 뜻에 맞게 사는지 봐야겠네.

tip 나는 길이요 진리요 생명이다

여기서 진리란 예수 그리스도를 통해 죄를 용서하시고 구원을 베푸시는 하나님의 사랑을 의미하고, 생명은 죄로 인해 깨어졌던 하나님과의 관계를 회복해 다시 교제하는 것을 의미한다. 즉, 예수님은 하나님의 뜻을 보여주시는 진리이며, Link 요한복음 1:14, 17, 8:32 하나님과의 관계를 이어주는 생명이다. Link 요한복음 1:4, 5:26, 6:35, 11:25 이에 예수님은 '내가 너희를 하나님께 데려가서(진리) 하나님과 함께 있게(생명) 하겠다'라고 하셨다. 그것은 진리와 생명으로 가는 유일한 길은 예수님뿐이라는 뜻이다.

※영광: 예수님과 제자들이 하는 일을 통해 계속 하나님께서 영광을 받으시게 하겠다는 뜻.
※다 이루어: 예수님의 이름으로, 예수님의 가르침대로, 예수님의 말씀에 순종할 때 이루어주신다는 뜻이다. Link 요한복음 15:7, 15:16, 16:23

수호성령의 약속 1

15 '너희가 나를 사랑하면 내 계명을 지켜라. 내가 아버지께 구하겠다. 그러면 아버지께서 내가 아닌 다른 수호성령을 보내 영원히 너희와 함께 계시게 하실 것이다.'

내 말을 지키고 기도하면 수호성령이 오실 것이다.
수호성령?
그게 뭐지?

17 '그분은 진리의 영이시다. 세상은 그분을 보지도 못하고, 알지도 못하니 맞이할 수도 없다. 그러나 너희는 그분을 안다. 그것은 그분이 너희와 함께 사시며 너희 안에 계시기 때문이다.'

나로 인해 내가 너희 안에 있게 되었으니 그분도 너희 안에 있게 될 것이다.
세상 사람들은 보이는 것만 믿으니까.
일석이조구나. 왕재수.
히히

※다른 수호성령: '성자'인 예수님도 수호성령이라는 것을 암시하는 표현이다.
※수호성령: 헬라어 paracletos에서 유래, '보호하고 지켜주고 대변해 주는 자'를 뜻한다. 보혜사, 상담자, 협조자, 보호자 등으로 번역된다.

18 '나는 너희를 고아처럼 버려두지 않고 다시 돌아오겠다.'
?!
19 '이제 얼마 후면 세상은 나를 보지 못할 것이다. 그러나 너희는 나를 볼 것이다. 그것은 내가 살아있고, 너희도 살아있기 때문이다.'
20 '그날에 너희는 내가 아버지 안에, 너희가 내 안에, 내가 너희 안에 있는 것을 알게 될 것이다.'
나의 주, 나의 하나님!

※다시 : 재림.

※얼마 후 : 십자가의 죽음. ※볼 것 : 부활을 예고하신 표현이다.

※살아있기 : 부활하신 예수님처럼 제자들도 하나님 앞에 살아있는 자가 될 것이라는 의미.

21 내 계명을 지키는 자는 나를 사랑하는 자요, 나를 사랑하는 자는 내 아버지의 사랑을 받을 것이다. 그리고 나도 그를 사랑해서 그에게 나를 드러낼 것이다.
주여, 어째서 우리에게는 자신을 드러내시고, 세상에는 드러내지 않으십니까?
가룟 유다가 아닌 다른 유다
23 '나를 사랑하는 자는 내 말을 지킬 것이다. 그러면 내 아버지께서도 그를 사랑하실 테니 아버지와 내가 그에게 가서 그와 함께 할 것이다.'
날 사랑하지 않는 사람은 내 말을 지키지 못할 것이니 보지도 못하고, 드러낼 것도 없다.
[17절]에서 말씀하셨잖아.
생각 좀 해라.

※유다(Judas) : 12사도 중에 야고보의 아들 유다, 곧 다대오를 가리킨다. Link 누가복음 6:16

※드러내지 : 당시 유대인들은 메시아가 오시면 자신을 드러내신다고 생각했다.

24 '나를 사랑하지 않는 자는 내 말을 지키지 않는다. 이 말은 내 말이 아니라 나를 보내신 아버지의 말씀이다.'
그러므로 그들은 하나님의 말씀을 거역하는 거야.

수호성령의 약속 2

25 '내가 아직 너희와 함께 있으니 이 말을 하겠다. 수호성령, 곧 아버지께서 내 이름으로 보내실 성령께서 너희에게 모든 것을 가르치시고, 내가 너희에게 말한 모든 것을 생각나게 하실 것이다.'

※보내실 성령 : 성부, 성자, 성령이 본질적으로 하나라는 것을 나타낸 표현이며, 예수님이 하나님의 이름으로 오신 것처럼 성령은 예수님의 이름으로 오신다.

27 '나의 평안을 너희에게 주겠다. 그것은 세상이 주는 평안과 다르다. 너희는 근심하지도 말고, 두려워하지도 마라.'
뭘 째려봐?!
콱!
28 '너희는 내가 갔다가 너희에게 돌아온다는 말을 들었고, 너희가 나를 사랑한다면 내가 아버지께로 간다는 말을 기뻐했을 것이다. 내 아버지는 나보다 크시기 때문이다.'

※평안(shalom) : 하나님의 평안이 함께하길 바란다는 유대인의 인사다. 여기서는 하나님의 구원과 심판을 통한 새로운 세상에서 누리게 될 평안을 말한다.

29 '지금 내가 그 일이 일어나기 전에 미리 말하는 것은, 그 일이
일어날 때 너희가 믿게 하려는 것이다.'
이게 주님이 말씀하신 수호성령인가?
그런 것 같아.
주님 말씀 그대로야.
30 '나는 더 이상 너희와 많은 말을 할 수 없다. 이 세상의 통치자가
가까이 오고 있으니! 하지만 그는 나를 마음대로 할 권한이 없다.'
나는 하나님 아버지께 속한 사람이거든.
우리는 손댈 수도 없어.
으으.

※그 일: 예수님이 하늘로 올라가신 후 다시 오시기 전에 성령을 보내주시겠다는 약속.

※통치자: 세상의 죄와 고통이 되는 어둠과 사탄의 세력. Link 요한복음 12:31, 14:30, 16:11

15장 자기 선언7 '나는 참된 포도나무다'

31 '그것은 내가 아버지를 사랑하는 것과 내가
아버지께서 명령하신 대로 했다는 것을 세상이
알게 하려는 것이다.'
나는 아버지의 뜻을 이루기 위해 십자가로 향한다.
일어나라. 여기서 떠나자.
잠시 후 난 십자가로 가야 한다.
1 '나는 참된 포도나무요, 내 아버지는
농부이시다.'

※명령하신: 예수님의 십자가의 죽음은 하나님의 뜻에 따른 순종이지 세상에 의해 죽는 것이 아니라는 말씀이다. Link 요한복음 10:18

2 '내 가지 중에 열매를 맺지 못하는 가지는 아버지께서 자르시고,
열매를 맺는 가지는 더 많은 열매를 맺게 하시려고 손질하신다.
하지만 너희는 내 말로 이미 잘 손질되었다.'
나와 함께 있다고 해도 좋은 열매를 맺지 못하면 자르신다.
헤헤.
비…비료를 잘 줘야겠네요.
4 '내 안에 머물러라. 그러면 나도 너희 안에 머무르겠다. 가지가
포도나무에 붙어 있지 않으면 열매를 맺을 수 없는 것처럼, 너희도
내 안에 머물지 않으면 열매를 맺을 수 없다.'
딱 붙어 있어야 해.
나에 대한 믿음과 내 말을 늘 마음속에 두라는 뜻인데.
떨어지면 우린 끝이야.

5 '나는 포도나무요, 너희는 가지다. 너희가
내 안에, 내가 너희 안에 머물면 많은 열매를
맺을 것이다. 너희는 나를 떠나서 열매를
맺을 수 없다.'
6 '너희가 내 안에 머물지 않으면 쓸모없는
가지처럼 버림받고 말라버려 사람들이
그것을 모아 불에 던져 태운다.'
7 '너희가 내 안에 머물고, 내 말이 너희 안에
머물면 무엇이든 원하는 대로 이루어질
것이다.'
말씀
말씀
말씀

※이루어질: 예수님의 이름으로, 예수님의 가르침대로, 예수님의 말씀에 순종할 때 이루어주신다는 뜻이다. Link 요한복음 14:13, 15:16, 16:23

8 '그것으로 내 아버지께서 영광을 받으시고, 너희는 많은 열매를 맺고, 참된 내 제자가 될 것이다.'

9 '아버지께서 나를 사랑하신 것처럼 나도 너희를 사랑했으니 너희는 내 사랑 안에 머물러라.'

잠겼는데?
어떻게 들어가지?

10 '내가 아버지의 계명을 지켜서 그 사랑 안에 머무는 것처럼 너희도 내 계명을 지키면 내 사랑 안에 머물 것이다.'

자, 비장의 열쇠!
계명

11 '내가 이 말을 하는 것은, 내 기쁨이 너희 안에 있게 해서 너희에게 기쁨이 넘치게 하려는 것이다.'

tip 나는 참된 포도나무다

구약 성경에서는 이스라엘이 포도나무로 표현되기도 했다. 즉 열매를 맺지 못한 이스라엘을 위해 이 땅에 오신 메시아가 예수님 자신이라는 말씀이다. 예수님은 포도나무로 상징되는 이스라엘이 다시 열매를 맺지 위해서는 반드시 자신 안에 있어야 한다고 말씀하신다. 또한 예수님 안에 있어야 한다는 것은, 예수님을 믿고, 사랑하며, 말씀을 지켜서 올바른 관계를 가지고 함께 해야 한다는 말이다.

※열매를 맺지 못한 이스라엘 : Link 에스겔 15:6

서로 사랑하라

12 '내 계명은, 내가 너희를 사랑한 것처럼 너희도 서로 사랑하라는 것이다.'

애걔걔, 널?
우웩

※서로 사랑하라 : Link 요한복음 13:34

13 '자기 친구를 위해 목숨을 내놓는 것보다 더 큰 사랑은 없다. 나의 명령대로 한다면 너희는 나의 친구다.'

예수야, 노올자!

15 '이제부터 나는 너희를 종이라 하지 않겠다. 종은 주인이 무엇을 하는지 알지 못한다.'

이 구덩이를 왜 파?
몰라. 그냥 파라고 하니까.

'내가 아버지께 들은 모든 것을 알려줬으니 너희는 내 친구다.'

이걸 파서 물이 나오면 포도원으로 물길을 내고…
아항.
그렇구나.

※더 큰 사랑 : 예수님은 십자가의 죽음으로 그 사랑을 보여주실 것이다.
※친구 : 예수님과 제자들이 새로운 관계에 들어섰음을 암시한다.

16 '내가 너희를 선택해서 세웠다. 그것은 너희가 열매를 맺고 그 열매가 항상 열려 있게 해서 너희가 내 이름으로 아버지께 무엇을 구하든 다 받게 하려는 것이다.'

1. 예수님과 말씀으로 영적인 열매를 맺고,
2. 열매를 맺었기 때문에 하나님이 기도를 들으시고,
3. 기도를 들으셨으니 응답해주시는 거지.
쏴아아아

17 '너희에게 이렇게 명령하는 것은 너희가 서로 사랑하게 하려는 것이다.'

후후, 친구.
사랑해.

※선택 : 제자들에게 주어진 특권은 그들의 능력이 아니라 예수님의 선택으로 인한 은혜다. Link 요한복음 6:70, 13:18, 15:19
※다 받게 : Link 요한복음 14:13, 15:7, 16:23

요한복음

세상이 너희를 미워할 것이다
18 '세상이 너희를 미워한다면, 너희보다 나를 먼저 미워했다는 것을 알아라.'
19 '너희가 세상에 속한다면, 세상은 너희를 자기 것으로 여겨 사랑할 것이다.'
여어, 동지!
네?
'그러나 너희는 세상에 속하지 않고, 내가 세상에서 뽑았기 때문에 세상이 너희를 미워하는 것이다.'
어? 동지가 아니네?
나쁜 놈이잖아.
헤헤.
20 '내가 너희에게 종이 주인보다 더 높지 않다고 한 말을 기억해라.'
크, 주인도 박해를 당했는데 종을 그냥 둘 리가 없지.
흐흐, 잘 아는구나.
'사람들이 나를 박해했으면 너희도 박해할 것이요, 내 말을 지켰으면 너희 말도 지킬 것이다.'
예수도 죽였는데 너 정도야.
좀 더 맞자.
헉!
21 '그들은 너희가 내 이름을 믿는다고 그런 짓을 할 것이다. 그것은 그들이 나를 보내신 분을 알지 못하기 때문이다.'
날 보내신 분이 누군지 아셔?
알게 뭐야.
관심 1도 없음.
22 '내가 와서 말해 주지 않았다면 그들에게 죄가 없었을 것이다. 그러나 이제 그들은 자기 죄를 변명할 수도 없다.'
뭐래?
그래서 어쩔래?
흥, 고소할 테니 재판정에서 보자.
고소장
23 '나를 미워하는 자는 내 아버지도 미워하는 것이다.'
각오해라.
웃겨.
낄낄.
24 '내가 아무도 못한 일을 하지 않았다면 그들에게 죄가 없었을 것이다. 그러나 그들은 내가 한 일을 보고도 나와 내 아버지를 미워했다.'
25 '그것은 율법에서 '그들은 까닭 없이 나를 미워했다'라고 기록된 말씀을 이루려는 것이다.'
수호성령의 약속 3
26 '내가 아버지로부터 너희에게 보낼 수호성령 곧 아버지로부터 오시는 진리의 영이 나를 증언하시고, 너희도 처음부터 나와 함께 있었으니 나의 증인이 될 것이다.'
우린 명백한 예수 그리스도의 증인들이야.
곧 오실 성령님과 함께.

※나를 먼저: Link 요한복음 7:7, 17:14

※한 말: Link 요한복음 13:16

※자기 죄: 예수님의 말씀을 듣고도 믿지 않는 죄. Link 요한복음 8:24

※못한 일: 예수님이 보여주신 많은 기적.

※기록: 다윗이 원수들에게 미움을 받는 자신의 처지를 고백한 시. Link 시편 35:19, 69:4

※증언: 수호성령은 제자들을 통해서 증언하기 때문에 이 둘은 곧 하나다.

※나의 증인: Link 사도행전 1:8, 22

16장 아버지와 나를 모르는 사람들
1 '내가 이런 말을 하는 것은, 너희가 넘어지지 않게 하려는 것이다.'
주님의 말씀을 듣고 각오가 되어있어.
2 '사람들이 너희를 회당에서 내쫓고 죽이는 것이 하나님을 섬기는 일이라고 생각할 때가 올 것이다.'
감히 어디서 예수쟁이가!
꺼져!
3 '그들은 아버지도 나도 알지 못하므로 그런 일을 할 것이다.'
다음에 또 오면 죽는다!
너희 피를 하나님 앞에 바칠 거야!
4 '이 말을 하는 것은, 그들이 너희에게 그런 짓을 할 때에 내가 이 말을 했다는 것을 기억나게 하려는 것이다.'
고작 그 정도냐?!
덤벼라!
저놈들이?!
'내가 처음부터 이 말을 하지 않은 것은 내가 너희와 함께 있었기 때문이다.'
지금 그들의 목표는 나니까.
수호성령의 약속 4
5 '나는 지금 나를 보내신 분께로 가는데 너희 중에 아무도 어디로 가냐고 묻는 자가 없고,'
제가 [13:36]에서 여쭈었는데.
응?
6 '내가 간다고 하니 너희 마음에 슬픔만 가득하다.'
해외여행이라도 가시나?
부럽다.
우리만 떼어놓고.
7 '내가 너희에게 진실을 말하자면, 내가 떠나는 것이 너희에게 유익하다.'
핑계야. 혼자 가시기 미안하니까.
부럽다.
우리만 떼어놓고.
'내가 떠나지 않으면 수호성령이 오지 않을 것이다. 그러나 내가 가면 수호성령을 보내줄 것이다.'
응?
선물?
맛있는 건가?
8 '그가 오시면, 죄와 의와 심판에 대한 세상의 잘못된 생각을 꾸짖을 것이다.'
먹는 건 아닌 것 같아.
우리는 가르치시고.
세상은 야단치시는구나.
9 '죄는 세상 사람들이 날 믿지 않는 것이요, 의는 내가 아버지께로 가서 너희가 다시 날 보지 못하는 것이요, 심판은 이 세상의 통치자가 이미 심판을 받았다는 것이다.'
예수님이 처음 귀신을 쫓아내실 때 심판은 시작된 거야.

※이런 말 : Link 요한복음 15:20~26
※넘어지지 : 예수님에 대한 믿음을 포기하는 일을 가리킨다.
※함께 : 예수님이 하나님의 이름으로 지키고 보호했다는 말이다. Link 요한복음 17:12
※묻는 자 : 여러 해석이 있지만, 메시아가 가시는 곳을 이해하고 묻는 자가 없다는 것으로 볼 수 있다.
※수호성령 : 예수님이 떠나신 후 오순절에 성령이 제자들에게 내려온다. Link 사도행전 2:1
※가르치시고 : Link 요한복음 14:26
※통치자 : 사탄과 그 세력을 가리킨다.

tip 수호성령이 하시는 일

죄	세상은 율법을 지키지 않는 것만 죄라고 생각했지만, 진짜 죄는 예수 그리스도를 믿지 않는 것이다. Link 요한복음 8:24, 15:22
의	세상의 의로 인해 죽음을 당한 예수님이 '완전한 의'이신 하나님께로 가신 것은 세상의 의가 잘못된 것이며 예수님의 의가 옳았음을 증명하는 것이다. 그 하나님의 의는 예수 그리스도를 믿는 것이다. Link 로마서 3:20~26
심판	세상의 죄와 잘못된 의에 대한 심판을 말한다. 예수님의 부활로 죽음의 세력인 사탄은 심판받고, 세상 사람들도 심판을 받을 것이라는 말씀이다. 예수님은 이것을 이미 이루어진 과거형으로 말씀하셨다.

수호성령의 약속 5

12 '아직 내가 할 말이 많지만 지금은 너희가 감당하지 못한다.'
지금은 너희 수준이 안 돼.
우릴 띄엄띄엄 보셔.
우리가 좀 그렇잖아.

13 '진리의 성령이 오시면 너희가 모든 진리를 깨닫게 하실 것이다. 그는 자기 마음대로 말하지 않고 들은 것만 알려주시고, 앞으로 올 일도 알려주실 것이다.'
이제 모든 것을 알겠어.
그동안 무슨 일이 있었고, 앞으로 무슨 일이 있을지.

14 '그는 내 뜻을 너희에게 알려서 나를 영광되게 하시고, 아버지께서 가지신 것은 다 내 것이기 때문에 성령이 내 뜻을 너희에게 알려줄 것이다.'
십자가에서 무기력하게 죽으신 주님이.
결국 우릴 구원하고 하나님의 뜻을 이루기 위한 것이었어.

※진리 : 예수 그리스도를 통해 죄를 용서하시고 구원을 베푸시는 하나님.
※올 일 : 앞으로 일어날 예수님의 죽음, 부활, 승천, 그리고 이후에 있을 심판을 가리킨다.

※내 것 : 세상을 구원하기 위한 예수님의 모든 활동과 그로 인해 이후에 있을 심판까지 포함한다.

근심은 기쁨으로

16 조금 있으면 너희가 나를 보지 못하겠지만 또 조금 있으면 나를 볼 것이다.
이 말씀이 무슨 뜻이지?
아버지께로 가신다는 건 무슨 뜻이야?
'조금 있으면'은 무슨 뜻이지?
무슨 말씀인지 모르겠어.

19 너희가 '조금 있으면'이 무슨 뜻인지 서로 얘기하느냐?

20 '그때 너희는 울며 슬퍼하고 세상은 기뻐하겠지만 너희의 근심은 기쁨으로 바뀔 것이다.'
그럴 리가?
무슨 말씀인지?

※볼 것 : 예수님의 십자가의 죽음 이후 부활을 가리킨다.

※바뀔 것 : 예수님의 십자가의 죽음으로 슬퍼하던 제자들이 다시 부활한 예수님을 보고 기뻐할 것이라는 뜻.

21 '여자가 해산할 때가 되면 근심에 잠기지만 아이를 낳으면 탄생의 기쁨 때문에 더 이상 고통을 기억하지 않는다.'

22 '이처럼 지금 너희는 근심에 싸여 있지만,'
주님이 떠나시니 당연하죠.
선물도 필요 없어요.
잉 잉

'내가 너희를 다시 볼 때면 너희 마음이 기쁠 것이고, 그 기쁨을 빼앗을 자는 없을 것이다.'
아니, 주…주님!
어떻게?!

※없을 것 : 예수님의 죽음으로 슬퍼하겠지만 부활 이후 기쁨이 영원히 계속될 것이라는 뜻.

23 '그날에는 너희가 내게 아무것도 구하지 않을 것이다.'
너희가 내 이름으로 아버지께 구하면 뭐든 다 주실 거니까.
24 '지금까지 너희는 아무것도 내 이름으로 구하지 않았다. 구하라. 그러면 받을 것이니 너희가 기쁨에 넘칠 것이다.'
이제부터 예수님 이름으로 기도하면 되나?
다 주신다고?
내가 세상을 이겼다
25 '지금까지는 내가 비유로 말했으나, 때가 되면 더 이상 비유로 말하지 않고 아버지에 대해 분명히 말할 것이다.'
그땐 말과 글이 아니라 그림과 동영상으로 쉽게~♬

※그날 : 예수님의 부활 이후.
※구하지 : 수호성령께서 다 알려주시니 '묻지' 않을 것이라는 해석도 있다.
※때 : 예수님의 부활 이후 성령이 오시는 때.

26 '그날에는 너희가 내 이름으로 직접 아버지께 구할 것이다. 그것은 내가 너희를 대신해 아버지께 구하지 않아도 된다는 것이다.'
그동안 애들 모르게 내가 많은 기도를 했거든.
27 '너희가 나를 사랑하고, 내가 하나님에게서 왔다는 것을 믿었기 때문에 아버지께서는 친히 너희를 사랑하신다.'
친히?
하나님께서 직접 우릴 선택 하셨다는 거야.
28 나는 아버지께로부터 세상에 왔다. 그러니 다시 세상을 떠나 아버지께로 간다.
지금은 분명히 말씀하시고, 비유도 들지 않으시네요.
응?
성령이 오실 때 깨닫는다고 하셨는데?

※구하지 않아 : 지금까지 제자들과 함께 있으면서 제자들을 위해 했던 기도를 하지 않으신다는 말씀이다.
※예수님의 기도는 계속된다. Link 요한1서 2:1 Link 로마서 8:34
※깨닫는다고 : Link 요한복음 16:13

30 이제야 우리는 주께서 모든 것을 아시며, 질문도 필요 없다는 것을 알겠습니다.
이로써 우리는 주님이 하나님에게서 오셨다는 걸 믿습니다.
이제 너희가 믿느냐? 하지만 때가 되면 너희가 날 혼자 두고 각각 자기 집으로 흩어질 것이다.
하긴 베드로도 주님을 위해 목숨을 버릴 수 있다고 큰소리쳤지.
'이제 그때가 왔다. 그러나 아버지께서 나와 함께 계시니 나는 혼자가 아니다.'
네, 아버지, 걱정 마세요. 저도 서른 살이 넘었다고요.

※흩어질 : 제자들의 믿음이 완전하지 않다는 뜻. 제자들은 방금 신앙고백을 했지만 곧 예수님이 잡혀갈 때 예수님을 버리고 흩어진다.
※그때 : 예수님이 잡혀가실 때가 다가오고 있다는 말씀이다.
※혼자가 아니다 : Link 요한복음 8:29

33 '내가 이 말을 하는 것은, 너희가 내 안에서 평안을 얻게 하려는 것이지만, 세상에서는 고난을 당할 것이다.'
헉헉
'그러나 용기를 내라. 내가 세상을 이겼다!'
17장 자신을 위한 기도
1 예수께서 말씀을 마치시고, 눈을 들어 하늘을 우러러보셨어.
아버지, 때가 되었습니다. 아버지의 아들을 영광되게 하셔서 아들이 아버지께 영광을 돌리게 해주십시오.

※이겼다 : 어둠과 죽음의 세력을 이기고 다시 부활하실 것을 예언하신 것이다.
※때 : 십자가의 죽음과 하나님께로 돌아갈 때가 되었다는 말이다.

2 '아버지께서는 아들에게 맡기신 모든 사람에게 영원한 생명을 주시려고 아들에게 그들을 다스릴 권한을 주셨습니다. 영원한 생명은 오직 한 분이신 참된 하나님과 아버지께서 보낸 예수 그리스도를 아는 것입니다.'

※모든 사람 : 세상 모든 사람.

4 '저는 아버지께서 제게 맡기신 일을 완성해서 아버지를 이 세상에서 영광되게 했습니다. 아버지, 세상이 있기 전에 제가 아버지와 함께 누리던 영광으로 저를 영광되게 해주십시오.'

※완성해서 : 예수님은 십자가의 죽음을 앞두고 있지만 이미 이루어진 것처럼 말씀하신다.

제자들을 위한 기도

6
저는 아버지께서
세상에서 제게 주신 사람들에게
아버지의 이름을 드러냈습니다.
그들은 아버지의 사람들인데 저에게 주셨으며,
그들은 아버지의 말씀을 지켰습니다.
지금 그들은 아버지께서 제게 주신 모든 것이
아버지에게서 왔다는 걸 알고 있습니다.
저는 아버지께서 주신 말씀을 그들에게 주었습니다.
그들은 그 말씀을 받고,
제가 아버지에게서 왔다는 것을 알았으며,
아버지께서 저를 보내신 것도 믿었습니다.

※주신 사람들 : 현재의 제자들.

9
저는 그들을 위해 기도합니다.
저는 세상을 위해서가 아니라
아버지께서 제게 주신 사람들을 위해 빕니다.
그들은 모두 아버지의 사람들이기 때문입니다.
제 것은 모두 아버지의 것이고,
아버지의 것은 모두 제 것입니다.
저는 그들로 인해 영광을 받았습니다.
저는 이제 더 이상 세상에 있지 않지만
그들은 세상에 있고 저는 아버지께로 갑니다.
거룩하신 아버지, 아버지께서 제게 주신
그들을 아버지의 이름으로 지켜주셔서,
우리가 하나인 것처럼 그들도 하나가 되게 해주십시오.

※영광 : 제자들의 믿음과 후일 제자들의 복음 사역을 통해 영광을 받게 되실 것을 가리킨다.

12 '제가 그들과 함께 세상에 있는 동안은 아버지의 이름으로 그들을 지키고 보호해서 한 사람도 잃지 않았습니다.'

드드드

'다만 멸망의 자식을 잃은 것은 성경 말씀을 이루기 위해서입니다.'

힝, 나만
미워하셔.

※멸망의 자식 : 가룟 유다를 가리킨다.
※성경 말씀 : Link 시편 41:9

13 '이제 저는 아버지께로 갑니다. 제가 세상에서 이 말을 하는 것은 저의 기쁨이 그들 속에서 넘치게 하려는 것입니다.'

※기쁨 : 예수님이 떠나신 후 내려오신 성령으로 인해 영적인 충만함으로 하나님을 느끼는 기쁨.

14 제가 그들에게 아버지의 말씀을 주자
세상은 그들을 미워했습니다.
그것은 제가 세상에 속하지 않은 것처럼,
그들도 세상에 속하지 않기 때문입니다.
제가 기도하는 것은, 아버지께서
그들을 세상에서 데려가 달라는 것이 아니라,
악한 자에게서 지켜달라는 것입니다.
그들을 진리로 거룩하게 해주십시오.
아버지의 말씀은 진리입니다.

※진리 : 예수 그리스도를 통해 죄를 용서하시고 구원을 베푸시는 하나님.

18 아버지께서 저를 세상에 보내신 것처럼
저도 그들을 세상으로 보냅니다.
그리고 제가 그들을 위해 저를 거룩하게 한 것은,
그들도 진리로 거룩해지길 바라기 때문입니다.

※거룩하게 : 예수님이 하나님의 말씀에 따라 십자가에서 희생함으로 거룩하게 된 것을 말한다.
※거룩해지길 : 예수님이 십자가에서 죽음으로 제자들은 죄를 씻고 거룩해져서 복음 사역을 감당한다.

미래의 제자들을 위한 기도

20 저는 그들뿐만 아니라 그들의 말을 듣고
저를 믿게 될 사람들을 위해서도 빕니다.
아버지께서 제 안에, 제가 아버지 안에 있는 것처럼
그들도 하나가 되어 우리 안에 있게 해주십시오.
그래서 아버지께서 저를 보내셨다는 것을
세상이 믿게 해주십시오.
아버지께서 제게 주신 영광을 그들에게 주었습니다.
그것은 우리가 하나인 것처럼
그들도 하나가 되게 하려는 것입니다.
제가 그들 안에 있고, 아버지가 제 안에 계신 것은
그들이 온전히 하나가 되게 하려는 것입니다.
그것은 아버지께서 저를 보내시고,
저를 사랑하신 것처럼 그들도 사랑하신다는 것을
세상이 알게 하려는 것입니다.

※영광 : 예수님의 십자가의 죽음과 부활과 하늘로 올라가시는 것을 가리킨다.
※사랑 : 하나가 되기 위해서는 사랑이 필요하다. Link 요한복음 13:34
※세상이 알게 : 앞서 나온 '세상이 믿게'와 달리 믿지 않는 세상 사람들을 가리킨다.

24 아버지, 아버지께서 제게 주신 사람들도,
제가 있는 곳에서 저와 함께 있게 해주십시오.
세상이 있기 전부터 아버지께서 저를 사랑하셔서
제게 주신 영광을 그들이 보게 해주십시오.
의로우신 아버지, 세상은 아버지를 알지 못하지만
저는 아버지를 알고,
그들도 아버지께서 저를 보내신 줄 알고 있습니다.
저는 그들에게 아버지의 이름을 알게 했고,
앞으로도 알게 하겠습니다.
그것은 저를 사랑하신 아버지의 사랑이
그들 안에 있게 하고,
저도 그들 안에 있으려는 것입니다.

※주신 사람들 : 현재의 제자들. ※있는 곳 : 하나님 나라.
※그들 : 현재의 제자들.
※그들 안에 : 현재의 제자들뿐만 아니라 미래의 제자들까지 포함되었다.

4. 예수 그리스도의 죽음과 부활

18장 예수님이 잡히시다 금요일 마태26:47, 마가14:43, 누가22:47

1 기도를 마친 후, 예수께서는 제자들과 기드론 골짜기 건너편에 있는 동산으로 가셨어.

※기드론(Kidron) 골짜기 : 예루살렘 성 동쪽의 골짜기.
※동산 : 겟세마네 동산.

2 그곳은 예수께서 제자들과 가끔 모이셨던 곳으로 예수를 판 유다도 아는 곳이지.

※유대인들은 유월절 기간에 예루살렘 경내에 있어야 했고, 겟세마네 동산은 그 경내에 포함된다.

3 유다는 로마 군대와 대제사장들과 바리새인들이 보낸 성전 경비병들과 함께 등불과 횃불과 무기를 들고 그곳으로 왔어.

※로마 군대 : 사도 요한은 유대인들이 이방인들과 협력했다는 것을 말하고 있다.

4 예수께서는 닥쳐올 일을 모두 아시고 앞으로 나서셨지.
너희는 누구를 찾느냐?
나사렛 예수요.

▶ Link 1권 37p tip '나사렛 사람'을 보라.

그때, 예수를 팔 유다도 함께 있었는데,
내가 그다!
헉!
억!

6 그러자 그들은 뒤로 물러나다가 땅에 엎드러졌고 예수께서는 다시 물으셨어.
너희는 누구를 찾느냐?

※엎드러졌다 : 예수님께서 신의 목소리로 말씀하신 것을 듣고 충격을 받아 엎드러진 것이다.

나…나사렛 예수요.
내가 그 사람이라고 이미 말했다. 너희가 나를 찾거든 이들은 보내줘라.

※이들 : 함께 있던 제자들.

9 이것은 예수께서 전에 '아버지께서 제게 주신 사람들을 하나도 잃지 않았다'라고 하신 말씀을 이루려는 거야.

※말씀 : Link 요한복음 6:39, 17:12

10 그때, 시몬 베드로가 칼을 빼어 대제사장의 종 말고를 쳐서 오른쪽 귀를 잘라버렸어.
억!
뭐야?
저놈이?!
11 그 칼을 칼집에 꽂아라. 아버지께서 주신 잔을 내가 어찌 마시지 않겠느냐?

※칼 : 예수님이 제자들에게 준비하라고 하신 칼이다. Link 누가복음 22:38

※잔 : 세상의 죄에 대한 하나님의 진노를 담아 예수님께 주시는 잔. 예수님이 당할 고난과 십자가의 죽음을 의미한다.

불법 재판-안나스의 심문1 마태26:57, 마가14:53, 누가22:54

12 로마 병사들과 그 지휘관과 유대인들의 성전 경비병들이 예수를 묶어서

13 먼저 그 해의 대제사장인 가야바의 장인 안나스에게 끌고 갔어.
14 가야바는 '한 사람이 백성을 위해 죽는 것이 더 낫다'라고 말한 사람이지.
민족이 망하는 것보다 한 사람이 죽는 게 더 낫소.

※가야바(Caiaphas) : 현직 대제사장(18년~36년)으로 안나스의 사위였다.
※안나스(Annas) : 전직 대제사장(6년~15년)이지만 여전히 영향력이 컸다.

※말한 : Link 요한복음 11:50

베드로의 부인 1 마태26:69, 마가14:66, 누가22:54

15 시몬 베드로와 또 다른 제자가 예수를 따라갔는데,

※다른 제자 : 요한복음의 저자인 사도 요한으로 추정한다.

다른 제자는 대제사장과 잘 아는 사이라 집 안마당까지 들어갔어.
16 베드로는 대문 밖에 서 있었는데, 다른 제자가 문지기 하녀에게 말해서 베드로를 데리고 들어갔지.
17 그때, 문지기 하녀가 말했어.
당신은 저 사람의 제자 중에 하나가 아닌가요?
아니오.

18 날이 추워서 종들과 경비병들이 숯불을 피워놓았는데 베드로도 함께 서서 불을 쬐었지.

안나스의 심문 2 마태26:59, 마가14:55, 누가22:66

19 대제사장은 예수께 그의 제자들과 그의 가르침에 대해 물었어.
백성을 속이는 거짓 예언자가 너냐?
나는 드러내고 세상에 말했다. 나는 언제나 회당과 성전에서 가르쳤으며 아무것도 숨어서 말하지 않았다.
그런데 왜 그걸 묻느냐? 내가 무슨 말을 했는지는 들은 자들에게 물어보라. 내가 말한 건 그들이 안다.

※거짓 예언자 : 백성들을 하나님에게서 떠나게 하는 거짓 예언자는 죽이라고 했다. Link 신명기 13:5
※대제사장 : 안나스는 전직 대제사장이지만 여전히 현직과 같은 영향력이 있다는 것을 보여준다.
※들은 자들 : '두세 증인법' Link 신명기 19:15 에 따라 증인에게 물어보라는 것이다.

22 그러자 곁에 있던 경비병 하나가 예수를 손으로 때렸지.
대제사장에게 함부로 대답하다니!
딱!
23 내 말에 잘못이 있으면 잘못되었다는 증거를 대라. 그러나 내 말이 옳다면 어째서 나를 때리느냐?
아니, 이것이!
24 안나스는 예수를 묶은 채로 대제사장 가야바에게로 보냈어.
됐다. 난 모르겠으니 내 사위에게 보내라.

※증거 : 산헤드린 법정에서 공식적인 절차를 따르라는 것이다.

※대제사장 : 현직 대제사장은 산헤드린 공회의 의장이었다.

▶ Link 1권 136p tip '불법 재판'을 보라.

베드로의 부인 2, 3 마태26:71, 마가14:69, 누가22:58

25 불을 쬐고있던 시몬 베드로에게 사람들이 물었지.
당신은 저자의 제자 중에 하나가 아니오?
나는 아니오!
26 또 대제사장의 종들 중에 베드로에게 귀를 잘린 사람의 친척인 한 사람이 말했어.
당신이 저자와 함께 동산에 있는 것을 내가 보았소.
나는 그를 전혀 알지….
27 그러자 곧 닭이 울었지.
꼬끼오오오오
!!

총독 빌라도의 재판 마태27:1, 11, 마가15:1, 누가23:1

28 새벽에 사람들이 가야바의 집에서 총독 관저로 예수를 끌고 갔어.
그들은 몸을 더럽히지 않고 유월절 음식을 먹기 위해 관저 안에는 들어가지 않았지.
이 사람을 무슨 일로 고발하는 거요?
이자가 악한 일을 하지 않았다면 당신에게 넘기지 않았을 겁니다.

※새벽 : 예수님이 십자가에 달릴 금요일 새벽. ※총독 : 본명은 '본디오 빌라도'(Pontius Pilate) 제5대 유대 총독(A.D.26~36년)이다.

※더럽히지 : 사도 요한은 하나님으로부터 온 메시아를 죽이려 하면서도 부정해지지 않기 위해 애쓰는 유대인의 위선을 고발하고 있다.

▶ Link 1권 139p tip '로마 총독'을 보라.

31 그를 데려가서 당신들의 법대로 재판하시오.
우리는 사람을 죽일 권한이 없소!
우리는 이자를 죽이고 싶다고!
32 이렇게 해서 예수께서 자기가 어떻게 죽을 것인지 암시하신 말씀이 이루어졌어.
십자가는 로마의 처형 방법이야.
33 빌라도가 다시 관저 안으로 들어가 예수께 물었지.
네가 유대인의 왕이냐?
그 말은 너의 생각이냐? 아니면, 나에 대해 다른 자들이 말해준 것이냐?

※말씀 : 예수님이 십자가의 죽음을 암시하신 것은 로마식 처형을 당할 것이라는 뜻이다.

Link 요한복음 3:14, 8:28, 12:32

※유대인의 왕 : 로마 황제의 통치에 반역한다는 죄목으로 고발됐음을 보여준다.

35
난 유대인이 아니다. 네 동족과 대제사장들이 너를 내게 넘겨준 것이다. 너는 무슨 짓을 했느냐?
내 나라는 이 세상에 속한 것이 아니다. 내 나라가 세상에 속한다면 내 종들이 싸워 나를 유대인들에게 넘어가지 않도록 했을 것이다. 진실로 내 나라는 이 세상에 속한 것이 아니다.
37
그러면 너는 왕이냐?
네 말처럼 나는 왕이다. 나는 진리를 증언하기 위해 태어났고, 그 때문에 세상에 왔다. 진리에 속한 사람은 누구나 내 말을 듣는다.

※대제사장들: 당시 대제사장은 정치적 상황에 따라 로마에 의해 임명되고 매매되기도 했다. 짧은 임기에 교체되기도 해서 전직, 현직 여러 명이 있었다.

※진리: 예수 그리스도를 통해 죄를 용서하시고 구원을 베푸시는 하나님.

38
나는 진리에 속하지 않는다는 거냐?
진리가 무엇이냐?
아, 됐다. 관심 없다.
나는 그에게서 아무 죄도 찾지 못했소!
유월절에는 내가 죄수 하나를 놓아주는 관례가 있으니 이 유대인의 왕을 놓아주면 어떻겠소?
그 사람이 아니오!
바라바를 놓아주시오!

바라바는 강도였지.
뭘 봐? 엉?
19장 예수님을 희롱하다 마태27:27, 마가15:16, 누가23:11
1 빌라도는 예수를 데려다가 채찍으로 쳤고,
짝!
짝!
2 병사들은 예수께 주홍색 옷을 입히고, 가시관을 엮어 머리에 씌웠어.
이러니까 정말 왕 같은데?
모두 절을 해라!

※강도: 단순한 강도가 아니라 로마에 대항해서 반역을 일으킨 사람이다. Link 누가복음 23:19

※주홍색: 왕을 상징하는 색.
※가시관: 왕관을 상징.

3 그리고 예수 앞에서 소리치고, 손바닥으로 얼굴을 때렸어.
유대인의 왕 만세!
딱
왕이라면 네 군대는 어디 있냐?
하하하
퉷
십자가형을 선고받다 마태27:20, 마가15:11, 누가23:20
4 빌라도가 다시 밖으로 나와 유대인들에게 말했지.
내가 그를 데려오겠소!
내가 그에게서 아무 죄도 찾지 못한 것을 알기 바라오!
우 우 우 우
5 예수께서 가시관을 쓰고, 주홍색 옷을 입고 나오셨어.
이 사람을 보시오.
이런 자가 당신들에게 무슨 위협이 되겠소.

요한복음

6 그러자 대제사장들과 경비병들이 외쳤지.
십자가에 못 박아요!
십자가에 못 박아!
당신들이 직접 데려가서 십자가에 못 박으시오. 나는 그에게서 아무 죄도 찾지 못했소.
우리의 율법에 따르면 그는 마땅히 죽어야 하오!
그는 스스로 하나님의 아들이라고 했기 때문이오!
짜증나네.
8 빌라도는 이 말을 듣고 더욱 두려워져서,
하나님의 아들!?
딸꾹!

※율법 : 하나님의 이름을 모독한 자는 돌로 쳐 죽이라고 했다. Link 레위기 24:16

9 다시 관저 안으로 들어가 물었지만 예수께서는 아무 대답도 하지 않으셨어.
너는 어디서 왔느냐?
사람의 모습으로 오신 신이냐?
10 왜 말하지 않느냐? 내가 너를 놓아줄 권한도, 십자가에 못 박을 권한도 있다는 것을 모르느냐?
하늘에서 주시지 않았다면 네게 나를 해칠 권한은 없다. 그러므로 나를 네게 넘겨준 자의 죄가 더 크다.
그는 하나님이 주신 권한으로 자신을 위해 음모를 꾸몄다.

※사람의 모습 : 당시엔 신이 사람의 모습으로 내려온다고 생각했다. Link 사도행전 14:11

※넘겨준 자 : 예수님을 빌라도에게 넘겨준 유대인의 우두머리인 대제사장 가야바.

12 이때부터 빌라도는 예수를 놓아주려고 힘썼지.
나는 이 사람을 매질이나 하고 놓아줄 것이오!
그자를 놓아주면 당신은 황제의 충신이 아니오! 자기를 왕이라 하는 그자는 황제에게 반역하는 것이오!
당신을 황제께 고발하겠소!
13 이에 빌라도는 예수를 끌고 나와서 돌을 깐 재판석에 앉았어.
저들이 반역으로 고발하면 골치 아파.
황제는 반역에 대해서 무자비하니.

※황제 : 로마 제국의 제2대 황제인 티베리우스(재위 A.D.14년~37년)를 말한다.

14 그날은 유월절 준비일이고, 때는 낮 12시쯤이었지.
보시오, 당신들의 왕이오.
없애버리시오! 없애버리시오!
그를 십자가에 못 박아요!
당신들의 왕을 십자가에 못 박으란 말이오?
우리에겐 황제 외에 다른 왕은 없소!
이건 하나님의 약속과 우리의 왕이신 메시아를 거부하는 말인데.

※유월절 : '안식일 준비일'이지만, 요한이 예수님과 '유월절 어린 양'을 연결시키기 위해 의도적으로 유월절로 기록한 것으로 보인다.
※왕 : 결과적으로 빌라도는 예수님을 유대인의 왕으로 선포하고 있다.

16 그래서 빌라도는 예수를 십자가에 못 박게 넘겨주었어.
난 이자의 피에 책임이 없소!
그건 우리와 우리 자손이 책임지겠소!
그들은 예수를 넘겨받아 끌고 나갔지.
죽여라!
십자가!
십자가!
유대인들은 율법에 따라 예수님을 돌로 쳐 죽일 수도 있었지만, 십자가에 못 박아서 하나님의 저주로 죽은 사기꾼이 되길 원했어.

※'나무에 달린 사람은 하나님의 저주를 받았다'라고 했다. Link 신명기 21:23

십자가의 고난과 죽음 마태27:32, 마가15:21, 누가23:26

17 예수께서는 자기 십자가를 매고 '해골', 곧 히브리어로 '골고다'라는 곳으로 가셨어.
하나님을 모욕한 자를 죽여라!
이 사기꾼아!

18 그들은 그곳에서 예수를 가운데 십자가에 못 박고 그 좌우편으로 다른 두 사람을 매달았지.

※골고다(Golgotha): 예루살렘 밖 북서쪽의 작은 언덕으로 사형 집행 장소로 사용되었다.

19 빌라도는 '나사렛 예수, 유대인의 왕'이라는 죄목을 써서 십자가 위에 붙였어.
20 그곳은 성에서 가까워서 많은 유대인이 히브리어, 로마어, 그리스어로 적힌 죄목을 읽었지.
당시 예루살렘은 국제 도시였거든.
21 그러자 유대인들의 대제사장들이 빌라도에게 말했어.
'유대인의 왕'이라 하지 말고, '자칭 유대인의 왕'이라고 써주시오.
나는 쓸 것을 썼다.
흥!

※유대인의 왕: 로마 황제의 통치에 대한 반역죄가 적용되었음을 보여준다.

23 병사들은 예수의 옷을 넷으로 나눠 각각 차지했어. 속옷은 이음새 없이 위아래를 통째로 짠 것이었거든.
이건 찢지 말고, 누가 차지할지 제비를 뽑자.
병사들이 그런 짓을 한 것은 성경 말씀을 이루기 위해서였어.
그들이 내 겉옷을 나누고, 속옷을 두고 제비를 뽑습니다!
25 예수의 십자가 곁에는 그의 어머니와 이모와 글로바의 아내 마리아와 막달라 마리아가 서있었지.

※성경 말씀: Link 시편 22:18

※이모: 12사도인 세베대의 아들 큰 야고보와 요한의 어머니인 살로메.
※글로바(Clopas): 작은 야고보와 요셉의 아버지 알패오와 동일 인물로 본다.

요한복음

26 예수께서는 어머니와 사랑하시는 제자를 보시고 그의 어머니께 말씀하셨고,
여인이여, 당신의 아들입니다.
27 그 후 제자에게 말씀하셨어.
보라, 그분이 네 어머니시다.
그때부터 그 제자는 어머니 마리아를 자기 집으로 모셨지.

※사랑하시는 제자: 요한복음의 저자인 사도 요한. Link 요한복음 19:26, 20:2, 21:7, 21:20
※여인이여: 예수님은 아들로서 하신 말씀이 아니라 메시아로서 하신 말씀이다.

28 그런 뒤, 예수께서는 모든 일을 이룬 줄 아시고 성경 말씀을 이루시려고 말씀하셨어.
목마르구나.
29 사람들은 그곳에 있는 신 포도주가 가득 담긴 그릇에 헝겊을 적셔 우슬초 갈대에 꿰어 예수의 입에 대어줬지.
목이라도 축이시오.
30 예수께서 신 포도주를 받으시고,
다 이루었다.

※성경 말씀: Link 시편 69:21

머리를 떨어뜨리시니 영혼이 떠나셨어.
옆구리를 찌르다
31 그날은 안식일 준비일이고 안식일은 중요한 날이지. 유대인들은 안식일에 시체들을 십자가에 두지 않으려고 그들의 다리를 꺾어서 내려달라고 빌라도에게 요청했어.
율법에는 나무에 달린 시체를 밤새 두지 말라고 했죠.
그러니 다리를 꺾어서 빨리 죽게 해주시오.
32 그래서 병사들이 예수와 함께 십자가에 못 박힌 두 사람의 다리를 꺾고,
33 예수께서 이미 죽으신 것을 보고 다리를 꺾지 않았지.
이 사람이 이미 죽었으니 다리를 꺾을 필요 없어.

※안식일 준비일(금요일): 유대인은 금요일 해질 때부터 토요일 해질 때까지를 안식일로 지켰다.
※율법: Link 신명기 21:23

34 그러나 한 병사가 창으로 예수의 옆구리를 찌르자 피와 물이 흘렀어.

푹!
그래도 혹시 모르니.

35 이것은 목격자가 증언한 것이니 참된 증언이야. 그는 자기 말이 진실하므로 너희도 믿게 하려고 증언한 것이지.

※목격자 : 요한복음의 저자인 사도 요한으로 보는 견해가 많다.

36 그런 일이 일어난 것은 성경 말씀을 이루려는 것이고,

그의 뼈가 하나도 꺾이지 않을 것이다!

※성경 말씀 : Link 출애굽기 12:46 Link 민수기 9:12 Link 시편 34:20

37 또 성경에는 이런 말씀도 있어.

그들이 찌르고 나를 쳐다볼 것이다!
메시아라더니 별거 없네.

※말씀 : Link 스가랴 12:10

tip 피와 물이 흘렀다

이것은 예수님이 실제로 십자가에서 죽으셨다는 중요한 증언이다. 의학적으로 봤을 때, 예수님은 창으로 찌르기 전이든 후든, 심장 쪽에 심각한 손상을 입어서 출혈과 함께 액체가 나왔음을 알 수 있다. 사도 요한은 이 증언이 참되다고 하는데, 그것은 사람의 몸으로 오신 예수님의 죽음을 부정하면서 엉뚱한 주장을 하던 당시 사람들에게 예수님의 죽음이 명백한 사실임을 밝히고 있다.

무덤에 묻히시다 마태27:57, 마가15:42, 누가23:50

38 유대인이 두려워서 숨어 있던 아리마대 사람 요셉은 예수의 제자였지.

우리가 주님께 할 일은 해야지.

※아리마대(Arimathea) : 예루살렘 동북쪽 약 45㎞ 에브라임 산지에 위치한 성읍.
※요셉(Joseph) : 산헤드린 공회의 의원이었지만 공회의 결정에 반대했다. Link 누가복음 23:51

예수가 죽으신 후, 그가 예수의 시신을 거두게 해달라고 빌라도에게 요청했어.

그분에게 죄가 없다는 것을 잘 알지 않습니까?

※거두게 : 십자가에서 처형당한 사람은 대부분 범죄자를 묻는 공동묘지에 묻었다.

그는 빌라도의 허락을 받아 예수의 시신을 가져갔지.

안식일이 곧 시작되니 서둘러요.

39 또 밤에 예수를 찾아갔던 니고데모는 많은 향품을 가지고 왔어.

※니고데모(Nicodemus) : Link 요한복음 3:1
※향품 : 장례를 지내는 데 필요한 재료를 말한다.

40 그들은 예수의 시신을 모시고, 유대인의 장례 풍습대로 향료와 삼베로 감쌌지.

41 예수가 십자가에 못 박히신 곳에는 동산이 있었고, 그곳에는 아직 사용한 적 없는 새 무덤이 있었어.

42 그날은 유대인의 안식일을 준비하는 날이고, 그 무덤이 가까웠기 때문에 그들은 예수를 그곳에 모셨지.

20장 부활하신 예수님 일요일 마태28:1, 마가16:1, 누가24:1

1 일주일의 첫날 새벽에 막달라 마리아가 무덤에 가보니 입구를 막은 돌이 옮겨져 있었어.
아니?
돌이 왜?
2 그래서 그녀는 시몬 베드로와 예수께서 사랑하시는 다른 제자에게 달려갔지.
누가 무덤에서 주님을 가져가서 어디에 두었는지 우리는 모르겠어요!
3 베드로와 다른 제자가 무덤으로 갔어.
직접 내가 확인해야겠다.
나도.

※첫날 : 일주일이 시작되는 첫날, 즉 일요일 새벽을 말한다.

※사랑하시는 다른 제자 : 요한복음의 저자인 사도 요한. Link 요한복음 19:26, 20:2, 21:7, 21:20

※다른 제자 : 요한복음의 저자인 사도 요한으로 본다.

4 둘이 함께 뛰었는데 다른 제자가 베드로보다 먼저 무덤에 도착했지.
헉!
헉!
5 그는 몸을 숙여 삼베가 놓인 것을 보았으나 안으로 들어가지는 않았어.
6 뒤따라온 베드로가 무덤 안으로 들어갔는데 그곳에는 삼베와 예수의 머리를 싸맸던 수건이 따로 개어져 있었지.

※개어져 : 누군가 시신을 가져간 것이 아니라는 것을 말하고 있다.

8 그제서야 먼저 무덤에 도착한 다른 제자도 들어가서 보고 믿었지만,
나사로가 살아난 것처럼 주님도?
설마.
9 그들은 아직도 예수께서 죽은 자 중에 다시 살아날 것이라는 성경 말씀을 깨닫지는 못했어.
무슨 일이 있었던 거지?
누군지 잡히기만 해봐라.
10 그래서 제자들은 다시 자기들이 있던 곳으로 돌아갔지.
누군가 시신을 훔쳐갔다면 값이 나가는 옷을 그렇게 놔두지는 않았을 텐데.

※살아난 : 나사로는 천에 감긴 채 살아났지만 예수님을 싸맸던 천들은 따로 개어져 있다. Link 요한복음 11:44

※말씀 : Link 시편 16:10

11 이때 무덤 밖에서 울고 있던 마리아가 몸을 숙여 무덤 속을 보니,
흑, 도대체 누가….
!!
12 흰옷 입은 한 천사는 예수의 시신이 있던 머리맡에, 다른 한 천사는 발치에 앉아있었어.
여인아, 왜 우느냐?
누가 내 주님을 가져가서 어디에 두었는지 모르겠습니다.
뒤를 보라.
14 그리고 마리아는 돌아서서 예수께서 서 계신 것을 보았지만
??
여인아, 왜 울며, 누구를 찾느냐?

※마리아(Mary) : 일곱 귀신이 들렸다가 나은 후 예수님을 따른 막달라 마리아. Link 누가복음 8:2 Link 마가복음 16:9

요한복음

그가 예수이신 줄은 알지 못하고 동산지기인 줄 알았지.
당신이 그를 옮겼다면 어디에 두었는지를 말해 주세요. 제가 모셔 갈게요.
마리아야!
!!
나…나의 선생님!
17 나를 붙잡지 마라. 내가 아직 아버지께 올라가지 않았다.
난 곧 떠날 것이니 내게 매달리지 마라.
내 형제들에게 가서 내가 내 아버지 곧 너희 아버지, 내 하나님 곧 너희 하나님께 올라간다고 전해라.

※'양들은 목자의 목소리를 알고 있다.' Link 요한복음 10:4

※내 형제들 : 12사도가 예수님을 버리고 도망갔지만 여전히 하늘나라의 가족이라는 말씀이다.

18 막달라 마리아는 제자들에게 주님을 보았다는 것과 주께서 하신 말씀을 전했어.
제가 주님을 만났어요!
끌끌.
헛것까지 보는구나.

10제자에게 나타나시다 누가24:36

19 일주일의 첫날 저녁, 제자들은 유대인들이 무서워 문을 모두 닫아걸고 있었는데 예수께서 그들 가운데로 들어서서 말씀하셨지.
너희에게 평화가 있길!
나, 나, 나왔다!!
꺄아아아악!
귀신이다!

※제자들 : 가룟 유다와 도마를 제외한 10사도를 말한다.

※평화(Shalom) : 하나님의 평안이 함께하길 바란다는 유대인의 인사다.

20 그리고 두 손과 옆구리를 보여주시자 제자들은 기뻐했어.
주님을 다시 뵙게 되다니!
너희에게 평화가 있기를. 아버지께서 나를 보내신 것처럼 나도 너희를 보낸다.
22 그런 후, 제자들에게 숨을 불어 넣으셨지.
성령을 받아라.
후우
23 너희가 죄를 용서하면, 누구든 그 죄가 용서될 것이요, 너희가 용서하지 않으면, 누구든 그 죄가 그대로 있을 것이다.
축하 파티하자!
오, 좋아!

tip 숨을 불어넣으시며

이것은 하나님이 사람을 창조할 때와 죽은 자에게 생기를 불어넣으시던 장면이 생각나게 한다. 그것은 새로운 시작이자 죽은 자들을 살아나게 하신 사건이다. 예수님은 자신을 버리고 흩어졌던 제자들을 다시 세우고 하나님과의 새로운 관계가 이루어졌다는 의미에서 이처럼 상징적인 행동을 하신 것으로 보인다. 또한 앞으로 오실 성령이 예수님의 영광으로 오신다는 것을 강조하려는 것으로도 볼 수 있다. 한편, '누구든 그 죄가 용서될 것이다'라는 말씀은, 죄를 용서할 수 있는 권한이 제자들에게 있다는 것이 아니라 제자들이 전하는 복음을 통해 예수님을 믿으면 결과적으로 죄가 용서받을 수 있다는 것이다. 이것은 복음을 전하는 제자들의 책임과 역할이 중요하다는 것을 강조한다.

※창조할 때 : Link 창세기 2:7 ※불어넣으시던 : Link 에스겔 37:9
※영광으로 : Link 요한복음 16:14

11제자에게 나타나시다 마가16:14

24 12제자 중에 디두모라는 도마는 그때 함께 있지 않았어.
우리는 주님을 봤다!
내가 그 손의 못 자국을 보고, 내 손가락을 그 못 자국에 대어보고, 내 손을 그 옆구리에 넣지 않고는 믿지 않겠다.

26 8일 뒤, 제자들이 도마와 함께 집 안에 있을 때, 문이 잠겨있었지만 예수께서 그들 가운데로 들어서셨지.
너희에게 평화가 있기를!
허억!

27
네 손가락으로 내 손을 만져 보고, 네 손을 내 옆구리에 넣어봐라. 그래서 의심을 떨치고 믿음을 가져라.

28 나의 주, 나의 하나님!
너는 나를 보았기 때문에 믿지만 나를 보지 않고도 믿는 자는 복이 있다.

※8일 뒤 : 예수님이 부활하신 후 일주일이 지난 그 다음 일요일을 가리킨다.

tip 나의 주, 나의 하나님

도마는 비로소 예수님이 주님이며, 하나님이라 고백했다. 그것은 사도 요한이 이 복음서를 기록한 목적과 일치한다. 사도 요한은 이 복음서 [1장]에서 예수님이 갑자기 나타난 위인이 아니라 태초 이전부터 하나님과 함께 계셨던 하나님이라고 했다. 사도 요한은 이 글을 읽는 독자들이 도마처럼, 더 나아가 도마 이상(나를 보지 않고도 믿는 자)으로 예수님에게 '나의 주, 나의 하나님'이라고 분명하게 고백하기를 바라고 있다.

이 책을 기록한 이유

30 예수께서는 제자들 앞에서 이 책에 기록하지 않은 다른 기적도 많이 보이셨지만,
엄청 많은 증인들이 있지.

31 이것을 기록한 목적은 너희에게 예수께서 하나님의 아들 그리스도라는 것을 믿게 하고,

※다른 기적 : 요한복음에는 예수님의 기적이 7개만 기록되어 있다.

너희가 믿어서 그의 이름으로 생명을 얻게 하려는 거야.
생명이 예수 그리스도에게 있거든.
요한복음

tip 요한복음의 기록 목적

요한복음에는 믿음의 모범이 되는 사람들을 소개하고 있다. 나다나엘[1:49], 사마리아 여인[4:29]과 마을 사람들[4:42], 날 때부터 눈먼 사람[9:38], 마르다[11:27], 예수님의 제자들[16:30], 도마[20:28]가 그러하다. 이들은 처음에는 예수님을 잘 몰랐지만 예수님과 함께하면서 예수님이 하나님으로부터 오신 하나님의 아들 그리스도라고 고백한 사람들이다. 사도 요한은 이 글을 읽는 독자들도 그처럼 예수님을 온전히 믿고 영원한 생명을 얻게 하려고 이 책을 기록했다.

21장 디베랴 바다에 나타나시다

1 그 뒤에 예수께서 디베랴 바다에서 다시 제자들에게 나타나셨는데,

※디베랴 바다 : 갈릴리 바다를 가리키며, 디베랴는 갈릴리 바다 서남쪽에 위치한 성읍이다.

2 베드로, 디두모라는 도마, 갈릴리 가나 사람 나다나엘, 세베대의 아들들과 제자 중에 다른 2명이 함께 있었어.
나는 고기나 잡으러 가야겠다.
우리도 함께 가겠소.

그들은 배를 타고 나갔으나 그날 밤에 아무것도 잡지 못했지.
오늘은 완전 허탕이네.

4 동틀 무렵, 예수께서 바닷가에 서 계셨지만 그들은 그가 예수이신 줄 알지 못했어.
얘들아, 고기를 좀 잡았느냐?
못 잡았어요!

※세베대의 아들들 : 살로메의 아들이자 12사도인 큰 야고보와 사도 요한을 말한다.

6
그물을 배 오른쪽에 던지면 잡을 거다!
오른쪽?
누구지?
그들이 말씀대로 그물을 던졌더니 너무 많은 고기가 걸려 그물을 끌어올릴 수도 없었지.
잡아라. 잡아!
대박!
7 예수가 사랑하시는 제자가 베드로에게 말했어.
저분은 주님이시다.
뭐?!

※사랑하시는 제자: 요한복음의 저자인 사도 요한.
Link 요한복음 19:26, 20:2, 21:7, 21:20

그 말을 들은 시몬 베드로는 벗고 있던 겉옷을 입고 바다로 뛰어내렸지.
풍덩!
8 다른 제자들은 작은 배를 타고 육지에서 100m쯤 떨어져 있었기 때문에 고기가 든 그물을 끌면서 나왔어.
9 그들이 땅에 올라와 보니 피워놓은 숯불 위에 생선도 있고, 빵도 있었지.
지금 잡은 생선을 좀 가져오너라.

11 시몬 베드로가 배에 올라가서 그물을 땅에 끌어내렸어.
열심히 헤엄쳐서 고작 여기냐?
그만큼 열정이 있다는 거야.
그물에는 큰 고기가 153마리나 가득 차 있었지만 그물이 찢어지지 않았지.
하하하
12 제자들은 예수가 주님인 줄 알고 아무도 누구냐고 묻지 않았어.
아침 먹자.

※먹자: 유대인들에게 함께 먹는다는 것은 '하나됨'을 의미했다. 여기서는 예수님과 제자들의 관계가 완전히 회복되었다는 것을 상징한다.

13 예수께서 빵과 생선을 집어주셨지.
14 예수께서 죽은 사람 중에 살아나신 뒤에 세 번째로 제자들에게 나타나신 거야.
갈릴리로 가신다더니 이제 오신 겁니까?

※세 번째: 10제자, 11제자, 디베랴 바다에서 나타나신 것만 계산한 듯하다. Link 요한복음 20:14, 20:19, 21:4
※갈릴리로: Link 마가복음 14:28, 16:7

tip 그물을 배 오른쪽에 던져라

이 말씀은 베드로가 예수님을 처음 따르게 된 사건을 생각나게 한다. 그때 예수님은 어부 베드로를 사람을 낚는 자로 세우셨다. 그러나 베드로는 지금 모든 것을 상실한 채 예수님을 따르기 이전의 모습으로 돌아가 버렸다. 이에 예수님은 베드로를 회복시키기 위해 그를 처음 불렀던 사건을 재현하신다. 또한 '숯불'은 베드로에게 가장 부끄럽고 아픈 부분을 떠올리게 한다. 베드로는 대제사장의 집 마당에서 불을 쬐다가 예수님을 3번 부인했기 때문이다. 예수님은 철저히 실패하고 상심에 빠져있던 베드로를 다시 회복시키기 위해 이와 같은 상황을 만드신 것이다.

※사건 : Link 마태복음 4:19

베드로를 회복시키시다

15 아침을 먹은 뒤,
요한의 아들 시몬아, 네가 이 사람들보다 나를 더 사랑하느냐?
!!

주여, 그렇습니다. 제가 주님을 사랑한다는 것을 주님께서 아십니다.
내 어린 양들을 먹여라.

16 예수께서 두 번째로 물으셨어.
요한의 아들 시몬아, 네가 나를 사랑하느냐?
!?

주여, 그렇습니다. 제가 주님을 사랑한다는 것을 주님께서 아십니다.
내 양 떼를 쳐라.

17 예수께서 세 번째로 물으셨지.
요한의 아들 시몬아, 네가 나를 사랑하느냐?
!!??

베드로는 예수께서 세 번이나 물으시자 걱정이 되었어.
주여, 주님께서는 모든 것을 아시니, 제가 주님을 사랑한다는 것도 아십니다.
내 양들을 먹여라.

18
네가 젊을 때는 스스로 허리띠를 매고 원하는 대로 다녔으나, 늙었을 때는 팔을 벌리고, 남들이 허리띠를 매어서 네가 원하지 않는 곳으로 끌고 갈 것이다.

19 이 말씀은, 베드로가 어떤 죽음으로 하나님께 영광을 돌릴 것인지 암시하신 거야.
나를 따라라!
??

tip 시몬아, 내 양들을 먹여라

여기서 예수님이 베드로를 시몬이라 부른 이유가 있다. 예수님은 시몬을 처음 만나 베드로라는 이름을 주셨다. 그런데 베드로는 예수님을 따르는 데 실패하면서 이전의 시몬으로 돌아가 있었다. 이에 예수님은 그를 다시 베드로라고 부르기 위해 옛 이름인 시몬이라 부른 것이다. 예수님이 같은 질문을 3번씩이나 하신 것은 예수님을 3번 부인했던 베드로의 실패를 완전히 회복시키기 위한 것이라 볼 수 있다. 또한 '날 사랑하느냐? 내 어린 양을 먹여라'는 말씀은 예수님이 베드로에게 주신 새로운 사명으로 하나님의 어린 양들을 잘 인도해서 예수님에 대한 사랑을 증명하라는 것이다. 이로써 예수님은 시몬을 진정한 '베드로'로 다시 부르신 것이다.

※죽음 : 베드로는 A.D.67년 로마의 대화재 사건 이후 박해 때 체포되어 순교한다. ※처음 만나 : Link 요한복음 1:42

사랑하시던 제자

20 베드로가 돌아보니 예수께서 사랑하시는 제자가 따르고 있었어.

※사랑하시는 제자 : 요한복음의 저자인 사도 요한.
Link 요한복음 19:26, 20:2, 21:7, 21:20

그는 유월절 만찬 때에 예수의 품에 기대어 주를 팔 사람이 누구인지 물었던 자였지.

주여, 그가 누구입니까?

※만찬 때 : Link 요한복음 13:23

21 주여, 이 사람은 어떻게 되겠습니까?
이 사람도 순교합니까?
응?

22 내가 올 때까지 그가 살아있길 원한다고 해도 그게 너와 무슨 상관이냐? 너는 나를 따라라!
너는 네가 해야 할 일만 하면 된다.
??

※올 때 : 예수님의 재림을 가리킨다.

23 이 말씀이 형제들 사이에 퍼져서 그 제자는 죽지 않을 것이라고 했어.

수군
수군

※형제들 : 사도 요한이 이 글을 썼던 A.D.90년 전후의 그리스도인들을 가리킨다.

하지만 예수께서는 그가 죽지 않을 것이라고 말씀하신 것이 아니야.

그건 다 헛소문이지.

이 증언은 참되다

24 그 모든 일을 증언하고, 이 사실을 기록한 사람이 그 제자이고,

전 그 모든 일의 증인이고 그분의 특별한 사랑을 받았던 제자였죠.
D

※그 제자 : 예수님이 사랑하시는 제자인 사도 요한을 가리킨다.

우리는 그의 증언이 참되다는 것을 알고 있어.

저의 증언을 참이라고 하지 않으면 무엇을 참이라고 하겠소.
늙은 사도 요한

※우리 : 에베소의 장로들, 교회, 이 책의 독자 등 다양한 해석이 있지만 정확하지는 않다.

25 예수께서 하신 일은 이 밖에도 아주 많아서 낱낱이 기록하자면 이 세상을 가득 채우고도 남을 거야.

요한복음

참고 도서 및 자료 목록

《관주, 해설 성경전서 개역개정판》, 대한성서공회, 2004

《ESV 스터디 바이블》, 크로스웨이 ESV 스터이 바이블 편찬팀, 부흥과개혁사, 2014

《히브리어, 헬라어, 원문 번역주석 성경 신약》, 고영민, 쿰란, 2015

《메시지 신약》, 유진 피터슨, 복 있는 사람, 2011

《신약 성경 연구》, 성종현, 장로회신학대학교출판부, 1994

《이원희 목사와 함께 떠나는 성지행전 신약》, 이원희, 평단문화사, 2012

《통박사 조병호의 신구약 중간사》, 조병호, 통독원, 2012

《성경 파노라마》. 테리 홀, 규장, 2008

《공관복음서 이해》, 키트 F. 니클, 대한기독교출판사, 1984

《공관복음서 연구》, E.P. 샌더스, M. 데이비스, 대한기독교서회, 1999

《복음서와 사도행전》, 데이빗 웬함, 스티브 월튼, 성서유니온, 2013

《예수만나 사복음서편》, 유철운, 예수만나, 2005

《모든 사람을 위한 마태복음 1, 2》, 톰 라이트, IVP, 2010

《모든 사람을 위한 마가복음》, 톰 라이트, IVP, 2011

《틴데일 성경 주석 시리즈 1 마태복음》, R.T.프랜스, CLC, 2013

《히브리적 관점으로 다시 보는 마태복음 1, 2》, 장재일, 쿰란, 2011

《NIV 적용 주석 마태복음》, 마이클 윌킨스, 솔로몬, 2012

《NIV 적용 주석 마가복음》, 데이빗 E. 갤런드, 솔로몬, 2011

《매튜 풀 청교도 성경주석 마가복음·누가복음》, 매튜풀, 크리스챤다이제스트, 2015

《존 라일 사복음서 강해 1 마태복음》, J.C.라일, CLC, 2008

《HOW TO 주석 마태복음 어떻게 설교할 것인가》, 목회와 신학 편집부, 두란노, 2007

《HOW TO 주석 마가복음 어떻게 설교할 것인가》, 목회와 신학 편집부, 두란노, 2007

《가서 제자 삼으라》, 장흥길, 한국성서학연구소, 2009

《줌인 마가복음 1, 2》, 송태근, 성서원, 2015

《구조로 본 마가복음》, 이영재, CLC, 2017

《열린다 성경 난해구절 1》, 류모세, 규장, 2014

《열린다 성경 식물 이야기》, 류모세, 두란노, 2008

《역사 드라마로 읽는 성경 신약 편 1, 2, 3부》, 류모세, 두란노, 2012

《거꾸로 읽는 신약성서》, 차정식, 포이에마, 2015

《예수 그리스도 상, 하》, 윤철호, 한국장로교출판사, 1998

《니고데모의 안경》, 신국원, IVP, 2005

《청년아 때가 찼다》, 김형국, 죠이선교회출판부, 2012

《당신의 열심이 위험한 이유》, 래리 오스본, 새물결플러스, 2013

《존 스토트의 산상수훈》, 존 스토트, 생명의 말씀사, 2011

《사랑한다, 독사의 자식들아》, 김남국, 두란노, 2012

《NEW 호크마주석 신약》, 강병도, 기독지혜사, 2013

《아가페 성서지도》, 미카엘 아비요나, 요하난 아하로니, 아가페출판사, 2010

《아가페·카르타 성서지도》, 요하난 아하로니, 신대현 역, 아가페출판사, 2013

《TBC 성서연구 신약》, 은준관, 도서출판 TBC, 2013

MEMO

"아주 작은 일에 충실한 사람은 큰일에도 충실하고,
아주 작은 일에 불의한 사람은 큰일에도 불의하다." -누가복음 16:10

MEMO

"내 계명은, 내가 너희를 사랑한 것처럼
너희도 서로 사랑하라는 것이다." -요한복음 15:12